FOCUS **MATTERHORN**

bergbibel.com

FOCUS **MATTERHORN**

ZERMATTER GESCHICHTE UND GESCHICHTEN

Rotten Verlags AG, Visp

Layout und Satz: Sven Frachebourg, Mengis Druck AG
Lektorat: Pius Rieder
Korrektorat: Gabi Clausen
Druck: Mengis Druck AG, Visp
Vertrieb: Rotten Verlags AG, Visp

ISBN: 978-3-906118-13-0

Printed in Switzerland

Inhalt Focus Matterhorn

Inhalt Focus Matterhorn

Inhalt Focus Matterhorn

Inhalt Focus Matterhorn

Ein Wort zuvor...

Abusizz statt Facebook – Gehört, geglaubt und umgesetzt

Abusizz ist heute verpönt. Woher auch Zeit und Musse nehmen, um am Kaminfeuer oder in lockerer Runde das zu hören und zu verstehen, was unsere Vorfahren persönlich gesehen, erlebt und einer nächsten Generation sachlich untermauert weitergegeben haben? Die Werte der damaligen «Auge-in-Auge-Information» gehen durch die heutigen, unpersönlichen, digitalen Technologien verloren.

Das gilt auch für die Gilde der Bergführer. Dazu ein Beispiel: Die damals jungen Bergführer verfügten noch nicht über Buch und CD des internationalen Bergführerpräsidenten Hermann-Josef Biner aus Zermatt. Dieser beschrieb darin aus eigener Erfahrung übersichtlich und präzise die verschiedenen Routen und Anforderungen aller Walliser Viertausender. Einstige Führer-Generationen prägten sich dieses Wissen in stundenlangen Gesprächen (Abusizz) mit älteren und erfahrenen Bergführern bildlich ein. Ganz begeistert erzählten diese dann beim nächsten «Hengârt», wie die Zermatter sagen, ihren älteren Berufskollegen von der erfolgreichen Umsetzung des Gehörten und Besprochenen. Bei diesen ungezwungenen Treffen und dem geselligen Beisammensein ohne störende Musik und TV-Glotzen entstanden generationenübergreifende Freundschaften.

Einige Beschreibungen im Werk von Hermann Biner stammen zweifellos aus den fundierten und langen Gesprächen mit seinem Grossvater Felix Biner, einem legendären Zermatter Bergführer. Ohne Lehrstunden übertrugen sich so Wissen und Erfahrung von der alten Garde auf die jungen Kollegen.

Umgekehrt ging es aber auch. So erinnert sich Bergführer Köbi Julen: «Als Onkel Felix nach dem Tod seiner Frau Annemarie im Altersheim nur schwer zu trösten war, besuchte ich ihn in seinem Zimmer. Beim Gespräch, dem Abusizz, leuchteten seine Augen auf meine Fragen nach seinen grossen Touren sofort auf. Vorbei die Traurigkeit über den Verlust seiner Frau und die Einsamkeit in der Altersresidenz. Er erinnerte sich noch an jede Route und nannte sie sofort beim Namen. Fazit des Abusizz von Mann zu Mann, von Führer zur Führer: Für ihn schöne, bleibende Erinnerungen und Auffrischung seiner grossen Führer-Karriere; für mich eine Fülle von neuen, interessanten und unbezahlbaren Informationen aus erster Hand.»

Die Idee dieses Buches war geboren. Aufzeichnungen von grund einfachen Berglern, gemischt mit Berichten von hochkarätigen Wissenschaftlern, geben dem Leser eine Übersicht einer spannenden, zehntausendjährigen Zermatter Geschichte.

Pius Rieder
ehemaliger Chefredaktor des «Walliser Boten» und Berggänger

Abri – Schwarze Tschugge – Prähistorische Fundstelle

Der Archäologieprofessor Alain Gallay von der Universität Genf entwickelte 1983 ein Modell, wie der Mensch in der Urgeschichte den Alpenraum genutzt haben könnte. Um diese Theorie zu überprüfen, suchten 1985 Archäologinnen und Archäologen unter anderem auf dem Gebiet der Gemeinde Zermatt gezielt nach prähistorischen Fundstellen. Sie nahmen dabei auch einen Felsblock unterhalb des Schwarzsees ins Visier.

«Ausgetreten» und fündig geworden!

Bei der Sondierung kamen damals zwar keine Funde zum Vorschein. Als aber während der Sucharbeiten einer der Forscher kurz austreten musste, lenkte er seine Schritte hangwärts Richtung «Schwarze Tschugge». Unmittelbar unter der mächtigen Felswand stehend, bemerkte er, dass diese überhängend ist und eine flache Terrasse vor Niederschlag schützt. Sein menschliches Bedürfnis führte somit zufällig zu einer der wichtigsten archäologischen Entdeckungen im Oberwallis.

Sogleich wurde eine Probegrabung angelegt. Nach wenigen Spatenstichen stiess das Archäologenteam auf prähistorische Feuerstellen und Steinwerkzeuge. Das Schweizerische Landesmuseum führte anschliessend 1993, 1996 und 1997 Ausgrabungen im Abri «Schwarze Tschugge» durch. Insgesamt wurde eine Fläche von 22 Quadratmetern freigelegt und dokumentiert. Sämtlicher Aushub wurde durch feinste Siebmaschen geschlämmt, um auch der kleinsten Funde habhaft zu werden.

Eine wahre Fundgrube

Das Team entdeckte mehrere Feuerstellen. Die verprobten Holzkohlen wurden mit der Radiokarbonmethode (14C-Datierung) analysiert. Diese datiert die Feuerstellen in die Mittelsteinzeit, in die Jungsteinzeit sowie in die frühe Bronzezeit; die Fundstelle wurde also zwischen 8000 und 1600 vor Christus aufgesucht!

Das Fundmaterial besteht einerseits aus winzigen Bergkristallsplittern, die beim Herstellen der mittelsteinzeitlichen Pfeilspitzen als Abfall zu Boden fielen. Andererseits entdeckten die Archäologen jungsteinzeitliche Funde wie zwei Feuersteindolche, eine Pfeilspitze aus Grüngestein sowie einen Feuerschlagstein. Letzterer war notwendig, um im Hochgebirge ein Feuer zu entfachen. Neben dem Feuerschlagstein benötigte man noch Katzengold und Zunderschwamm (Baumpilz). Mit etwas Übung lässt sich so rasch ein Feuer anzünden. Aus der Bronzezeit stammt ein Keramikgefäss, das einem Koch vor mehr als 2600 Jahren zu Boden fiel und in 31 Scherben zerbarst…

Drei Szenarien denkbar

Was suchte der Mensch damals auf fast 2600 Metern am Fusse des Matterhorns? Die Fundstelle liegt an einer uralten Route, die vom Mittelwallis über das Eringertal und den Col d'Hérens zur Fundstelle «Schwarze Tschugge» führt. Von dort geht es weiter zum Theodulpass Richtung Valtournanche und Aostatal. Es sind drei Szenarien denkbar. Die mittelsteinzeitlichen Jäger und Sammlerinnen nutzten die schützende Felswand als Jagdcamp. Sie machten im Sommer Jagd auf alpines Wild wie Steinbock, Gämse oder Murmeltier. In der Jungsteinzeit diente die Fundstelle als «prähistorische SAC-Hütte» für «Ötzis», die auf dieser transalpinen Route Feuersteine, Muschelschmuck oder Salz zwischen Nord und Süd austauschten. Seit dem Neolithikum und der Bronzezeit dürften Hirten mit ihren Schafen und Ziegen die alpinen Grasfluren als Sommerweide genutzt haben.

Alle prähistorischen Berggänger dürften ehrfurchtsvoll den einmaligen Berg oberhalb der «Schwarze Tschugge» bestaunt haben. Das Matterhorn diente wahrscheinlich auch als Wegweiser, um den Rastplatz aufzufinden.

Impressionen der ersten archäologischen Fundstelle
im Raum «Schwarze Tschugge».

Die Steinaxt in den «Garten» – Relikt aus der Steinzeit

Bei Tunnelarbeiten für das Wasserkraftwerk Grande Dixence entdeckte Jules Pollinger im Mai 1959 in der Flur «Garten» in 60 cm Tiefe eine jungsteinzeitliche Steinaxt. Die Fundstelle liegt etwa 200 Meter abseits des Wegs Richtung Theodulpass auf einer Höhe von 2400 Metern. Das Objekt lag in einer schwarzen, holzkohlehaltigen Schicht, die aber seinerzeit nicht genauer untersucht wurde. Die spitznackige Axt ist 34,3 cm lang und wurde aus einem Eklogit- bzw. Jadeitgestein gefertigt. Das ausserordentliche Fundstück kann heute im sehenswerten Matterhorn Museum in Zermatt besichtigt werden.

Gleiche Funde in der Bretagne

Schon früh fiel den Forschern die formale Ähnlichkeit der Zermatter Steinaxt mit Exemplaren aus der weit entfernten Bretagne auf. Dort entdeckte man zahlreiche grosse, spitznackige Beilklingen in Grabhügeln und in megalithischen Kultstätten. Unbestritten wurden diese langen Steinäxte dort in einem rituellen Zusammenhang niedergelegt. Für einen profanen Zweck verwendeten die Menschen der Jungsteinzeit nämlich deutlich kleinere, funktionalere Klingen. Man ging also ursprünglich davon aus, dass die Axt von Zermatt-Garten aus der Bretagne in den Alpenraum importiert worden war. Neuere Untersuchungen vom Forscherehepaar Anne-Marie und Pierre Pétrequin haben mittlerweile gezeigt, dass das Rohmaterial der Zermatter Axt nicht aus Nordwestfrankreich stammt, sondern vom Monte Viso in Norditalien. Dort entdeckten die beiden ausgedehnte Steinbrüche beziehungsweise Schlagplätze auf 1500 bis 2400 Meter über Meer, wo diese langen, spitznackigen Geräte im 5. und 4. Jahrtausend vor Christus hergestellt und in ganz Europa als hochglanzpolierte Prestigeobjekte verbreitet wurden.

Im Rucksack über den Pass

Die Axt von Zermatt-Garten war also im «Rucksack» eines jungsteinzeitlichen Menschen auf dem Weg von Oberitalien Richtung Norden über den Alpenhauptkamm. Dabei querte der Träger mit grosser Wahrscheinlichkeit, vom Aostatal her kommend, den Theodulpass. Im Bereich der Flur Garten gelangte das kostbare Objekt dann in den Boden. Grundsätzlich sind zwei Szenarien denkbar: die Axt ging unbeabsichtigt verloren oder aber das Prestigeobjekt wurde ganz bewusst niedergelegt. Da diese spitznackigen Axtklingen oft an speziellen Plätzen wie Steinkistengräbern, Steinmonumenten oder Landmarken (Wasserfälle, Felsklippen, Moore) ausgegraben wurden – einzeln oder in Depots von mehreren Stücken –, dürfte auch für Zermatt das zweite Szenario eher zutreffen.

Bewusst vergraben?

Die Steinaxt wurde also vermutlich um 4000 vor Christus in der Flur Garten, von wo man einen ausgezeichneten Blick auf das majestätische Matterhorn hat, bewusst vergraben. Was hinter diesem rituellen Akt der Niederlegung für Glaubensvorstellungen standen, entzieht sich unserer Kenntnis, da aus der Urgeschichte keinerlei schriftliche Überlieferungen fassbar sind. Nach dieser Weihegabe zog der unbekannte Steinzeitmensch vermutlich weiter...

Mit der Kriegskasse nach Hause

Von grossem Interesse sind besonders die über 180 Fundmünzen. Sie ermöglichen nämlich eine genaue Datierung des Bergunfalls. Die jüngste Münze datiert ins Jahr 1600. Somit muss der Mann um oder kurz nach der Jahrhundertwende umgekommen sein. Die acht grossen Silbermünzen aus Mailand, unter anderem von Philipp II. (1554–1598), könnten darauf hinweisen, dass der Verstorbene allenfalls in oberitalienischen Diensten war, vermutlich auf seiner Rückreise in die Schweizer Eidgenossenschaft. Bei den übrigen Münzen handelt es sich um Kleingeld aus unterschiedlichsten Gegenden wie dem Herzogtum Savoyen, der Markgrafschaft Messerano, aber auch aus den Städten Solothurn, Lausanne, Chur, Salzburg, Friedberg oder Frankfurt.

Jungzeitsteinliche Axt vom
norditalienischen Monte Viso.

Die Schalensteine in der Hubelweng – Kalender oder Opfertisch?

Karl Lehner (*1894)

Oberhalb von Zermatt Richtung Zmutt-Tal befindet sich über einem Felsband die längliche, schwach geneigte Flur «Hubelweng». Über diesen auf 2000 Meter über Meer gelegenen Grashang dürfte seit jeher der Höhenweg vom Dorf Richtung Col d'Hérens geführt haben. Im Gegensatz zu heute legte man früher nämlich das Wegnetz bevorzugt oberhalb des engen, von Geröllschutt und Überschwemmungen bedrohten Talgrundes an. Über der natürlichen Waldgrenze hatte man zudem eine freie Sicht und konnte sich an charakteristischen Felsformationen gut orientieren. Im Falle der Flur «Hubelweng» war und ist dies natürlich seit Urzeiten das Matterhorn.

Wandert man auf dem idyllischen Pfad von Zermatt Richtung Zmutt, so fallen einem sofort die flachen Steinblöcke in der Flur Hubelweng auf. Schaut man genauer hin, so bemerkt man auf einigen dieser Felsen aus Tafelquarzit und Bündnerschiefer offensichtlich von Menschenhand eingetiefte Schälchen unterschiedlicher Grösse und Tiefe. Insgesamt sind bis heute elf solcher Schalensteine bekannt.

Viele Fragen offen

Schalensteine stellen den Archäologen vor zwei nahezu unlösbare Probleme. Man möchte einerseits gerne wissen, weshalb die Menschen diese Schälchen und Zeichen in den harten Felsen gehauen haben, andererseits wie alt diese Markierungen tatsächlich sind. Zwar gibt es zu beiden Fragen unzählige Theorien, die allerdings teilweise sehr esoterisch anmuten …

Denkbar sind unter anderem folgende Interpretationen. Die Schälchen stehen in einem astronomischen Zusammenhang. Allenfalls stellen die Eintiefungen Sternbilder dar oder man konnte mithilfe dieser Schalen wichtige kalendarische Konstellationen wie Tag- und Nachtgleiche, den kürzesten beziehungsweise den längsten Tag berechnen. Von prähistorischen Stein- und Holzkreisen sowie von der berühmten Himmelsscheibe von Nebra wissen wir, dass die Menschen der Urgeschichte bereits beachtliche astronomische Kenntnisse hatten. Auf der 1999 in Sachsen-Anhalt entdeckten, 3600 Jahre alten Bronzescheibe sind unter anderem mit Goldfolie das Sternbild der Plejaden sowie der Voll- und Sichelmond abgebildet.

Schälchencode noch nicht geknackt

Im Gegensatz zur Nebrascheibe gelang es bisher allerdings nicht, den Schälchencode der Hubelweng-Felsblöcke dahin gehend zu knacken! Ebenfalls vorstellbar wäre eine Nutzung als kleine Öllämpchen. Mit dieser Beleuchtung wurde allenfalls eine rituelle Handlung begleitet. Auch eine profane Deutung darf nicht völlig ausgeschlossen werden. So könnte es sich bei diesen Schalen um Wegmarkierungen, Zählmarken oder Botschaften an nachfolgende Bergwanderer handeln. Allen Theorien gemeinsam ist und bleibt, dass sie nicht belegbar sind …

Vorsichtige Datierung

Abschliessend sei noch auf die Datierungsproblematik eingegangen. Das Alter der Schalen kann naturwissenschaftlich nicht direkt am Stein abgelesen werden. Felshärte und Verwitterungsspuren können zwar vage Hinweise auf das Alter liefern. Besser sind jedoch Fundumstände, wo die Schalen von Schichten, die ihrerseits über jüngere Feuerstellen mit Holzkohlen oder charakteristische Funde datiert werden können, überdeckt sind. Gewisse Schalensteine sind auch mit Tier-, Waffen- oder Gerätedarstellungen versehen, die man dann über die Typologie chronologisch einordnen kann. Ein Paradebeispiel dafür sind die berühmten jungsteinzeitlichen Stelen von Sitten.

Mit gebotener Vorsicht können die Schalensteine von Hubelweng in die Eisenzeit, also etwa 2500 Jahre vor heute, datiert werden.

Kleine Hohlräume im Stein – für rituelle Handlungen benutzt?

Giltsteinmanufaktur – Vom Steinbruch zum Trinkbecher

Giltstein, Lavez, Speckstein, Pietra ollare oder Ofenstein sind synonyme Begriffe für ein talkhaltiges Gestein. Es ist so weich, dass man es sogar mit dem Fingernagel ritzen kann. Dieses Grüngestein steht im Gletschergarten von Zermatt natürlich an. Auf der Rückkehr von einer Bergtour bemerkte der Zermatter Hotelier Yvo Biner 1966 in der Flur «Dossen» den oberen Rand einer Gletschermühle. Diese zufällige Entdeckung sollte sein Leben verändern.

Er verbrachte von da an jede freie Minute im Dossen, um diese eindrücklichen Zeugnisse der letzten Eiszeit freizulegen. Neben den spektakulären Gletschertöpfen – einen Vergleich mit dem berühmten Gletschergarten von Luzern brauchen diese nicht zu scheuen – stiess Yvo Biner auch auf einen schmalen Gang. Dieser entpuppte sich als Abbaustollen für Giltsteinblöcke. Da eine über 400-jährige Lärche auf dem verschütteten Stollenmund wuchs, kann der Bergbau mindestens ins Mittelalter zurück datiert werden – allenfalls sogar bis in die Spätantike!

Mit eisernen Spitzhacken lösten die Bergleute damals zylindrische Giltsteinblöcke ab. Die so gewonnenen Rohlinge wurden anschliessend im Winter auf Schlitten über Schnee und Eis in eine nahe gelegene Werkstatt geschleift und dort zu Gefässen verarbeitet.

Dem Zufall sei Dank

Yvo Biner gelang auch diese wichtige Entdeckung. Als man nämlich auf dem «Furi» einen Leitungsgraben für Schneekanonen abtiefte, sammelte er zahlreiche Halbfabrikate, Abfallstücke und zerbrochene Gefässreste aus Giltstein auf. Dank seinem archäologischen Blick hatte er somit nicht nur den Steinbruch, sondern auch die dazugehörige Steindrechslerei gefunden! Zwischen 1995 und 2003 gruben die Archäologinnen und Archäologen dann die Fundstelle auf dem «Furi» fachgerecht aus. Neben zahlreichen Produkten der Giltsteinverarbeitung kamen eine Trockenmauer, ein Kanal und eine Feuerstelle zum Vorschein. Besonders die ausgegrabene Kanalstruktur ist von Interesse. Vielleicht trieb das über diesen Kanal zugeleitete Wasser nämlich ursprünglich die Welle der Steindrechslerei an.

Zermatter Exportschlager

Die freigelegten Überreste der Giltsteinmanufaktur von Zermatt-Furi datieren von der Spätantike bis ins Frühmittelalter, das heisst, vom 4. bis ins 8. Jahrhundert. Das Geschirr aus Speckstein – Becher, Schalen, Schüsseln und Töpfe – war seinerzeit in den spätrömischen Siedlungen und Kastellen zwischen Genfer- und Bodensee sehr beliebt. Dort waren die Gefässe so begehrt, dass man sogar zerbrochene Gefässe sorgfältig mit Bronzebändern flickte oder Scherben zu Spinnwirteln – Schwungrädchen für die Spindel – rezyklierte. Mit den Fertigprodukten dieser Manufaktur liegt also ein erster Zermatter Exportschlager vor!

Auch heute noch ist das Rohmaterial Speckstein begehrt. So findet man Giltsteinöfen in vielen Wohnhäusern und Hotels im Dorf Zermatt. Das talkhaltige Gestein hat nämlich eine ausgezeichnete Wärmespeicherkapazität. So kuscheln sich jeden Winter zahlreiche Skifahrerinnen und Skifahrer nach den rasanten Abfahrten am Fusse des Matterhorns an den heimelig warmen Ofen, gesetzt aus einem Material, das seit Jahrhunderten in Zermatt abgebaut und verarbeitet worden ist.

Die Steinmanufaktur, welche beim Bau einer Beschneiungsanlage zum Vorschein gekommen ist, galt als erste Industrie in Zermatt.

Die Gletschertöpfe – Die Frühbesiedlung von Zermatt

Yvo Biner (*1926)

Die erste Besiedlung von Zermatt und seiner Umgebung durch die Urbevölkerung liegt im Dunkeln. Um ca. 25000 v. Chr., während der letzten grossen Eiszeit, lag Zermatt unter einer dicken Eisschicht. Um ca. 10000 v. Chr. hatte sich die Erdachse um ca. 2° geneigt, was zu einer Klimaveränderung führte. In Nordafrika begann der erste Schritt der Verwandlung einer blühenden, fruchtbaren Landschaft in die Wüste Sahara. In unseren Regionen war dies der Anfang der Gletscherschmelze.

Urgeschichte

Nach der grossen Eiszeit begann damals eine Wärmeperiode, welche aber wiederholt durch kleine Eiszeiten unterbrochen wurde. Mit dem Schwinden der Gletscher begannen primitive Pflanzen und später eine reichhaltige Vegetation zu wachsen. Diese bildete die Nahrung für die ins Gebirge vorstossenden Tiere.

Vermutlich am Ende des Mesolithikums (Mittelsteinzeit) folgten die ersten Jäger aus den tieferen Lagen den Wildtieren in die Gebirgsgegenden. Felsvorsprünge und Unterstände dienten ihnen als Unterkünfte und Wetterschutz. Ein solcher Unterstand wurde im Jahr 1985 in der Felswand «Schwarze Tschugge» in der Nähe der Kapelle Schwarzsee entdeckt. Es handelt sich um den ersten historischen Nachweis von Menschen im Gebiet von Zermatt um ca. 8000 v. Chr. wie aus den gefundenen Feuerstellen, Knochensplittern, Keramikscherben und Steinartefakten geschlossen werden kann.

Gletschertöpfe

Das Schmelzwasser der Gletscher fliesst teilweise sichtbar auf der Gletscheroberfläche ab. Bedeutende Wasserströme bewegen sich jedoch im Eis und auf der Basis der Gletscher. Ein kleines Hindernis auf dem Felsbett kann das mit grosser Geschwindigkeit fliessende Wasser in eine wirbelnde Bewegung versetzen. Im Wasser mitgeführter Sand und Kies, die trübe Gletschermilch, fräsen runde Vertiefungen in den Felsen. Es erfolgt die Auskolkung der Gletschertöpfe, welche je nach Richtung des wirbelnden Wasserstrahles und der unterschiedlichen Härte des Gesteins mit der Zeit unterschiedliche Formen von Gletschertöpfen entstehen lassen. Gelegentlich wird die Bildung von Gletschertöpfen durch sogenannte «Mahlsteine» begünstigt, welche sich in diesen Wasserstrudeln befinden,.

Bildet das auf der Gletscheroberfläche abfliessende Sand und Kies mitführende Wasser starke Wirbel, so fräst es Vertiefungen in das Gletschereis. Es entstehen sogenannte Gletschermühlen.

Gletschertöpfe Dossen und Luchre

Neben dem schweizweit bekannten Gletschergarten von Luzern findet der Gletschergarten Dossen oberhalb von Zermatt grosse Beachtung. Die Steinsäulen, auf denen das Portal der Kapelle in Winkelmatten ruht, stammen vom Mischisand. Yvo Biner war auf der Suche nach der Gruft, aus welcher diese Säulen ausgemeisselt wurden, als er auf eine Felsformation stiess, die ihn vermuten liess, es könnte sich um einen Gletschertopf handeln. In unermüdlicher Fleissarbeit legte er den heutigen Gletschergarten Dossen frei, errichtete Brücken und Wege zwischen den einzelnen Fundstellen und konnte im Sommer 1974 den Gletschergarten offiziell einweihen und der Öffentlichkeit zugänglich machen.

Das Alter dieser Gletschertöpfe Dossen ist schwer bestimmbar. Sie sind wahrscheinlich mehr als 10000 Jahre alt und stammen vermutlich aus der letzten Eiszeit, als sich der Bodengletscher, der unterste Teil des Gornergletschers, über den Dossen ausgedehnt hatte.

Der Stein mit den Gletschertöpfen «in de Luchre» direkt am Strassenrand ist wohl einer der ersten Zeitzeugen einer Epoche, als das Dorf Zermatt noch unter einer dicken Eisschicht begraben lag.

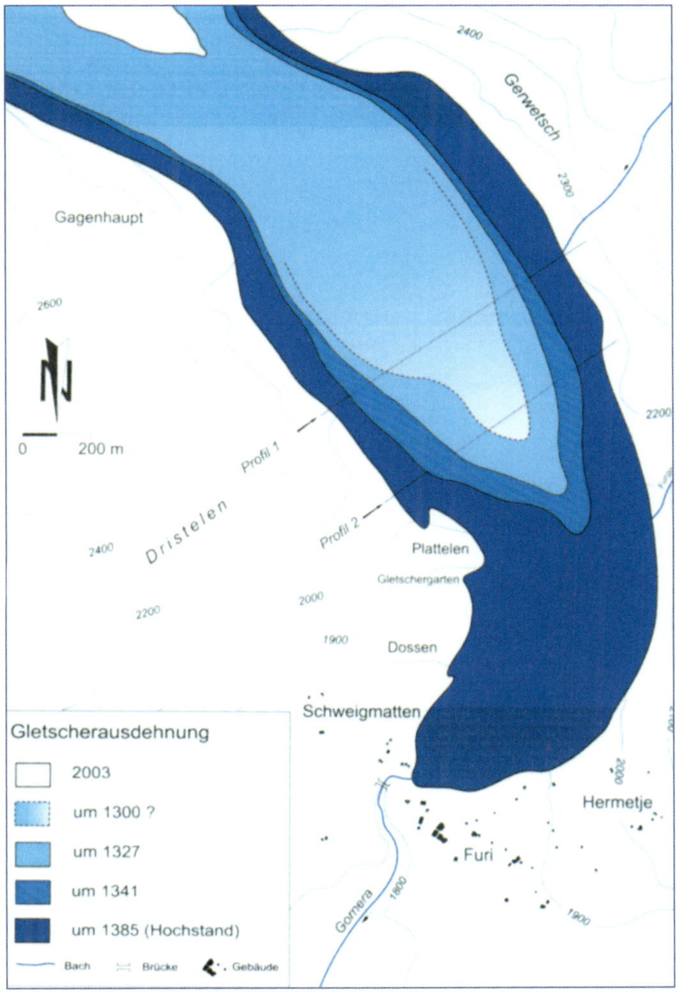

Ältester Zermatter Gletschertopf
«in de Luchre».

Loskäufe – Das Volk kauft sich vom Adel frei

Die vier Viertel von Zermatt im Jahre 1476, setzten sich wie folgt zusammen:

Viertel «Hoffero», Dorf und Ried: 39 Haushalte

Viertel «Wynchilmattero» mit Findeln: 43 Haushalte

Viertel «Aroleytero»: 46 Haushalte

Viertel «Muttero»: 54 Haushalte

Beträge der weltlichen Loskäufe:

Anno 1538: Von der Familie Werra: 700 Mörserpfund

Anno 1562: Von der Familie Perrini: 655 Mörserpfund

Anno 1618: Von der Familie de Platea: 450 Mörserpfund

In der ältesten uns bekannten Urkunde vom Oktober 1280 von Zermatt betreffend einen Verkauf einer Wiese in Findeln wird das Dorf in der damaligen Amtssprache Latein als «Protobornum» bezeichnet. Kurze Zeit später in einer Urkunde vom 16. August 1291, dem Jahr der Gründung der Eidgenossenschaft, finden wir die Bezeichnung «Vallis de Pratoborno».

Pratobornum-Matt

Das lateinische Wort «Pratum» bedeutet «Matte». «Borne» in den französischen Dialekten bedeutet «Brunnen oder Quelle». Die Übersetzung von Pratobornum ist: Matte im Quellgebiet. Quellgebiet gibt einen Hinweis auf die verschiedenen Bäche Findelbach, Gornera, Zmuttbach, Triftbach, welche im Gebiet «der Matte» im Quellgebiet sich zur Mattervispe vereinen.

Ende des 15., Anfang des 16. Jahrhunderts finden wir den deutschen Dorfnamen «Matt», auf der Landtafel in der berühmten Chronik von Johannes Stumpf vom Jahre 1548. Auf dieser Karte wird das Tal zwischen Stalden und Matt als «Mattal» (vergl. Foto/Karte) bezeichnet und nicht als Nikolaital, wie unser Tal später gelegentlich benannt wurde. Am Landrat vom 20. Januar 1503 in Naters nahm Christian an der Seematten als Vertreter «von der Matt» teil. Nach der Mitte des 16. Jahrhunderts findet sich in den Landratsabschieden erstmals die Bezeichnung «Zermatt».

Loskäufe

Im 13./14. Jahrhundert war der Bischof auch Landesherr vom Wallis. In vielen Orten hatten Adelsfamilien Grund- und Hoheitsrechte. Um diese Zeit begannen im Wallis die Bewohner eigene Selbstständigkeit anzustreben. Dies entsprach dem Zeitgeist, wie er aus den Städten Norditaliens und der Eidgenossenschaft ins Wallis gedrungen war. Die Loslösungen und Freiheitsbewegungen gingen parallel zu Bestrebungen, die Bewirtschaftung der Allmenden selber zu regeln.

Vielerorts entstanden Alp,- Wald,- Allmend- und Wassergeteilschaften. Das Ziel war die Ausführung, die Aufsicht und der Unterhalt gemeinsamer Werke. Es waren wirtschaftliche Gebilde, denen aber keine selbstständigen hoheitsrechtlichen Funktionen zukamen.

Zermatt

Das gesamte Gebiet von «Zer Matt» gehörte um die Mitte des 16. Jahrhunderts drei Adelsfamilien, nämlich den Familien Johann Werra von Leuk (Rechtsnachfolger der Herren Esperlini von Raron), der Adelsfamilie Perrini von Leuk und den adeligen Herren de Platea von Visp.

115 Familien von «Zer Matt» kauften sich am ersten Christmonat des Jahres 1538 von der Familie Werra frei. Der zweite Loskauf von 35 Familien von der Adelsfamilie Perrini erfolgte am 4. April 1562. Die verbleibenden 39 Familien kauften sich am 23. Christmonat 1618 von der Adelsfamilie de Platea los.

Diese Loskäufe umfassten nicht nur die hohe und niedere Gerichtsbarkeit, sondern auch die Lehensgüter, Steuern, Grundzinsen, Gilten und Murmeltiere, kurz sämtliche Rechte der ehemaligen Herrscher und ihrer Familien.

Anstelle der drei Herrschaften entstanden drei selbstständige Majorate. Deren gemeinsame Merkmale waren die Organisation der Gerichtsbarkeit sowie die Wahl des Meiers.

Wirtschaftlich hatten sich die vier Viertel der Talschaft «zer Matt», nämlich Hoffero, Wynchilmattero, Aroleytero und Muttero, teils schon vor den Loskäufen organisiert und sich Satzungen betreffend die Allmenden und die Jagd gegeben.

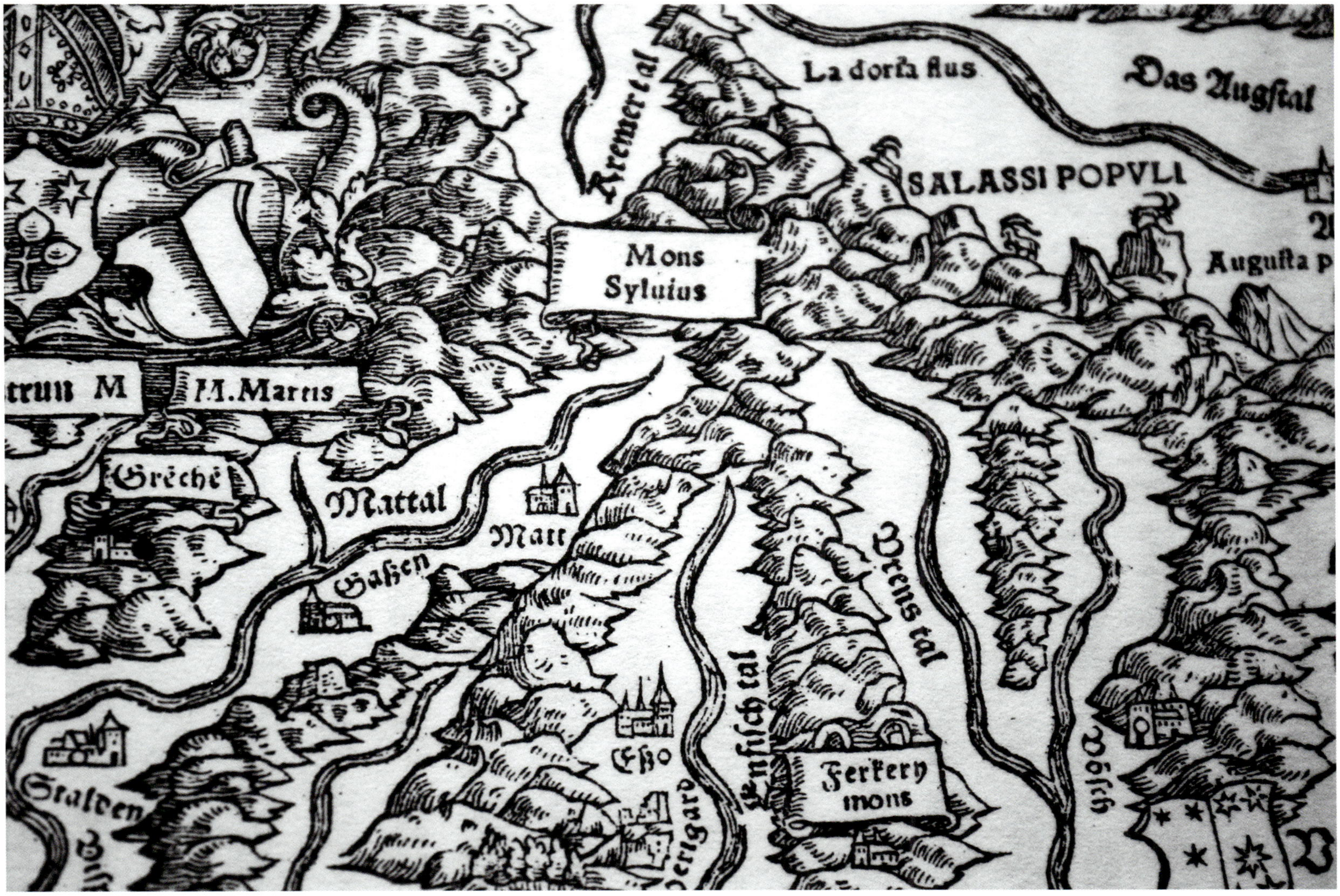

Schon auf den ältesten Karten stand das Matterhorn (Mons Silvius) im Fokus.

Zermatter Bauernzunft – Einmal Burger, ewig Burger

Im 13./14. Jahrhundert beginnen im Wallis vielerorts die Bewohner eigene Selbstständigkeit anzustreben. Zu Beginn ging es hauptsächlich um wirtschaftliche Selbstständigkeit. Es entstanden Alp-, Wald-, Allmend- und Wassergeteilschaften. Kein gesetzlicher, sondern ein natürlicher Zwang hat diese kooperativen Gemeinschaftswesen im Wallis gefördert.

Heimat und Nutzungsrecht

Im harten Ringen um das tägliche Brot, unter der steten Bedrohung durch die Naturgewalten und in den langwierigen Kämpfen um die Unabhängigkeit wurde das Zusammengehörigkeitsgefühl und damit das Wirtschaftswesen gefestigt. Diese Gemeinschaften waren Notgemeinschaften und Realverbände.

Das Ziel war die Ausführung, die Aufsicht und der Unterhalt gemeinsamer Werke. Es waren wirtschaftliche Gebilde, denen aber keine selbstständigen hoheitsrechtlichen Funktionen zukamen. Die wirtschaftliche Gemeinde bildete eine rechtliche Einheit, die dem Inhalt und der Form nach privatrechtliche Funktionen ausübte. Erst später entwickelte sich aus diesen wirtschaftlichen Zusammenschlüssen die politische Gemeinde – die Bauernzunft, die Burgergemeinde. Viele Geteilschaften gingen in der politischen Gemeinde auf, während andere parallel zur politischen Gemeinde während Jahrhunderten als wirtschaftliche Zusammenschlüsse weiter bestanden. Geteilschaftsalpen beispielsweise haben ihren Fortbestand bis in die heutige Zeit.

Diese genossenschaftlichen Gebilde und ihre Satzungen werden «Bauernzünfte» oder «Geburzünfte» genannt.

Bauernzunft und Burgergemeinde

Aus manchen dieser wirtschaftlichen Zusammenschlüsse erwuchs später die Gemeinde mit einem viel ausgedehnteren, umfassenderen Aufgaben- und Wirkungsbereich mit politischen und polizeilichen Bestimmungen.

Die Gemeinde umfasst ein bestimmtes Gebiet, wie viele Grenzbereinigungsverträge beweisen, so z.B. der Vertrag über die Grenzfestlegung zwischen Täsch und zer Matt am 3. Oktober 1560. Bei der politischen Gemeinde ging es um einen Schutz- und Trutzverband, im Inneren zur Ordnung unter den Gemeinden, nach aussen zum Schutz.

Bauernzünfte wurden sehr oft die politischen Gemeinden genannt. In den lateinischen Urkunden findet sich der Ausdruck «Communitas». In vielen Urkunden finden sich die Bezeichnungen «Bauernzünfte» oder «Geburzünfte».

Waren diese Bauernzünfte nun Geteilschaften oder Gemeinden?

Aus dem Inhalt einer «Bauernzunft» ist im Allgemeinen leicht ersichtlich, ob es sich um eine privatwirtschaftliche Geteilschaft oder eine öffentlich-rechtliche Gemeinde handelt.

Burgergemeinde

Die Bauernzunftstatuten der Gemeinde enthalten nicht nur Bestimmungen über Alpen, Wälder und Allmenden, sondern regeln bereits in den ersten Artikeln den Erwerb und den Verlust des Burgerrechtes, befassen sich mit den politischen Rechten und Pflichten der Burger und enthalten ebenfalls Bestimmungen über Wege und Polizeiordnungen.

Die Bauernzunft als Dorfschaft und als Dortstatut war die Burgergemeinde. Das Burgerrecht war zu jener Zeit, als der Erwerb- und Lebensunterhalt von der Land-, Alp- und Viehwirtschaft abhängig war, von ausschlaggebender Bedeutung, denn erst das Burgerrecht gewährte dem Burger eine bleibende Heimat und das Nutzungsrecht an Alpen und Wäldern. Er konnte nicht, wie ein Hintersäss (Nichtburger) aus dem Dorf gewiesen werden.

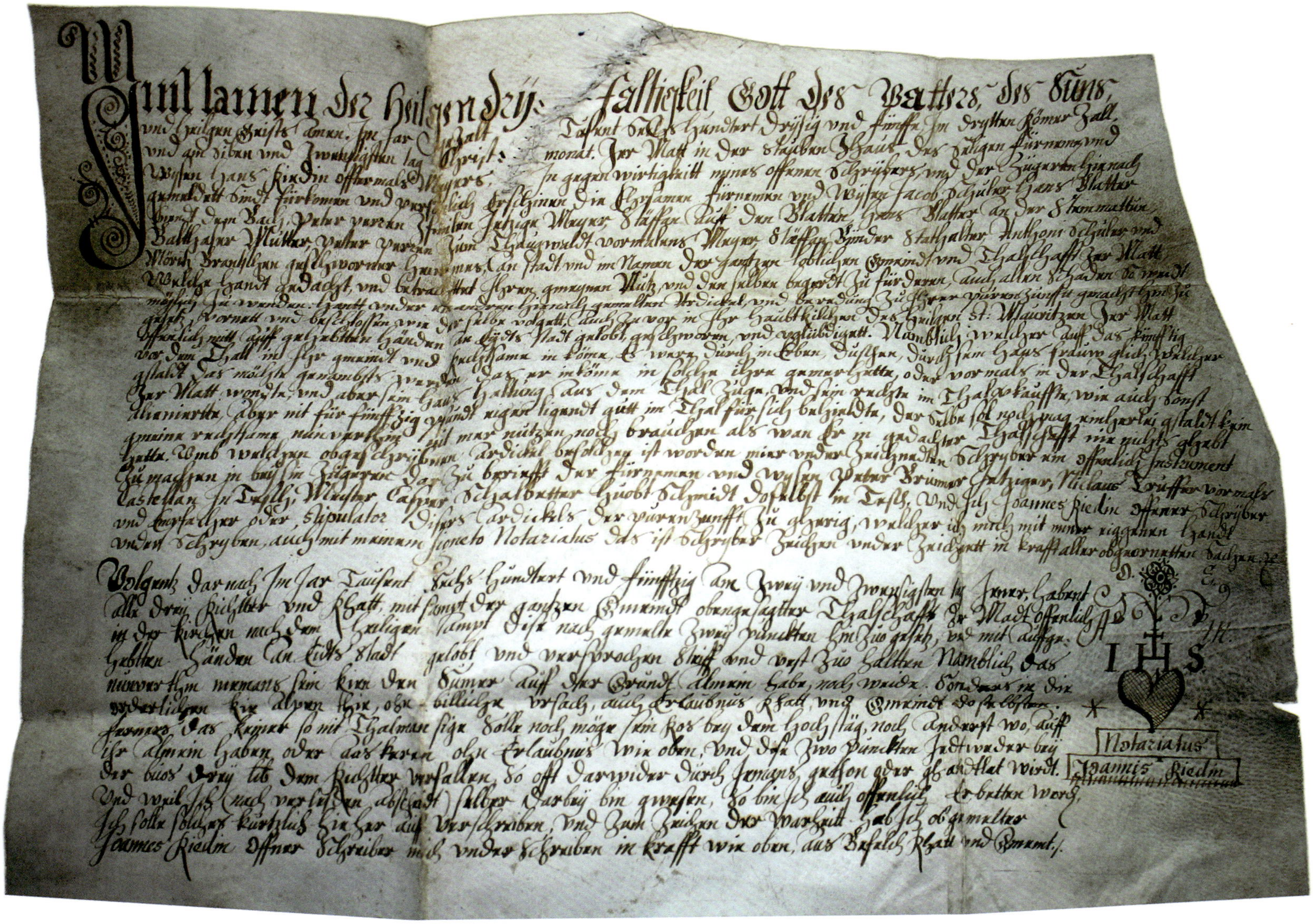

Nachtrag zur Satzung der Bauernzunft vom 27. Dezember 1635.

Burgerrecht – Neuburger mit Geld, Feier und Burgereid

Die Bauernzunft als Dorfschaft oder als Dorfstatut war die Burgergemeinde.

Burgerrecht

Wirtschaftlich hatten sich die vier Viertel der Talschaft Zermatt – nämlich Hoffero, Muttero, Wynchilmattero und Aroleytero – teils schon vor den Loskäufen der Jahre 1538, 1562 und 1618 organisiert und sich Satzungen betreffend die Alpen, Allmenden und die Jagd gegeben. In den Bauernzunftstatuten vom 4. März 1579 von Zermatt steht: «Wer das Burgerrecht kaufen will, zahlt im Verhältnis zu seinem Vermögen, und zwar für die ersten hundert Pfund Vermögen, 2 Pfund und vom Rest des Vermögens 1%.» Wurde dem Einburgerungsbegehren stattgegeben, so veranstaltete man eine würdige Feier anlässlich welcher der neue Burger seinen Burgereid leisten musste.

Der Einkauf war eine Möglichkeit zum Erwerb des Burgerrechtes. Üblicherweise wurde das Burgerrecht durch Abstammung erworben. In gewissen Fällen trat der Verlust des Burgerrechtes ein. Die Statuten vom 27. Dezember 1635 halten fest: «Jeder frühere Burger, der seine Güter im Tal verkauft hatte ohne für 50 Pfund Güter im Tal sich vorzuenthalten, fortzog und wiederkommt, sollte keine Rechtsame im Tal besitzen und geniessen.» Das Burgerrecht war eng mit dem dauernden Besitz an liegenden Gütern verknüpft. Diese bildeten eine Garantie für wirtschaftliche Sicherheit und erübrigten die Unterstützung durch das Gemeinwesen.

Nutzungsrechte an der Allmend

Das Burgerrecht gewährte Nutzungsrechte an der Allmend. Als Allmend wird der ungeteilte Grundbesitz einer Gemeinde an Weideland, an Wald und Wasser bezeichnet. Die Rechtsgeschichte zählt die gemeinsamen Gebäude, Strassen und Plätze innerhalb des Dorfes ebenfalls zur Allmend.

Die Gemeinde überliess den Bauern die Nutzung der Allmend, stellte aber gleichzeitig die nötigen Bestimmungen auf. Zum Teil waren solche Bestimmungen bereits aus den früheren wirtschaftlichen Bauernzünften übernommen worden. In den Bauernzunftstatuten von 1579 wird festgehalten, «alle alten Bräuche bezüglich Allmein und Alpen stehen zu Recht».

Die Allmenden und Alpen wurden aufgeteilt in Kuh-, Rinder- und Kälberalpen, Pferdeweiden oder Weiden für Kleinvieh, Schafe und Ziegen und manchmal auch Schweine.

Das Belegen und Entladen der Alpen war jeweils ein bedeutender rechtlicher, wirtschaftlicher und gesellschaftlicher Anlass. Der Zeitpunkt war sehr oft ein Heiligenfest (beispielsweise Johannistag, 24. Juni).

Waldnutzung

Dem Wald kommt eine doppelte Bedeutung zu, einerseits als Schutzwald und andererseits zur Waldnutzung.

Bannwälder zum Schutze von Dörfern, Gebäuden, Menschen und Vieh besassen die meisten Alpgebiete und erliessen entsprechende Reglemente «zur schirmung ihres dorfs und gieteren so dort liegen under ihrem gemeinen Banwald». Als Schutzwald gilt laut den Bauernzunftstatuten von Zermatt vom 4. März 1579: «Bann des Waldes ob dem Weg bis an den Meiggertschuggen und ennet dem Hohsteg zu Rindshalber (Kalbertschuggen)».

Die Statuten regelten andererseits die schonende Nutzung des Waldes für Bau- und Brennholz. Die Statuten vom 4. März 1579 verboten das Ausführen von Holz unter 3 Pfund Busse. In bestimmten Alpengegenden diente Laub zum Füllen der Laubsäcke in den Betten, anderenorts diente das Lärchenharz als Seife, Schuhmacherharz, zu Heilzwecken oder beleuchtete als eine Art Talgkerze die Wohnungen. Wiederholt hatte der Walliser Landrat das Anbohren von Lärchen zur Harzgewinnung – weil für die Bäume schädlich – verboten (Landrat-Abschied 1577).

Holz eine einheimische, erneuerbare Energie, die als
Baustoff viele Arbeitsplätze sicherstellte.

Stammburger – Entstehung der Zermatter Familiennamen

Zur Familie Zmutt ist zu ergänzen, dass Josef Zmutt mit seiner Familie 1892–93 nach Argentinien auswanderte. Bis in die 1970er-Jahre waren die Nachkommen dort noch nachweisbar.

Im Mittelalter leiteten sich die Familiennamen sehr oft von ihrem Wohnsitz ab. Zum Beispiel: an den Matten, auf den Blatten, in den Bächen, in der Bine(n), uf den Furren, zer Niwen, in der Schluocht, in der Seematte, zum Taugwald etc. Da das heutige Zermatt damals eine ausgesprochene Streusiedlung war, ist es nicht verwunderlich, dass 1476, als die Bevollmächtigten der Talschaft «zer Matt» ihr Gebiet in die vier Viertel einteilten, rund siebzig verschiedene Namen genannt werden.

400 Jahre Burgerschaft

Zu erwähnen ist übrigens, dass die heute noch blühenden Stammburgergeschlechter schon 1618, als die letzten Zermatter Familien ihre Freiheit von den Grundherren erlangten, nachweisbar sind. 1621 führten sie das freie Meiertum ein, gültig für alle Bewohner. In den nächsten 170 Jahren existierten in der Talschaft Zermatt drei unabhängige Gemeinden. 1621 war das Gründungsjahr der Burgergemeinde Zermatt und die damals lebenden Familien werden als Stammburger bezeichnet. In den nächsten Jahrhunderten starben jedoch recht viele Geschlechter in Zermatt aus. Im 17. Jahrhundert: Egger, Schliechter, Seematter, Tentschen, Wiestiner; im 18. Jahrhundert: Agten, Andenmatten, Indenbächen, Mutter, Riedin, Schalbetter; im 19. Jahrhundert: Blatter, Brantschen, Schmid, Zmutt; im 20. Jahrhundert: Mooser, Salzgeber, Willisch; im 21. Jahrhundert: Ruden.

Allerdings nahmen im Laufe des 20. Jahrhunderts einige Familien der früher ausgewanderten Zweige der Mooser, Willisch und Brantschen von Täsch bzw. Randa ihren Wohnsitz wieder in Zermatt.

Kaum neue Einburgerungen

Bis Ende des 18. Jahrhunderts kamen vier weitere neue Burgergeschlechter dazu: Anderhalden aus Lungern, Brenni aus dem Aostatal, Sigrist aus St-Léonard und Thamatter aus dem Saastal. Es waren ledige Männer, die einwanderten, sich mit einer Zermatterin verheirateten und ins Burgerrecht aufgenommen wurden. Die Anderhalden, Brenni und Thamatter sind im Verlauf des 19. Jahrhunderts wieder erloschen.

Viele Zermatter verliessen ihr Heimatdorf und liessen sich anderswo nieder: ab dem 15. Jh. im Eringertal, vor allem in Evolène oder St-Martin. Manche zogen weiter nach Brämis und Sitten. Gerade in Sitten kamen mehrere Mitglieder aus Zermatter Geschlechtern zu Wohlstand und Ansehen. Etwa ab der gleichen Zeit zogen Zermatter auch nach Täsch und Randa, in geringerer Zahl nach St. Niklaus oder Visp.

1791, beim Zusammenschluss der drei Gemeinden und der Gründung der heutigen Burgergemeinde Zermatt, zählte man noch 26 Burgergeschlechter.

Die Zahl der alten Burgergeschlechter nimmt ab

1876–1879, beim Bau des Burgerhotels «Zermatterhof», waren noch folgende 21 Geschlechter daran beteiligt: Aufdenblatten, Biner, Brantschen, Furrer, Graven, Inderbinen, Julen, Kronig, Lauber, Mooser, Perren, Ruden, Salzgeber, Schuler, Sigrist, Taugwalder, Welschen, Willisch, Zmutt, Zumtaugwald und Zurniwen. Heute blühen noch deren 17.

Die einflussreichsten Männer entstammten im 16. und 17. Jahrhundert den Blatter, Perren, Riedin oder Wiestiner. Sie stellten zahlreiche Notare, Meier oder Landratsboten des Zenden Visp. Stellvertretend sei Arnold Blatter genannt. Er kam 1653 in Zermatt zur Welt, wurde Notar und Meier von Zermatt. 1681 zog er nach Visp, wo er sich einburgern liess. 1731–1737 war er Lansdeshauptmann des Wallis. Sein Sohn, Johann Joseph, wurde 1734 Fürstbischof. Somit lagen die beiden einflussreichsten Ämter des Wallis – Landeshauptmann und Fürstbischof – während vier Jahren in den Händen der Familie Blatter.

Aufdenblatten

Biner 1

Biner 2

Brantschen

Furrer

Graven

Inderbinen

Julen

Kronig 1

Kronig 2

Lauber

Mooser

Perren 1

Perren 2

Ruden

Salzgeber

Schuler

Sigrist

Taugwalder

Welschen

Willisch

Zmutt

Zumtaugwald

Zurniwen

Die Wappen der am Bau des Zermatterhofs beteiligten Burgerfamilien.

Tässla und Tugenden – Das Wort galt als Eidschwur

Der Brand

Anders als die Tässla diente der Brand der Bevölkerung zur Kennzeichnung des Eigentums an Gebrauchsgegenständen. Ein Schmiedeeisen mit einem Zeichen oder den Initialen des Eigentümers wurde ins Feuer gelegt und zum Glühen gebracht. Anschliessend wurde das Zeichen in die Holzteile der Gebrauchsgegenstände wie Schlitten, Handkarren, Sense, Rechen, Gabel oder Schaufel eingebrannt. Gekennzeichnet wurden so hauptsächlich die landwirtschaftlichen Werkzeuge, so fanden die vielausgeliehenen Gegenstände wieder zu ihrem Besitzer zurück.

Die Bauernzünfte entwickelten ein kluges System zur Nutzung der Allmenden: Die «Tässla». Es waren 1–2 cm breite und ca. 12–15 cm lange Holzstückchen, in welche Rechte und Informationen eingeritzt wurden. Jeder Tässel hatte ein Gegenstück, womit verhindert wurde, dass der einzelne Tässelmann eigenhändig auf seiner Tässla seine Rechte vergrössern oder abändern konnte. Das Gegenstück verblieb immer bei der Burgergemeinde oder bei der wirtschaftlichen Geteilschaft und wurde durch einen Tässelvogt verwaltet und aufbewahrt.

Arten von «Tässla»

Entsprechend dem Verwendungszweck kann man die Tässel in vier Gruppen einteilen: die Pflicht- oder Kehrtässel, die «Rechtsamehölzer», die Abrechnungshölzer und die Forderungs- oder Quittungstässla. Die «Pflichthölzer» oder Kehrtässel verzeichneten eine Leistung im Rahmen des Gemeinwerkes «Gmeiwärch».

Die Rechtsamehölzer hielten die Rechte der Tässlemänner an den Alpen, Weiden und Wäldern fest sowie die Wassermenge bei der Bewässerung der Wiesen.

Tugenden

Forderungs- und Quittungshölzer dienten zur Bestätigung einer Schuld, eines Darlehens oder irgendeiner Verpflichtung. Ein Beispiel einer Darlehensverpflichtung der Zermatter findet sich im «Journal de Paris» vom Mai 1777.

«Das goldene Zeitalter, das Reich der Götter, kann man in voller Wirklichkeit in der Schweiz im Tale ‹Praborgne›, auf Deutsch ‹Zermatt›, sehen. Es ist ein enges, 9 Stunden langes Tal und ist 9 Stunden von Sitten, der Hauptstadt des Wallis entfernt. Da findet man ein wahrhaftig freies Volk ohne Unterschied des Standes und des Ranges, ohne schwächlichen Luxus, ohne belästigenden Ehrgeiz. Umgeben von hohen Bergen verlebt es seine Zeit in tiefem Frieden und bekümmert sich nur um die Bewirtschaftung seines Bodens und die Versorgung seiner Herden. Dieses Volk, einzig den sich selbst gegebenen Gesetzen unterworfen, ist deren gewissenhaftester Befolger. Reine fromme Sitten, Aufrichtigkeit und Treue in ihrer ganzen Offenheit, kennzeichnen diese einfache Bevölkerung, Freigiebigkeit und Gastfreundschaft wurden täglich gelebt. Der Notar oder der Staatsanwalt sind hier unbekannte Personen. In Zermatt galt das Wort so viel wie ein Eidschwur.

Sprichwörtliche Redlichkeit

Die Verträge und Verpflichtungen werden auf Holzbrettchen geschrieben und darauf mittels Einschnitten bezeichnet. Türschlösser sind unbekannte Möbel, weder bei Tag noch bei Nacht sind Diebe zu befürchten. Reichtum und Armut sind daselbst unbekannt. Alles ist glücklich und zufrieden bei diesem Bauernvolk und sie leben wie Brüder untereinander. Die Redlichkeit der Zermatter wird durch folgende Erzählung erhärtet:

‹Der Graf de Courten (Vater desjenigen, den wir heute 1777 bei Grand Croix sehen und Oberst in französischen Diensten) hatte den Zermattern eine grosse Summe Geldes geliehen. Es bestanden keine anderen Schuldanerkennungen als einige Zeichen und Einschnitte auf obbezeichneten Hölzern, weshalb nach dem Tode des Herrn de Courten die Erben auf den Eingang dieser Kapitalien wenig Hoffnung legten. Aber nicht ein einziger Bauer war zu finden, der nicht seine Schuld anerkannte und alle bezahlten mit grösster Genauigkeit und Gewissenhaftigkeit zur festgesetzten Zeit.›.»

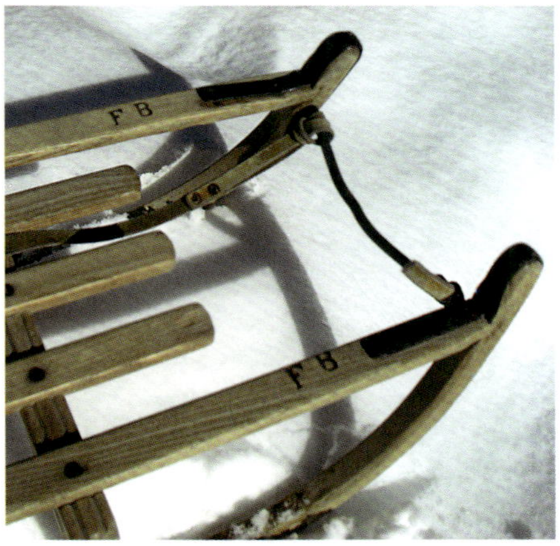

Den früheren «Brand» machten die Amerikaner
zum heutigen Marken-«Brand».

Die Auswanderung ins Eringertal – Erst willkommen, dann unerwünscht

Hans-Robert Ammann ging der Frage nach, welche Gründe diese Zermatter damals wohl zur Auswanderung bewogen haben mochten, und kam zu folgenden möglichen Ursachen:

- Bevölkerungswachstum, Probleme mit der Selbstversorgung
- Nahrungsmangel, Naturkatastrophen, Missernten
- Handelsbeziehungen
- Arbeit in fremden Diensten, Vergrössern des Besitzes, Beschaffung von Kleidern und Nahrungsmitteln
- Persönliche Gründe: Konflikt mit dem Gesetz
- Berufliche Gründe: Weiterbildung
- Abenteuerlust, Kriegsdienste, Söldnerwesen
- Steuerdruck, zu hohe Abgaben (für Zermatt wohl nicht so wichtig)

Die alten Bande blieben offenbar im kollektiven Gedächtnis der Bewohner von Evolène haften. 1889 wurde der Gemeinderat von Zermatt im Rahmen des Burgerrechtsstreits in seinen Amtshandlungen eingestellt. Ein vom Staatsrat ernannter Ausschuss war mit der Gemeindeverwaltung betraut. Sechs Landjäger wurden in Zermatt stationiert. Leute aus Evolène boten den Zermattern Hilfe an, falls diese Widerstand gegen die Staatsgewalt leisten sollten.

Schon seit Menschengedenken bestand zwischen Zermatt und dem Eringertal (Val d'Hérens) eine enge, kirchliche wie familiäre Beziehung. So ist es nicht verwunderlich, dass gerade zur Zeit der hochmittelalterlichen Klimagunst eine Wanderbewegung von Zermatt in Richtung Eringertal einsetzte. Hans-Robert Ammann, ehemaliger Staatsarchivar in Sitten, konnte in intensiver Forschung im Eringertal zahlreiche Geschlechter mit Zermatter Ursprung nachweisen.

Die Auswanderung von Zermatt ins Eringertal im 14. Jahrhundert

Die Auswanderer liessen sich zuerst im oberen Teil des Tales nieder, vorab in Evolène oder St-Martin, wo sie weiterhin als Bergbauern lebten. Manche zogen auch tiefer ins Rhonetal bis nach Brämis und Sitten. Vor allem die kleine Bischofsstadt, die so ganz anders war als ihr einfaches Bergdorf, übte eine grosse Anziehungskraft aus.

Politisch und wirtschaftlich aktiv

Die neu Eingewanderten verdienten dort ihren Lebensunterhalt als Handwerker und Kaufleute. Viele wurden ins Burgerrecht aufgenommen, kamen zu Ansehen und Reichtum und bekleideten nicht selten wichtige politische Ämter. 1446 befanden sich unter den Landratsboten der Stadt Sitten sechs ehemalige Zermatter. Aus notariellen Akten ist bekannt, dass die reichen Auswanderer ihr Leben lang die Beziehungen zu ihrer Urheimat weiterpflegten. Sie behielten ihre Güter, vergrösserten ihren Besitz und kehrten mindestens einmal im Jahr nach Zermatt zurück.

Wann genau diese Einwanderungswelle einsetzte, lässt sich nicht genau feststellen. Sicher ist, dass zwischen 1420 und 1460 in der Region Ering, Sitten und Siders die meisten notariellen Akte mit rund 65 Familiennamen aus Zermatt anzutreffen sind. Möglicherweise fanden die ersten Einwanderungen schon in der zweiten Hälfte des 14. Jahrhunderts statt, und Willermus Perreti von Eyson, der 1381 unter den Männern der Gemeinde St-Martin aufgelistet wird, könnte der erste Zermatter sein. Die Perren sind im Eringertal schon in der ersten Hälfte des 15. Jahrhunderts nachgewiesen. Die ersten eindeutigen Spuren der Wanderbewegung von Zermatt in Richtung Eringertal sind zu Beginn des 15. Jahrhunderts aktenkundig. 1403 in der Person von Yaninus Kinodo.

Im 15. Jahrhundert waren die initiativen und arbeitsamen Einwanderer im Eringertal offenbar willkommen. Ab ca. 1520 manifestierte sich dagegen der Wille einer Abschottung gegenüber fremden Zuwanderern. 1527 in Evolène, 1543 in Brämis, 1558 in Mase oder 1603 in Nax erliessen die Gemeinden strenge Statuten und Richtlinien. Sie verboten den Verkauf und die Benutzung von Gemeindeland durch Fremde. Ja sogar das Aufnehmen und Beherbergen von sogenannt unnützen Einwohnern (incolae) wurde untersagt. Dieses Misstrauen aus demografischen und wirtschaftlichen Gründen, gepaart mit dem Vorstossen der Gletscher, brachte im 16. Jahrhundert die Einwanderung von Zermattern ins Eringertal allmählich zum Erliegen.

Kunstvoll geschnitzte Perren-Truhe, Zeuge der ins Eringertal ausgewanderten Zermatter, welche dafür den Weg über den Col d‘Hérens (oben, roter Pfeil) wählten.

In fremden Kriegsdiensten – Auf der Flucht vor Elend und Not

Noch in der zweiten Hälfte des 19. Jahrhunderts taten zwei Zermatter als Söldner Dienst in einer fremden Armee: Joseph Marie Biner (1849–1894) in Amerika – nach seiner Rückkehr verunglückte er als Bergführer am Zinalrothorn – und Franz Perren (*1833) in Neapel. Dieser Dienstzeit verdankte er den Beinamen «der Neapolitaner».

Im 15. und 16. Jahrhundert waren die eidgenössischen Söldner bei den ausländischen Königen und Fürsten gefragt und gefürchtet. Oft trat ein Hauptmann mit seiner Schar in den Dienst eines europäischen Fürsten und führte in dessen Namen Krieg. Es wurden auch Soldverträge vonseiten der Eidgenossenschaft mit diesen fremden Herrschern abgeschlossen, an erster Stelle mit Frankreich. In der zweiten Hälfte des 17. Jahrhunderts befanden sich gleichzeitig jeweils 20 000 bis 50 000 Söldner in fremden Diensten.

Die Reisläuferei

Vor allem in den Gebirgskantonen ging etwa jeder vierte Mann unter fremde Fahnen. Massgebend dafür waren wohl die geringen Erwerbsgrundlagen in der Heimat, wie auch eine sich verfestigende Tradition und Mentalität. Von den Weggegangenen kehrten nur etwa 30 bis 40 Prozent heim. Was für die Eidgenossenschaft galt, traf auch für das Wallis zu. Viele junge Männer folgten den Verlockungen der Werber in den Kriegsdienst, sicher auch mit der Hoffnung auf Reichtum und Beute.

Karriere gemacht

Einige wenige haben offenbar auch eine militärische Karriere gemacht. Johann Brantschen stand im Rang eines Hauptmanns der Päpstlichen Garde in Rom, wo er 1574 starb. Er war offenbar der einzige Zermatter, der nachweislich in der Schweizergarde diente.

Johann Wiestiner stieg in der Armee des französischen Königs zum Hauptmann auf, kehrte nach Beendigung der Militärlaufbahn in seine Heimat zurück, wo er 1559 in Visp starb. Auch sein Sohn Johann stand in französischen Diensten und starb 1585 in Visp. Es scheint, dass dieser Zweig der Familie Wiestiner bereits in Visp wohnsässig war. Johann Perren war Hauptmann in der französischen Armee und zudem Kriegsrat und Quartiermeister. Nach seiner Rückkehr vertrat er den Zenden Visp mehrmals als Bote zum Landrat. Auch er hatte seinen Wohnsitz in Visp, wo er 1616 starb.

In der Fremde gestorben

Zahlreich sind die Zermatter, die in der Fremde, vor allem in Frankreich und im Piemont, gestorben sind. Vier sind – gemäss den Einträgen in den Pfarrbüchern von Zermatt – seit 1555 als Soldaten in Frankreich gefallen, zwei weitere starben ebenfalls im Krieg, allerdings ohne Angabe des Ortes. Bei den weitaus meisten Männern wurde nur hinzugefügt, dass sie in der Fremde gestorben sind, ein Teil davon als Soldaten. Bei vielen ist nur die Gegend erwähnt, aber keine näheren Todesumstände. Neun im Piemont, elf in Frankreich, je einer in Wien, Rom, Hessen und Spanien. Es muss jedoch angenommen werden, dass eine bedeutende grössere Anzahl von ihnen in fremden Diensten starb. Johann Jakob Schuler starb 1755 als Soldat in Italien, nachdem er 20 Jahre früher von den Österreichern gezwungen worden war, unter ihre Fahne zu treten.

In Napoleons Armee

Johann Joseph Graven (*1789), Sohn des Johann Graven, Johann Joseph Schuler (*1783), Sohn des Fähnrichs Johann Jakob Schuler sowie Johann Joseph Tamatter (*1782), Sohn des Peter Tamatter, traten 1807 als Soldaten ins Walliser Bataillon von Napoleons Armee ein. Johann Joseph Graven und Johann Joseph Schuler starben 1808 in Südfrankreich, Ersterer im Spital von Montpellier, Letzterer in Béziers. Über das weitere Schicksal von Johann Joseph Tamatter ist nichts bekannt.

1812 wurde Moritz Sigrist (1791–1855) vom Meier zur Teilnahme am Russlandfeldzug Napoleons bestimmt. Er kehrte nach 18-monatiger Abwesenheit nach Zermatt zurück. Da er diese Kriegsdienste an Stelle eines andern Zermatters hatte leisten müssen, schenkte ihm die Gemeinde den «Pudel», womit er einen Kornacker anlegen konnte.

Kriegsrat der Schweizer Söldner während
der Italienfeldzüge um 1515.

Der Theodulpass – Verkehrs-, Handels- und Söldnerweg

Der Theodulpass wurde möglicherweise bereits in der Mittelsteinzeit, jedoch sicherlich in der Jungsteinzeit überquert. Ein «in den Garten» ob «Furgg» gefundenes Steinbeil stützt diese Vermutung.

Die Römerzeit

Aus der römischen Zeit werden von verschiedenen Geschichtsschreibern Alpenüberschreitungen geschildert. Eine der bekanntesten ist jene Hannibals, im Jahr 218 v. Chr., mit den Elefanten. Berühmt sind die Kriegsschilderungen und Eroberungen des römischen Feldherren und Imperators, Gaius Iulius Caeser in seinen Schriften vom Gallischen Krieg (Commentarii de Bello Gallico 57–53 v. Chr.). Die Römer benutzten die Alpenpässe als Heeresstrassen und Handelswege. Römische Münzen, welche auf dem Theodulpass gefunden wurden und heute im Museum von Zermatt bestaunt werden können, belegen dies. Möglicherweise wird der Name für das Matterhorn «Mons Silvius» oder «Mons Servio» oder später «Cervino» vom römischen Feldherrn Servius Galba abgeleitet.

Die Walser

In einer Wärmephase, um 950–1150 n. Chr., gingen die Gletscher zurück und der Theodulpass war auch auf der Nordseite eisfrei. Dies begünstigte die Auswanderung der Walser in die südlichen oberitalienischen Gebirgstäler. Die wachsende Bevölkerung und die Suche nach neuen landwirtschaftlichen Anbauflächen sowie neu entwickelte Techniken zur Bewirtschaftung von hochgelegenen Bergregionen waren die Ursache für die einsetzenden Walserwanderungen.

Das Mittelalter

Im Hoch- und Spätmittelalter spielte der Theodulpass als Verkehrs-, Handels- und Söldnerweg eine bedeutende Rolle. Aus den fünf Zenden – Visp, Raron, Leuk, Siders und Sitten – führten Verkehrs- und Handelswege nach Zermatt und von hier über den Theodulpass ins Aostatal. Wiederholt hatte der Landrat in Sitten sich mit Auseinandersetzungen zwischen den Bewohnern des Aostatales, welches dem Herzog von Savoyen unterstand, und den Zermattern zu befassen. Im Landrats-Abschied vom 2./3. November 1564 ist zu lesen:

«Die Zermatter beklagen sich erneut, dass einige von ihnen vor kurzem, als sie mit etwa 20 Rossen ins Auxtal nach Schanbawa (Chambave) gezogen sind um Wein einzukaufen, ganz unnachbarlich überfallen und gefangen gesetzt worden sind.»

Im Jahr 1985 gab der Theodulgletscher Überreste eines kriegsmässig bewaffneten Mannes aus dem Mittelalter frei. Man fand seinen Schädel, einen Degen, einen Dolch, diverse Münzen und eine Pistole, welche heute im Zermatter Museum ausgestellt sind.

Victor Amadeus II., Herzog von Savoyen (1666–1732) liess auf dem Theodulpass eine Schutzmauer gegen das Eindringen religiöser Sekten aus der Schweiz ins Piemont errichten.

Forscher und Reisende: Überreste dieser Bastion des Victor Amadeus II. fand der Naturforscher und Wissenschaftler Horace-Bénédict de Saussure vor, als er 1792 als Erster mit dem Bergführer Jean Jacques Meynet aus Valtournenche das Klein Matterhorn bestieg. Dieser Bergführer und ein Enkel Jean-Pierre Meynet, verheiratet mit der Zermatterin Anna Katharina Willisch, stellten hier die erste hochalpine Herberge auf, das «Hotel Steinbock», ein Bau mit vier Zimmern, einem Cheminée und einer Blache als Dach.

Wohl angeregt durch die naturwissenschaftlichen Schriften von Horace-Bénédict de Saussure folgten Naturforscher, Dichter und Künstler in die Alpen und überquerten den Theodulpass. Dieser wirkte wie ein Magnet auf die neugierigen Wissenschaftler. Die Ankunft der Adligen, Grafen, Fürsten und Könige im Hochgebirge läutete die Belle Époque und Hochblüte des Alpinismus ein.

Festungsbaute auf dem Theodulpass, mit den heute noch sichtbaren
Überresten der Schiessscharten und dem Hotel Steinbock.

Der Söldner vom Theodulgletscher – Auf dem Heimweg verunglückt?

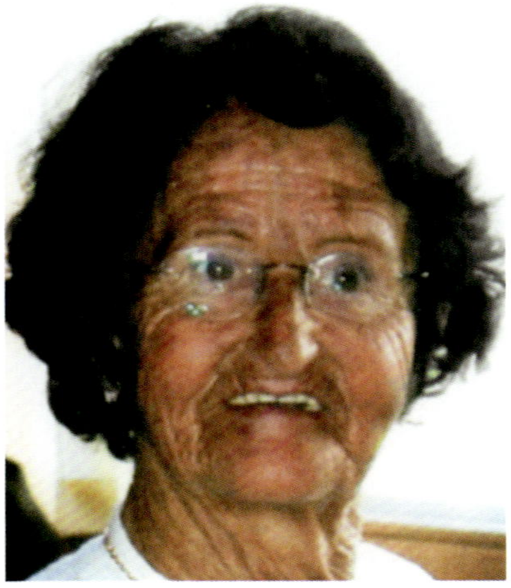

Annemarie Julen-Lehner (*1927)

Am 19. September 1991 entdeckte man auf dem Tiesenjoch in Südtirol auf 3210 Metern über Meer «Ötzi» – den Mann aus dem Eis. Der bekannte Bergsteiger Reinhold Messner war dabei, als man den jungsteinzeitlichen Mann mit seiner vollständigen, hochgebirgstauglichen Ausrüstung nach über 5300 Jahren dem «ewigen» Schnee entriss. Innert kürzester Zeit verbreitete sich diese archäologische Sensation rund um den Erdball. Beinahe genauso spektakulär, aber mit deutlich geringerem Medienrummel und dementsprechend weniger bekannt ist die Entdeckung, die Annemarie Julen-Lehner im Sommer 1984 machte.

Fast wie der Tiroler «Ötzi»

Unterwegs als Skilehrerin mit einem Gast beim sommerlichen Skifahren, fand sie oberhalb des «Trockenen Stegs» am Pistenrand freigeschmolzene Knochen, Kleiderreste, Waffen, Gerätschaften und Münzen. Zusammen mit ihrem Bruder und Archäologen Peter Lehner sammelte und dokumentierte sie in der Folge immer wieder neue Fundstücke. Auch das Archäologenteam vom Abri Alp Hermetji steuerte dem Fundinventar im Sommer 1997 einige weitere wichtige Objekte bei. Ich persönlich erinnere mich noch gut daran, als ich damals einen Sattelteil aus Holz, Leder- und Knochenreste sowie eine spätmittelalterliche Geschossspitze aus dem abschmelzenden Gletscher auflas!

Im Matterhorn Museum zu bewundern

Mittlerweile sind die Fundstücke untersucht und teilweise im Matterhorn Museum in Zermatt ausgestellt. Deshalb kann man den archäologischen «Tatort» heute ziemlich genau aufschlüsseln. Zu Beginn des 17. Jahrhunderts zog ein etwa 20-jähriger Mann aus Oberitalien kommend über den Theodulpass Richtung Zermatt. Nach dem Passübergang fiel er beim Abstieg Richtung Zermatt in eine Gletscherspalte – das Letzte, was er sah: das Matterhorn. Er wurde sicher durch das fliessende Eis bewegt, da der Fundort eine Fläche von mehr als 30 auf 80 Meter abdeckt. Er trug Lederschuhe, Kleider aus grobem Stoff sowie aus Seide. Bewaffnet war er mit einer Radschlosspistole, einem 125 Zentimeter langen Reiterdegen und einem Dolch mit kugeligem Knauf. Um den Hals trug er zwei Silberanhänger, einer mit den eingeritzten Buchstaben HN. Dabei könnte es sich um die Initialen des Verunglückten handeln.

Mit der Kriegskasse nach Hause

Von grossem Interesse sind besonders die über 180 Fundmünzen. Sie ermöglichen nämliche eine genaue Datierung des Bergunfalls. Die jüngste Münze datiert ins Jahr 1600. Somit muss der Mann um oder kurz nach der Jahrhundertwende umgekommen sein. Die acht grossen Silbermünzen aus Mailand, unter anderem von Philipp II. (1554–1598), könnten darauf hinweisen, dass der Verstorbene allenfalls in oberitalienischen Diensten war, vermutlich auf seiner Rückreise in die Schweizer Eidgenossenschaft. Bei den übrigen Münzen handelt es sich um Kleingeld aus unterschiedlichsten Gegenden wie dem Herzogtum Savoyen, der Markgrafschaft Messerano, aber auch aus den Städten Solothurn, Lausanne, Chur, Salzburg, Friedberg oder Frankfurt.

Neben dem verunglückten Mann vom Theodulgletscher berührt die Fundstelle auch aus einem anderen Grund. Man kann dort nämlich exemplarisch den raschen und massiven Rückgang des Gletschers in den letzten 30 Jahren dokumentieren. Seit der Entdeckung durch Annemarie Julen-Lehner ist das Eis um mehrere 10 000 Kubikmeter zurückgegangen.

Fundgegenstände vom Zermatter «Ötzi».

Zermatt als Handelszentrum – Verbindungen in alle Himmelsrichtungen

Die ersten Gasthöfe in Zermatt

1595: «z'Wiis Hüüs» im Mutt der Brüder Bartholomäus, Peter-Hans Egger

1838: Gasthaus «Cervie» von Wundarzt Joseph Lauber

1852: Hotel Steinbock der Ehegatten Jean-Pierre Meynet und Anna Katharina Willisch aus Zermatt auf dem Theodulpass

1852: Hotel Mont Cervin des Josef Anton Clemenz

1854: Hotel Riffelberg, initiiert von Pfarrer Joseph Ruden, Mathias Welschen, Joseph Kronig

Zermatt bildete während Jahrhunderten einen Handelsknotenpunkt, von wo aus man über den Theodulpass gegen Süden ins Val d'Aosta und gegen Nordwesten ins Rhonetal, in die fünf Oberwalliser Zenden Visp, Raron, Leuk, Siders und Sitten gelangen konnte.

Col d'Hérens

Die wichtigste Handelsverbindung als Fortsetzung der Theodulpass-Überquerung und von Zermatt Richtung Sitten führte über den Col d'Hérens. Dieser Pass war bereits den Römern bekannt, wie entsprechende Funde im Val d'Hérens (Eringertal) belegen.

Kulturelle und familiäre Bande verknüpften Zermatt mit dem Eringertal. Viele Zermatter waren zu jener Zeit nach Sitten oder Saint-Martin ins Val d'Hérens ausgewandert. Im Pfarrarchiv von Saint-Martin finden sich in alten Dokumenten Zermatter Geschlechtsnamen wie Rudaz (Ruden), Juolis (Julen), Wyestiner, Perres (Perren) oder Zermatten. Im 14. Jahrhundert war die Zermatter Bevölkerung in Saint-Martin so sehr angewachsen, dass der Bischof von Sitten im Jahr 1364 um Entsendung eines deutschsprachigen Kaplans für die Zermatter ersucht wurde.

Während Jahrhunderten pilgerten die Zermatter in einer Prozession über den Col d'Hérens nach Sitten. Als im Jahre 1665 die Gletscher den Höchststand erreichten und die Prozession nur noch unter grossen Gefahren und Anstrengungen abgehalten werden konnte, entband Bischof Adrian von Riedmatten die Zermatter von ihrem Gelübde und der Prozession nach Sitten.

Z'Wiis Hüüs im Mutt

Handelsleute, Pilger, Söldner und Soldaten machten auf ihrem Weg über die Pässe mit Vorliebe einen Zwischenhalt im Mutt. Hier gab es häusliche Unterkünfte. Eines der ältesten Häuser in Zermatt erhebt sich hoch über dem Zmuttbach auf einem markanten Felskopf. Es ist die mittelalterliche Herberge, das «Wiis Hüüs». Es ist ein stattlicher Steinbau, den die Gebrüder Bartholomäus, Peter-Hans Egger im Jahre 1595 errichtet oder umgebaut haben. Es ist zweistöckig, teils aus bis zu 60 Zentimeter dicken Mauern und teils aus Holz erbaut. Der Unterbau zeigt festungsartige Mauern, innerhalb deren sich Lager oder Keller für die Lebensmittel dieser Herberge befanden. Ein massives Steingewölbe deutet auf einen alten Weinkeller hin. Das «Wiis Hüüs» gehört wohl zu den ältesten Herbergen in unserer Region.

Triftjoch / Augstbordpass

Handelsleute aus den beiden Zenden Raron und Leuk brachten ihre Waren durch das Turtmanntal über den Augstbordpass zur Siedlung «Alpe Jungen». Hier machten sie einen Zwischenhalt und erfrischten sich an einer damals viel beachteten Mineralquelle, bevor sie nach Gasen (St. Niklaus) abstiegen, um nach Zermatt zu gelangen.

Der Handelsweg des Zenden Siders nach Süden führte durch das Eifischtal (Val d'Anniviers) nach Zinal und über das Triftjoch nach Zermatt. Je nach Gletscherverhältnissen und aufgrund der Steilheit des Geländes war dieser Handelsweg mit erheblichen Strapazen verbunden.

Mattertal

Der Weg von Visp ins innere Mattertal war lang und beschwerlich. Bei Stalden ermöglichte früher eine kleine Holzbrücke die Überquerung der Vispa. 1544 n. Chr. übernahm Ulrich Ruffener den Bau der Chibrücke bei Stalden, welchen er innert Jahresfrist beendete. Von Stalden bis St. Niklaus verhinderten die tosende Vispa, enge Schluchten und Felsen sowie Steinschlag und Erdrutsche ein Durchkommen durch das enge Tal. Der damalige Handelsweg führte von Visp über Stalden–Törbel–Embd–Gasen nach Zermatt oder auf der anderen Talseite von Stalden hinauf nach Grächen und von dort hinunter nach Gasen und Zermatt.

1364 · 1890 · 1915 · 1940 · 1965 · 1990 · 2015

Steinzeit	Bronzezeit	Eisenzeit	Römerzeit	Mittelalter	Neuzeit	Zeitalter des Alpinismus
8000 v. Chr.	1300 v. Chr. – 800 v. Chr.	800 v. Chr. – 0	0 – 400 n. Chr.	400 – 1500	1500 – 1865	ab 1865

Einer der Handelswege, über die Staldner «Chibrücke» zum «Wiis Hüüs» im Mutt – eine der ältesten Herbergen unserer Region.

Die Franzoseneinfälle – Freiheitskämpfe der Walliser

Zermatter, die im Pfynkrieg gefallen sind:

Jakob Biner, Anton Graven, Johann Anton Inderbinen, Franz Lauber, Stephan Perren, Peter Tamatter, Niklaus Taugwalder; später noch Joseph Moser und Stephan Zurniwen

Aus Täsch stammten fünf Männer, darunter Franz Kronig, der Sohn des Kastlans und Dorfarztes Franz Kronig, der aus Zermatt eingewandert war, und Johann Joseph Aufdenblatten, Meier von Gasen, Kastlan und Zendenfenner. Auch sein Grossvater stammte aus Zermatt und hatte Wohnsitz in Täsch genommen.

Mit dem Einfall der Franzosen in die Schweiz stieg auch im Wallis die Gefahr, die alten Freiheitsrechte und die alte Ordnung zu verlieren. Auf Druck Frankreichs musste sich das Wallis im April 1798 mit der Helvetischen Republik vereinen. Am 26. Juni 1798 wurde eine neue Verfassung in Kraft gesetzt. Es war das Ende der sieben alten Zenden. Das Wallis wurde ein Kanton mit zwölf Distrikten. Zermatt gehörte zum Distrikt Stalden. Bald einmal stieg im Oberwallis aus religiösen und politischen Gründen die Unzufriedenheit über die neue Ordnung und Verfassung.

Die Schlacht an der Morge 1798

Es kam zum Aufstand. Oberwalliser Truppen zogen nach Sitten. Die Franzosen starteten einen Gegenangriff, plünderten Sitten und misshandelten den aus einem alten Zermatter Geschlecht stammenden Bischof Josef-Anton Blatter. Am 18. Mai kapitulierten die Aufständischen und mussten 600 000 Livres Kriegsentschädigung bezahlen, alle Waffen abgeben und Geiseln stellen. Auch die Zermatter hatten eine beträchtliche Summe in Visp zu entrichten. Das Bargeld reichte nicht, so nahm der Meier – eventuell war es Peter Biner, geboren 1763 – einen goldenen Kelch aus der Kirche mit, um Schlimmeres zu verhindern. Dank seiner Behauptung, er habe den weitesten Weg, wurde er zuerst vorgelassen. Bei dem grossen Andrang wurde das mitgebrachte Geld nicht so genau gezählt und so rettete er den wertvollen Kelch.

In den Distrikten wurde ein Unterstatthalter und in den Gemeinden sogenannte Agenten eingesetzt. Sie hatten zu vollziehen, was von oben, sprich Frankreich, diktiert wurde. Die Unzufriedenheit mit der neuen Verfassung wuchs vor allem wegen des Burgereides und der neuen Steuern. In Zermatt wurde die Behörde beschimpft und verhöhnt. Am meisten verbitterte die Aufforderung, Truppenkorps aufzustellen. Das Oberwallis schwor, den Glauben zu verteidigen und den Franzosen keine Soldaten zu stellen. Der Kommissär des franzosenfreundlichen Direktoriums bot 800 Unterwalliser auf und liess sie im April 1799 oberhalb von Siders Stellung beziehen.

Der Pfynkrieg 1799

Es folgte die zweite Erhebung im Oberwallis. Jedes Dorf musste eine bestimmte Anzahl Soldaten stellen. Am 26. April 1799 gingen die Aufständischen bei Pfyn in Stellung und griffen am 2. Mai an. Die Unterwalliser flohen. Dann eilten waadtländische und französische Einheiten den Regierungstruppen zu Hilfe. Die Oberwalliser zogen sich in ihre Stellungen zurück, gingen am 27. Mai zum Angriff über und warfen den Feind bis nach Siders zurück. Man feierte den Erfolg mit Trinkgelagen. In der Nacht griffen die verstärkten feindlichen Truppen nochmals an, überrannten das unbewachte Lager, zogen sengend und plündernd talaufwärts. Unter den Aufständischen gab es über 200 Tote, sieben aus Zermatt.

Die Bevölkerung floh in die Berge. Zahllose Talgemeinden wurden entvölkert. In der Folge mussten die französischen Truppen beherbergt und verpflegt werden. Die Empörung war gross, zahlreiche Agenten dankten ab. Auch in Zermatt herrschte grosse Angst, man suchte nach Verstecken, um die Habseligkeiten vor den Franzosen in Sicherheit zu bringen. Geld hatten die Zermatter wenig, dafür waren Keller und Speicher gut besetzt. Diese Vorräte mussten verheimlicht werden, um erhalten zu bleiben. Weitab vom Dorf, in abgelegenen Höhlen und Winkeln, wurden diese Vorräte versteckt. Im Weiler auf den Blatten soll ein Bauer ein Versteck in den Schluchten des Gornerbaches gefunden haben, das nur unter grosser Gefahr erreicht werden konnte. Ob französische Soldaten auch Zermatt plünderten, ist urkundlich nicht erwiesen.

Schlacht im Pfynwald, Mai 1799
und die Erinnerungsmedaille.

Zermatt unter Herrschaft Frankreichs – Eigenständig nur auf dem Papier

Erwähnenswert ist in diesen Zusammenhang, dass in Zermatt und Täsch zwei Brüder aus dem Geschlecht Kronig das Amt des Maires bzw. Vize-Maires ausübten: in Zermatt Franz-Josef; in Täsch sein Bruder Franz (1745–1832), der sich dort verheiratet hatte.

Napoleon plante ursprünglich die teilweise Abtretung des Wallis an Frankreich, rückte dann aber von diesem Plan ab und wies seinen Aussenminister an, eine unabhängige Republik zu errichten, die am 5. September 1802 ausgerufen wurde, nachdem eine neue Verfassung ausgearbeitet worden war. Doch diese unabhängige Republik existierte nur auf dem Papier, da Frankreich weiterhin das Sagen hatte.

Eine unabhängige Republik 1802–1810

Die Verfassung griff zum Teil auf den Zustand vor 1798 zurück, mit den sieben alten Zenden und dazu den fünf neuen im Unterwallis. Zermatt gehörte wieder zum Zenden Visp und wurde von einem Gemeinderat mit einem Gemeindepräsidenten an der Spitze geleitet. Dazu kamen der Kastlan und sein Statthalter. Nur die Burger durften an der Gemeindeversammlung teilnehmen. Aber die Zenden und Gemeinden waren bloss Verwaltungskreise ohne politische Eigenständigkeit.

Auf den ersten Blick waren die Jahre 1802–1810 eine allgemein glückliche Zeit, aber der Rückgriff auf die alten Gesetze rächte sich. Jeder Zenden und jede Gemeinde gingen eigene Wege und die staatliche Einheit zerfiel. So forderte der französische Resident den Anschluss an Frankreich.

Über das Leben in Zermatt in diesen Jahren ist wenig bekannt. Wir wissen nur, dass drei Zermatter in der Armee Napoleons, im Walliser Bataillon, das von 1806–1811 existierte, Dienst taten.

Das Departement des Simpelberges 1810–1813

Am 14. November 1810 ergriff Napoleon Besitz vom Wallis, das als 150. Departement «Département du Simplon» Teil des französischen Empires wurde. Es umfasste drei Kreise mit sogenannten «Kantonen». Zum Kreis Brig gehörten die «Kantone» Goms, Mörel, Brig, Visp und Raron. Damit war Zermatt Teil des «Kantons» Visp. Die Gemeinden wurden von einem Bürgermeister (Maire) geleitet und Zermatt zur Mairie de Zermatt. In den Gemeinden wurden Vermögen und Einkommen der Gemeinde, der kirchlichen Schulstiftungen, der Bruderschaften und der Privaten inventarisiert, um die Steuern gerecht zu verteilen.

Über den/die Maire/s in diesen Jahren wissen wir nichts, wohl aber kennen wir den Namen eines Vize-Maires: Franz-Josef Kronig (†1812), ein Sohn des Meiers Johann Bartholomäus Kronig. Er bekleidete bereits 1791 beim Zusammenschluss der drei selbstständigen Gemeinden der Talschaft Zermatt zur heutigen Burgergemeinde das Amt des Meiers.

Die kirchenfeindlichen Massnahmen – Aufhebung von Klöstern, Abschaffung von gewissen Feiertagen – verbitterten das Volk. Doch die Fremdherrschaft war von kurzer Dauer. 1813 brach das französische Empire zusammen und 1815 trat das Wallis auf sanften Druck des Wiener Kongresses der Eidgenossenschaft bei, auch wenn gewisse Kreise davon träumten, wieder eine unabhängige Republik zu gründen und die Vorherrschaft der sieben alten Zenden wieder herzustellen.

Napoleons Truppen im Wallis: Überquerung
des Grossen St. Bernhard im Mai 1800.

Das Beresina-Haus – Haus und Hof mit dem Leben bezahlt

Auszug aus der Verfassung der Republik Wallis vom 30. August 1802:

Artikel 2: Das Wallis macht einen freien und unabhängigen, von der französischen, der helvetischen und der italienischen Republik isolierten Staat, unter dem Schutz dieser drei Republiken, aus, die dafür gewährleisten.

Artikel 4: Der französischen Republik kommt der freie und immerwährende Gebrauch einer Handels- und Militärstrasse über den Simplon zu, die vom Department des Montblanc an bis auf das Gebiet der italienischen Republik das Wallis durchschneidet.

Hoch ob dem Triftbach auf dem gegenüberliegenden Felsen vom Restaurant Edelweiss, am «Turuwang» «uf dem Fad» steht seit ca. 200 Jahren ein von der Sonne gegerbter Stall, umgeben von einer saftigen Wiese. Dieser Stall erinnert an die Zeiten Napoleons und an die Schlacht an der Beresina. Der Russlandfeldzug, die Schlachten von Borodino, Smolensk sowie die Schlacht an der Beresina waren der Beginn des Niedergangs der napoleonischen Herrschaft.

Das Wallis zur Zeit Napoleons

Das Wallis, welches seit der Schenkung durch den letzten Burgunderkönig Rudolf III. im Jahr 999 an den Bischof von Sitten als Fürstbistum regiert wurde, erlangte im 16. Jahrhundert die Unabhängigkeit vom Bischof. Die Republik der sieben Zenden entstand. Nach der Schlacht im Pfynwald im Jahre 1799, welche die Walliser Truppen verloren hatten, besetzten die Franzosen das Wallis. Es erhielt am 30. August 1802 die erste Verfassung, war de facto jedoch unter französischer Herrschaft. Napoleon I. annektierte per Dekret vom 12. November 1810 die sogenannte unabhängige Republik Wallis. Sie wurde zum französischen «Département du Simplon».

Das Beresina-Haus

Als Napoleon Bonaparte seinen Russlandfeldzug vorbereitete, liess er Soldaten auch aus der Schweiz und dem Wallis rekrutieren. Die Schweiz war damals zu der Mediationszeit (1803–1813) faktisch ein französischer Vasallenstaat. Rund 12 000 Schweizer und Walliser bildeten vier Regimente. Jedes Dorf im Wallis war verpflichtet, mindestens einen Soldaten für den Russlandfeldzug Napoleons zur Verfügung zu stellen. Auch Zermatt musste mindestens einen Mann als Soldat in das Heer Napoleons senden. Um nicht einen Bürger zu dieser ungewissen Gefolgschaft Napoleons zu zwingen oder durch ein Los zu bestimmen, beschlossen die Zermatter, jenem Freiwilligen aus dem Dorf, welcher sich dem Heer Napoleons anschliessen würde, auf dem «Fad» im «Turuwang» einen Stall zu errichten und die umliegende saftige Wiese zu schenken. Dieser freiwillige Soldat kam vom Russlandfeldzug nie mehr zurück. Da bekanntlich rund tausend Schweizer und Walliser in der Schlacht an der Beresina ihr Leben lassen mussten, heisst dieser Stall hoch ob dem Triftbach im Volksmund immer noch «Beresina-Hüüs».

Die Schlacht an der Beresina: Am 24. Juni 1812 befahl Kaiser Napoleon Bonaparte seiner «Grande Armée», bestehend aus rund 600 000 Mann, den Angriff auf Russland. In vielen Schlachten war er erfolgreich, sodass er gegen Moskau vorrücken konnte. Nach der Einnahme der Stadt musste er diese, mangels Nahrungsmitteln und aufgrund des russischen Winters und der sibirischen Kälte, wieder verlassen. Er trat mit seiner Armee den Rückzug gegen Westen an. Am 24. November 1812 gelangte er an die Beresina, wo seine Soldaten in aller Eile zwei Brücken über den Fluss erstellen mussten, wobei die Pontoniere bis zur Brust im eiskalten Wasser der Beresina standen. Rund 1300 Schweizer und darunter eine Anzahl Walliser deckten den Rückzug Napoleons. Sie sicherten die Brückenköpfe während des ganzen Tages im Kampf gegen die russischen Feinde, zum Teil nur noch mit Bajonetten, nachdem ihnen die Munition für die Gewehre ausgegangen war. Diese Schlacht an der Beresina überlebten lediglich rund 300 Schweizer, die Hälfte davon verwundet.

Rückzug der Grande Armée von der Schlacht an der Beresina 1812. Das Beresina-Haus im Turuwang war der Sold für geleistete Kriegsdienste.

Pfarrei St. Mauritius – Zermatt und das Christentum

1214: erste Urkunde: Zermatt ist Teil der Grosspfarrei Visp

1280: Zermatt erscheint als Pfarrei erstmals in einem Kaufbrief

1634: erste Taufbücher

1580: kleine Kirche wird durch einen Neubau ersetzt

1913: alte Kirche wird durch die heutige Pfarrkirche abgelöst

1980: Innenrenovation

Beträge der kirchlichen Loskäufe:

- Von der Pfarrei St. Niklaus: 8. Mai 1546: 4140 Mörselpfund
- Von der Pfarrkirche Zermatt: 8. Februar 1570: 1750 Mörselpfund
- Von den Kirchen in Sitten 1816: 120 Mörselpfund

Aus der Gegend von Sitten und Octodurus, dem heutigen Martinach, stammen die frühesten Zeugnisse für die Existenz christlicher Gemeinden aus den Jahren 377 und 381. Die Berggebiete wurden von der Missionierung anscheinend erst später erfasst.

Wann das Christentum nach Zermatt kam und auf welchen Wegen, lässt sich heute nicht mehr feststellen. Die mündliche Überlieferung, dass die Zermatter in früherer Zeit ihren Kirchgang sogar bis nach Sitten machen mussten, kann urkundlich nicht bewiesen werden.

Aus dem Jahr 1214 ist eine Urkunde überliefert, die das Bestehen einer Pfarrei Visp – diese reichte als Grosspfarrei damals bis nach Zermatt und Saas-Fee, zum ersten Mal schriftlich dokumentiert. 1268 wird dann St. Niklaus als eine eigene Pfarrei aufgeführt, zu der offenbar auch Zermatt gehörte.

Zermatt erscheint als Pfarrei erstmals in einem Kaufbrief vom 27. Oktober 1280. Als Zeuge unterschrieb Walterus, Pfarrer von Zermatt. Fünf Jahre später vermachte Normand von Aosta, der Grosskantor von Sitten, der Kirche von Zermatt zwei Schilling Jahresgilt. Ein zweiter Pfarrer leistete 1306 Kanzleidienste in Zermatt und unterschrieb eine Schenkungsurkunde als Notar Dominus Conradus, Curatus de Pratoborno.

Pfarreibücher seit dem 16. Jahrhundert

Allerdings dürfte es sich zu Beginn noch nicht um eine eigene, selbstständige Pfarrei gehandelt haben. Sie stand noch in einer gewissen Abhängigkeit von der Mutterpfarrei St. Niklaus. Auch wenn Papst Martin V., als er 1428 die Abgaben bestimmte, welche die Pfründeninhaber an den römischen Hof zu entrichten hatten, Zermatt neben Visp und St. Niklaus zu den drei schon bestehenden Pfarreien des Vispertales zählte.

Wie sonst lässt sich erklären, dass die Bevölkerung von Zermatt dem Pfarrer von St. Niklaus jährlich den doppelten Viehzehnten zu entrichten hatte? Von diesen Verpflichtungen kauften sich die Zermatter erst am 4. Mai 1548 los und bezahlten dafür 4140 Pfund.

Über die Pfarrei Zermatt geben seit dem 16. Jahrhundert deren amtliche Bücher Aufschluss: Die Taufbücher beginnen 1634, die Ehebücher im Jahre 1647, die Sterbebücher dagegen schon 1555, jedoch mit erheblichen Lücken.

Zum Tode verurteilt, gehängt und verbrannt

Der Hexenwahn, das dunkelste Kapitel in der Geschichte der katholischen Kirche, ging auch an Zermatt nicht vorbei. Zweimal wird von einem Hexenprozess berichtet. 1432 wurde eine Frau der Hexerei bezichtigt. Glücklicherweise hatte sie ihren Heimatort schon vorher verlassen. Dieses Glück hatte eine andere Frau nicht. Diese wurde 1621 der Häresie angeklagt und durch das Gericht unter dem Vorsitz des Meiers Anton Schalbetter zum Tode verurteilt. Sie sollte über dem Scheiterhaufen gehängt und ihr Leib anschliessend verbrannt werden.

Wesentlich erfreulicher ist die Tatsache, dass zwei Bischöfe aus dem alten Zermatter Geschlecht der Blatter stammten: Johann Josef Blatter von 1732 bis 1752 und sein Grossneffe Johann Anton Blatter 1790 bis 1807. Arnold Blatter, der Vater von Fürstbischof Johann Josef Blatter, kam noch in Zermatt zur Welt und übersiedelte erst später nach Visp.

Die Kirche von Zermatt wurde bereits 1381 urkundlich erwähnt, als die Vertreter des Bezirkes Valtournanche und jene von Macugnaga in der Pfarrkirche zu St. Mauritius in Zermatt die Benutzung des Weisstorpasses in einem Friedensvertrag bestätigten. Die wohl eher kleine Kirche dürfte um 1580 durch einen Neubau ersetzt worden sein. Diese sogenannte «alte» Kirche wurde 1913 durch die heutige Pfarrkirche abgelöst. Sie wurde 1980 innen vollständig renoviert.

Die um 1580 erbaute St.-Mauritius-Kirche im Wandel der Zeit. Rechts: Johann Joseph Blatter von Zermatt/Visp, Fürstbischof 1732–1752.

Zermatt unter Kirchenstrafe – Der Konflikt mit dem Fürstbischof

1361: 1. Kirchenbann

1362: Aufhebung

1518: 2. Kirchenbann

1522: Aufhebung

Die Ureinwohner, die Kelten, hinterliessen im Wallis wie in Zermatt ihre eigenen kultischen und religiösen Bräuche. Mit den Römern, die beidseits des Grossen St. Bernhard wohnten, setzte sich durch den Einfluss christlicher Soldaten und Mitläufer bei den Einheimischen das Christentum allmählich durch. Kleine Gruppen fanden sich zu bescheidenen Gemeinschaften zusammen. Mit der Zeit bekannten sich mehr und mehr Leute zum christlichen Glauben. Es wird angenommen, dass die Glaubensboten für ihre Verkündung vom benachbarten Aostatal ins Mattertal vordrangen. Im 3. Jahrhundert wurde das Christentum in Italien zur Staatsreligion erklärt, der Ursprung der katholischen Kirche.

Bischof hinter Schloss und Riegel

Ein Jahrtausend später: In Sitten residierte von 1342 bis 1376 Bischof Witschard Tavelli. Er war nicht nur geistliches Oberhaupt, sondern auch Graf und Statthalter des Wallis. Die weltliche Regierungsgewalt gab er mehr und mehr an seinen Freund, Graf Amadeus VI. von Savoyen, ab. Dieser residierte im bischöflichen Schloss Tourbillon und riss immer mehr das Sagen in weltlichen Geschäften an sich. Das war den Oberwalliser Adelsfamilien, die dem Bischof spinnefeind waren, aber auch den Oberwalliser Patrioten ein Dorn im Auge. Sie stürmten 1360 das Schloss Tourbillon und zwangen Graf Amadeus am 31. März 1361 zum Frieden. Sie verlangten die Freigabe aller bischöflichen Schlösser gegen eine Entschädigung von 13 000 Goldgulden. Dem Vertrag stimmte die Mehrheit der Oberwalliser Bevölkerung zu, nicht aber jene von Visperterminen, St. Niklaus und Zermatt. Der Bischof versuchte sie umzustimmen und kam mit einem stattlichen Gefolge nach Ernen.

Am 16. Oktober 1361 wurde in Brig der alljährliche St.-Gallus-Markt abgehalten. Tagesgespräch war der bischöfliche Savoyervertrag. Ein drohender Aufruhr war die Folge. Die erhitzten Marktleute begaben sich noch bei hereinbrechender Nacht nach Ernen und umzingelten die Herberge des Bischofs und seines Gefolges. Während der darauffolgenden Auseinandersetzung gab es Tote und Verwundete. Der Bischof wurde festgenommen und hinter Schloss und Riegel gesetzt. Elf Wochen blieb der Kirchenfürst in Gefangenschaft. Die Konsequenz: Fünf Pfarreien, darunter auch Zermatt, wurden exkommuniziert. Gottesdienste, Spendung der Sakramente und kirchliche Begräbnisse waren untersagt.

Nach diesen Vorgängen traf sich der Bischof am 4. Januar 1362 zu klärenden Gesprächen mit den betroffenen Pfarreien. Dabei kam eine Einigung zustande. Der Bischof musste auf seine Kosten um Lossprechung beim Papst bitten. Die päpstliche Absolutionsbulle wurde am 28. April 1362 in Avignon ausgefertigt. Es wurde eine allgemeine Amnestie vereinbart, aber auch Verzeihung, Straflosigkeit, Frieden mit allen Geschädigten, ja sogar Erlass der ausstehenden Zinsen.

Zum zweiten Mal im Kirchenbann

Nicht ganz zwei Jahrhunderte später traf der Bannstrahl die Zermatter erneut. Sie waren zuerst treue Anhänger von Kardinal Matthäus Schiner. Georg Supersaxo unterliess aber nichts, sie gegen den Kardinal aufzuhetzen. 1517 sollen sie sich in ihrem Hass gegen den Landesbischof besonders hervorgetan und zu seiner Flucht beigetragen haben. Der Papst verhängte über die ganze Pfarrei am 12. Januar 1518 den Kirchenbann. Das Erstaunlichste daran war, dass es die widerspenstigen Zermatter vier Jahre ohne Sakramente und ohne priesterliche Begräbnisse ausgehalten hatten. Erst am 18. Juni 1522 hob Papst Hadrian VI. das Interdikt auf. Dies wohl auch ob der Befürchtung, die Pfarrei könnte sich bei der laufenden Reformation verbittert den Neugläubigen anschliessen.

Die Fehde zwischen Georg Supersaxo (links) und Matthäus Schiner war die Ursache für den zweiten Kirchenbann. Unzufriedene Katholiken sperren ihren Fürstbischof für elf Wochen in Ernen ein. Die Konsequenz: Zermatt und vier weitere Gemeinden werden exkommuniziert.

Prozessionen und Wallfahrten – Mit kirchlichem Segen über die Alpenpässe

Der Col d'Hérens – früher auch Eringerpass genannt – führt von Zermatt nach Evolène im Val d'Hérens. Zudem bildet er auch eine direkte Verbindung von Sitten her über den Theodulpass ins Val Tournenche und ins Aostatal. Bereits im 16. Jahrhundert erwähnen die Chronisten den Pass über den Col d'Hérens als wichtige Verbindung zwischen Zermatt und Evolène. Dass er inzwischen seine Bedeutung weitgehend eingebüsst hat, muss man nach Ansicht der Forschung mit einer Klimaverschlechterung zusammenhängen.

Die Prozession nach Sitten

Wie die Sage berichtet, wurden die Zermatter seit Urzeiten von Unwettern heimgesucht. Um diese abzuwenden, verpflichteten sie sich, jährlich eine Prozession, bestehend aus dem Pfarrer und acht Männern, nach Sitten durchzuführen. Dort wurden drei Kirchen besucht: die der Muttergottes, des hl. Theodul und der hl. Katharina auf Valeria. Ebenso mussten jeder von ihnen jährlich zwei Mörserpfund geopfert werden. Obwohl in keinem Dokument explizit erwähnt wird, dass diese Prozession über den Col d'Hérens führte, bietet sich diese Route als die wahrscheinlichste an. Der Volksmund erzählt, der Sakristan habe am Morgen vor dem Aufbruch die Betglocke geläutet und die kleine Gruppe sei am Abend beim Angelusläuten in Sitten angekommen. Da der Weg über den Col d'Hérens mit der Zeit nur noch unter grossen Schwierigkeiten bewältigt werden konnte, bewilligte Bischof Adrian von Riedmatten am 20. Mai 1665 eine Verlegung der Prozession nach Täsch. Dieser Loskaufsakt wurde im Namen der Gemeinde durch Johann Schuler, Pfarrer in Zermatt, Stephan Aufdenblatten, Meier, und Moriz Taugwalder, Statthalter, unterzeichnet. Dies lässt darauf schliessen, dass der Übergang wohl durch das Vordringen der Gletscher gefährdet wurde.

An der Täscher Prozession musste aus jedem Haus einen Person teilnehmen. Sie wurde noch bis ins späte 19. Jahrhundert abgehalten und dann durch einen Gebetsgang nach Winkelmatten ersetzt. Heute wird auch dieser nicht mehr durchgeführt.

Die Wallfahrt nach Varallo

Über die Wallfahrt nach Varallo ist nur wenig bekannt. Sie führte übers Weisstor nach Macugnaga, von dort über Alagna und durch das Sesiatal hinaus bis zum Städtchen Varallo. Der Walserforscher Enrico Rizzi berichtet in seinem Buch über die Walser von diesem Pilgerweg, der zu den Wallfahrtsorten im Sesiatal oder an das Grab von Bischof Elias auf der Insel San Giulio d'Orta führte.

Eine weitere Notiz lieferte Moriz Christian Engelhard aus Strassburg, der Zermatt in den 1830er-Jahren mehrmals besucht hatte. Sein Führer Josef Brantschen aus Zermatt erzählte 1835, er habe zwecks einer Wallfahrt nach Varallo mit einem Dutzend seiner Landsleute einen gefährlichen Übergang nach Macugnaga passiert. Bei anderer Gelegenheit soll Brantschen sich geweigert haben, den Pass nach Macugnaga mit einem Touristen zu überschreiten und das mit der Begründung: Die Bewohner von Zermatt würden ihn nur auf Wallfahrten passieren und er, als Tourist, sei nicht auf einer Wallfahrt.

Offenbar erzählte man sich auch in Gressoney, dass der Weg von Männern und Frauen aus dem Wallis früher oft begangen worden sei, um das Heiligtum Sacro Monte bei Varallo zu besuchen. Für die Strecke von Zermatt bis Varallo brauchte man nur anderthalb Tage.

Varallo mit dem Sacro Monte und die Kathedrale von Sitten:
beides begehrte Wallfahrtsorte der Zermatter.

Kissenlava – Älter als das Matterhorn

Das Matterhorn kann eigentlich als Import aus Afrika bezeichnet werden.

Beim Eingang des Zermatlantis dokumentiert ein tonnenschwerer Zeuge von Zermatt einen wichtigen Aspekt aus der Erdgeschichte. Yvo Biner, Entdecker des Gletschergartens im Dossen, begegnete dem sonderbaren Block am Rimpfischhorn bei der Pfulwe auf 3100 Höhenmetern.

In der Folge musterte Professor Peter Bearth den Findling und identifizierte das Gestein als einen sogenannten Pillow-Lavenblock. Er ist älter als das Matterhorn und entstand vor rund 150 Millionen Jahren aus basaltischer Lava. Die glühende Masse entkam aus einer Tiefe von 20 bis 30 Kilometer aus dem Inneren der Erde und floss auf den Ozeanboden, um dort in rundlichen, kissenähnlichen (englisch: pillowlaven) Formen bei 1300 Grad Celsius zu erstarren. Sichtbar im Pillow-Lavenblock sind die dunklen Ränder der Kissen. Es sind dies Effekte der Abschreckung und eine Reaktion mit dem Wasser. Diese Kissenlava wurden zunächst einmal in ca. 40 000 Kilometer Tiefe versenkt. Dort kristallisierten sich die heute sichtbaren Mineralien heraus. In einem weiteren Vorgang wurden diese Gesteine über ein im Norden gelegenes Grundgebirge geschoben. Diese sogenannte «Kissenlava» ist Zeuge eines fossilen Meeresbodens. Sie ist charakteristisch für einen erheblichen Teil der Ophiolithe von Zermatt. Jedoch sind sie nach Professor Bearth in den meisten Fällen so deformiert und umgewandelt, dass sie nicht leicht zu erkennen sind.

Manch ein Bergsteiger hat sich schon über die interessanten Gesteinsbänder am Matterhorn gewundert oder sogar erfreut. Geologen erklären das folgendermassen: Gneis als metamorphes Gestein mit gebändertem Aussehen und spiegelnden Oberflächen als Folge einer bevorzugten Einregelung von Mineralen. Dabei handelt es sich bei den hellen Bändern mehrheitlich um Quarz. Die dunklen Bänder sind reich an Glimmer und Amphibolen.

Besonders die Bänder in der Zmuttnase, die der Wanderer sogar von der Schönbühlhütte aus bewundern kann, sind ein Naturschauspiel.

Der Felsblock aus dem afrikanischen Meeresboden
findet den Weg über die Pfulwe zum Museum.

Ein Jahr ohne Sommer – Nichts gedieh auf der geplagten Erde

Die Schmelze der ungewohnt hohen winterlichen Schneedecke hatte Flüsse anschwellen lassen. Dämme brachen, Brücken schwammen davon. Zusätzlich öffnete der Himmel alle Schleusen. Den ganzen Sommer über regnete es fast ohne Unterlass. Eisige Winde wehten von Nordost. Die Schweiz, Süddeutschland und Österreich traf es am härtesten: In einigen Vierteln Genfs etwa konnte man nur noch per Schiff verkehren. Auch in Paris, London oder Mailand lagen die Temperaturen zwei bis vier Grad unter dem Jahresmittel. Das arktische Eis vor der isländischen Küste taute erst im August langsam auf, um gleich darauf wieder zu gefrieren. In den schwer betroffenen Gebieten missriet der gesamte Sommerweizen; spätere Getreidesorten und Kartoffeln reiften nicht, weil bereits im Herbst der nächste Winter einsetzte.

Dramatische Szenen

Für das kommende Jahr, dessen Wetter nicht viel besser werden sollte, fehlte nun auch das Saatgut. Die Armen konnten es sich sparen, auf den überschwemmten Feldern und Wiesen nach abgeknickten Ähren oder Fallobst zu suchen, denn es gedieh schlichtweg nichts. Der ohnehin hohe Brotpreis verdreifachte sich innerhalb weniger Monate.

In der Schweiz, wo es im Juli noch bis in die Täler hinunter schneite, kam es in Tagelöhner- und Kleinbauernfamilien zu dramatischen Szenen. Ein St. Galler Pfarrer, der auf einigen Höfen nach dem Rechten gesehen hatte, berichtete entsetzt: «Jeglicher Hausrat fehlte. Möbel und Geräte waren gegen Nahrung eingetauscht worden. In einer Stube schüttete die Mutter den hungernden Kindern in Wasser gesottenes Gras mit einer Prise Salz als einziger Zutat auf den blanken Tisch und die Kinder griffen ohne Löffel und Gabel mit den Händen danach.»

Nichts mehr war wie früher

Der Alpinist John Tyndall schreibt über Zermatt Folgendes. «Wie man weiss, hat sich der Gornergletscher seit mehreren Jahren ständig vorwärtsbewegt. Mein ‹Wirth› erzählte mir, dass in den letzten 60 Jahren 24 Sennhütten vom Gletscher umgestürzt worden waren, den Boden, auf dem sie standen, nimmt das Eis ein; jetzt sind es andere, denen das gleiche Schicksal bevorsteht.» Da der Gornergletscher 1859 zum Stillstand kam, blieb ihnen dieses Schicksal erspart.

Er brach verwüstend in die Kornäcker und schönen Wiesen ein, leckte mit seiner unersättlichen Zunge allen fruchtbaren Boden bis auf den harten Felsengrund auf, wälzte ungeheure Felsblöcke vor sich her, und fügte den Zermattern sehr grossen Schaden zu. Eine einzige Familie verlor 9 bis 10 Klafter Heu, 8 Scheunen und Ställe, 5 Fischel Ackerland und eine Wohnung. Oft hatten die Bewohner kaum Zeit, ihren Hausrat zu retten, und in den seltensten Fällen gelang es ihnen, das Holzwerk abzubrechen, um wenigstens das Holz weiter verwenden zu können. Zwischen 1791 und 1859 ist der Gornergletscher 580 bis 640 Meter vorgestossen.

Laut einer Sage hat der Gletscher in der Bergschaft Aroleit einen mit Roggen angesäten Acker unter sich begraben. Als nach sieben Jahren der Gletscher wieder weggeschmolzen war, keimte der Roggen und der Besitzer konnte sieben Garben von diesem Getreide einbringen.

Vulkane waren schuld

Als Auslöser für die Abkühlung im «Jahr ohne Sommer» ermittelte 1920 der US-Klimaforscher William Jackson Humphrey den Ausbruch des Vulkans Tambora im April 1815 auf der Insel Sumbawa im heutigen Indonesien. Durch die Eruption der Stärke 7 gelangten 150 Kubikmeter Staub und Asche und 130 Megatonnen Schwefelverbindungen in die Atmosphäre.

«Hartes Brot ist nicht hart – kein Brot ist hart»

Vorstoss des Gornergletschers – Ein ungemütlicher Nachbar

Im ausklingenden 18. Jahrhundert sah man laut mündlichen Berichten der Enkel des Johann Jakob Lauber, der mit seiner Familie bei Zer Briggu (zur Brücke) wohnte, den Gornergletscher nur wie eine weisse Ziege hinter dem Riffelhorn hervorschauen. Dieser Hinweis ist allerdings mit Vorsicht zu geniessen, denn die frühesten bekannten Bilddarstellungen weisen darauf hin, dass der Gornergletscher gegen Ende des 18. Jahrhunderts ausgedehnter war.

Mit einer Camera lucida unterwegs

Eine erste topografisch genaue Darstellung des Gornergletschers entstand. Die Bleistiftskizze ist gletschergeschichtlich ein äusserst wertvolles Dokument, weil sie die topografischen Verhältnisse und die damalige Ausdehnung des Gornergletschers präzise festhält. Die nahezu fotografische Genauigkeit erreichte John F. W. Herschel (1792–1871), indem er eine sogenannte Camera lucida verwendete. Es handelt sich dabei um eine Vorrichtung mit einem viereckigen Prisma zum Zeichnen von Gegenständen nach der Natur.

Der Basler Kleinkünstler Samuel Birmann (1793–1859) fertigte 1825 ein Aquarell an, das den sogenannten Bodengletscher zeigt und ausserhalb des heutigen Gletschervorfeldes entstanden ist. Birmann zeichnete mit fotografischer Präzision.

Der unerbittliche Vorstoss des Eisriesen hält an

Eine erste eindrückliche Beschreibung des vorstossenden Gornergletschers verdanken wir dem Strassburger Lehrer und Archäologen Christian Moritz Engelhardt, der von der gewaltigen, stark zerklüfteten Eismasse beeindruckt war. Er nimmt auch Bezug auf die zerstörerische Wirkung des in den vorangegangenen Jahren stark angewachsenen Gletschers.

Im selben Jahr weilte auch der spätromantische Landschaftsmaler Johann Rudolf Bühlmann (1812–1890) in Zermatt. Auf einer seiner aquarellierten Zeichnungen hat er ausser dem Gletscher auch die im flachen Talboden stehenden Gebäude des Weilers Zer Briggu miteinbezogen sowie die Holzbrücke, welche die beiden Ufer der Gornera miteinander verbindet. Abgebildet sind unter anderem ein zweistöckiges Wohnhaus sowie eine Stallscheune. Sehr wahrscheinlich handelt es sich beim Wohnhaus um dasjenige des Johann Jakob Lauber, der in der «Familien-Statistik» von Kronig erwähnt ist. Die Gebäude standen innerhalb des Gletschervorfeldes, ungefähr 50 Meter vom Hochstandswall von 1859 entfernt.

Eine Gletscherbeschwörung und das Ende der Alp Im Boden

Der Gornergletscher stiess auch in den 1840er-Jahren unvermindert vor und verbreitete Schrecken unter den Talbewohnern. Um die anhaltende Zerstörung und Bedrohung von Kulturland und Häusern abzuwenden, wurde in jener Zeit von Pater Johann Peter Schulzki eine Gletscherbannung vorgenommen. Der Gletscherbannung war jedoch kein Erfolg beschieden, denn der Gornergletscher dehnte sich Zeitzeugen zufolge in den darauffolgenden Jahren wie nie zuvor aus.

Vermutlich verschwand die Alp Im Boden um 1842 endgültig unter den Eismassen. Jedenfalls ist belegt, dass die Alp 1848 nicht mehr existierte.

Das grosse Aufatmen – Der Gornergletscher steht still

Im Jahr 1859 ist der Eisstrom schlussendlich zum Stillstand gekommen. Laut Augenzeugenberichten ging damit die rund 60 Jahre dauernde Vorstossphase des Gornergletschers zu Ende. Der Gletscher stiess innerhalb dieses Zeitraumes um 580 bis 640 Meter vor.

Schon früh lassen sich Touristen vom Vorstoss der gewaltigen Eismassen faszinieren, währenddem einfache Bergbauern um ihre Existenz kämpfen.

Lawinen, Überschwemmungen und Felsstürze – Eine ständige Bedrohung

Lawinenopfer
Im 4. Wintermonat 1755 fanden Joseph Willisch und Peter Biner ob dem Furggsteg sowie Johann Furrer und Joseph Julen an den Hermetwengen bei Lawinenniedergängen den Tod. Es geschah also auf dem Weg in Richtung Gandegga–Theodulpass. Die Vermutung liegt nahe, dass diese Männer Waren von oder nach Italien tragen wollten.

Gerade in früheren Zeiten, wo es kaum Schutzbauten gab, waren die Menschen in Zermatt noch vermehrt den Gefahren der Natur ausgesetzt. Die Leute wohnten oft bis nach Weihnachten in den umliegenden Weilern, mussten jedoch auch zurück ins Hauptdorf und das nicht selten nach grossen Schneefällen und bei Lawinengefahr. Zudem wollte das Vieh versorgt werden.

Lawinen

Die Zermatter Chronik weiss von einer riesigen Lawine zu berichten, die durch das Trifttal und zwischen den Kästen hindurch bis ins Hinterdorf vordrang und dort zahlreiche Gebäude beschädigte. Wann das war, ist nicht überliefert. Dass diese Erzählung nicht der Fantasie der Bevölkerung entstammt, beweist der Lawinenniedergang vom Februar 1899, der das alte Hôtel du Trift zerstörte und Teile des Inventars bis in die Wiesen im Oberdorf mit sich trug. Im gleichen Jahr riss eine Lawine vom Unterrothorn auf der Tufternalp die Hütten des Äussern Stafels und im Ried mehrere Gebäude mit sich. Oberhalb des Brandbodens wurden zahlreiche Bäume genickt. 20 Schafe fanden den Tod. 1931 beschädigte eine Lawine durch den Schafgraben einen grossen Stall im Spiss, Zermatt war zehn Tage von der Umwelt abgeschnitten. Am 12. Februar 1945 fiel über Nacht weit über 1 Meter Neuschnee. Eine gewaltige Lawine zwischen den Ärmieten und ze Stäcke verschüttete zwei Ställe und begrub 50 Schafe. Weitere grosse Lawinenniedergänge sind aus den Jahren 1951, 1954 (kurz vor Weihnachten), 1955, 1966 und 1980 dokumentiert. Menschen kamen glücklicherweise nicht zu Schaden. Es ist auch nicht bekannt, dass in früheren Jahrhunderten Lawinenniedergänge eine grosse Zahl von Toten gefordert hätten. Allerdings ist verschiedentlich die Rede von einzelnen Verschütteten, die ihr Leben vermutlich auf dem Weg zu ihren Kühen oder Schafen verloren haben.

Überschwemmungen

Wenn von Überschwemmungen die Rede ist, meint man in erster Linie die «Gornera», das heisst das plötzliche Ansteigen der Vispa aufgrund der spontanen Entleerung des Gletschersees im Gornergletscher. Sie richtete früher grossen Schaden an, so in den Jahren 1899, als die Brücke zem Steg zerstört wurde, aber auch 1943, 1944 oder 1966. Besonders schlimm war der Ausbruch 1944. Ze Stäcke wurde die Holzbrücke fortgerissen. Geröll und Geschiebe verwüstete die Gärten des damaligen Hotels Matterhornblick, die hoch angeschwollene Vispa schwemmte bei der Schreinerei Lehner in grosser Menge Rundholz weg und überflutete die Räume der Bäckerei Biner. Die meterhohen Wassermassen flossen die Hinterdorfstrasse hinauf bis zum Brunnen, der heute Ulrich Inderbinen gewidmet ist. Im Oktober 2000 kam es nach sintflutartigen Niederschlägen zu verschiedenen Murgängen. Hubel- und Lüegelbach, die sonst im Sommer kaum Wasser führen, verursachten grosse Verwüstungen. Der Lüegelbach schüttete das Flussbett der Vispe auf, staute sie und drohte die tiefsten Gebiete des Dorfes zu überschwemmen.

Felsstürze

Über grössere Felsstürze ist wenig bekannt. Doch die vielen Flurnamen mit der Bezeichnung «Gufer» deuten eindeutig auf frühere Bergstürze hin. Erwähnt seien hier: das Steinmatt- und das Teifmattugufer auf der Ostseite des Dorfes, das Grossgufer unweit vom Grünsee, das Wiiss Gufer unterhalb von Blauherd oder das Schatzgufer am Weg ins Mutt. Mit der aktuellen Klimaerwärmung und dem Anstieg der Permafrostgrenze muss jedoch auch in Zermatt und Umgebung mit vermehrten Steinschlägen und Felsausbrüchen gerechnet werden, wie etwa an der Wissu Flüe zwischen Kalbermatten und Scheenbiel, wo der Wanderweg in den letzten 25 Jahren schon zweimal verlegt werden musste.

Schreckmomente in Zermatt: Lawinen und Überschwemmungen.

Riffelhaus – Errichtet von Zermatter Geistlichen

Joseph Kronig, Matthias Welschen und Joseph Ruden

1848 schrieb Joseph Seiler, damals Kaplan in Zermatt, an seinen Bruder Alexander:

«...Ich und der Pfarrer (Joseph Ruden) haben im Sinne, auf dem Riffeln ein Haus zu bauen oder ein schon gemachtes dorthin zu tragen. Wärst du also gesinnt, rund 2 Monate dieses Haus zu übernehmen oder besorgen zu lassen, so würden wir es wagen. Die Schwester vom Pfarrer würde sich dazu verstehen, die Küche zu machen. Kühe hätte der Pfarrer auch, welche man dort halten könnte...»

1838 eröffnete Wundarzt Joseph Lauber von Zermatt zur Aufnahme der immer zunehmenden Anzahl Reisender ein kleines Gasthaus mit drei Fremdenbetten. In diesem Sommer kamen laut den Fremdenbüchern zwölf Besucher nach Zermatt. 1852 erbaute Staatsrat Josef Anton Clemenz aus Visp am Standort des heutigen Hotels Mont Cervin einen Gasthof mit 14 Betten.

Pfarrer Rudens Weitsicht

Pfarrer Joseph Ruden ahnte, dass sich die beiden einzigen Gasthöfe im Dorf bald einmal in fremden Händen befinden würden, was dann sehr schnell eintraf. 1853 pachtete Alexander Seiler die Herberge von Joseph Lauber, die er später käuflich erwarb. Da die Zermatter offenbar nicht den Mut hatten, selbst einen Gasthof zu erbauen, ergriff er mit den zwei Zermatter Geistlichen Joseph Kronig, Professor in Brig, und Mathias Welschen, Pfarrer in Täsch, die Initiative, um ein Gasthaus zu erbauen. Dazu erwarben sie von der Burgergemeinde ein Grundstück auf Riffelberg. Im Sommer 1852 wurden die Pläne erstellt.

Ruden befürchtete, dass gewisse Zermatter Kreise beabsichtigten, Baugrund für einen Konkurrenzbetrieb auf diesem schönsten Aussichtspunkt an Auswärtige zu verkaufen. Um das zu verhindern, schlossen die Erbauer anlässlich des Gemeindetrunkes vom 21. November 1852 mit der Gemeinde einen Vertrag ab, der ein solches Ansinnen verbot. Der Akt wurde von Notar Aloys Biner geschrieben, einem Zermatter mit Wohnsitz in Randa. Vonseiten der Gemeinde unterzeichneten Joseph Welschen, Präsident, Joseph Anton Biner, Vizepräsident, Stephan Biner, Richter, und Joseph Lauber, Statthalter.

Im Laufe des Jahres 1853 wurde das Gasthaus errichtet. Notar Aloys Biner von Randa wurde etwas später für den vierten Teil zugelassen. Dieser kaufte dann von Mathias Welschen dessen Viertel und hatte nun für kurze Zeit die Hälfte des Hauses, die er 1854 an Pfarrer Joseph Ruden verkaufte. Im gleichen Jahr wurde das Riffelhaus eröffnet, ein kleines Gasthaus mit 18 Betten.

Alexander Seiler als Pächter

Weil die zwei verbleibenden Pioniere nicht über die notwendigen Kenntnisse verfügten, einen Gasthof zu betreiben und als Geistliche auch keine Zeit dazu verwenden konnten, verpachteten sie das bescheidene Hotel gleich nach seiner Vollendung an Alexander Seiler.

1862 verkauften die Erbauer das Gasthaus der Burgergemeinde. Eine Erweiterung des Gebäudes war unerlässlich. Jedoch fehlte das nötige Kapital. Wieder sprang Alexander Seiler in die Bresche. Er übernahm die angehäuften Schulden und erweiterte 1864 das Hotel auf eigene Rechnung. Das nun ansehnliche Hotel verfügte über 30 Zimmer, zwei Säle und eine Küche.

Zu Beginn des Alpinismus diente das Riffelhaus als Basislager für die grossen Touren. Hier wurde Bergsteigergeschichte geschrieben. Das Riffelhaus avancierte zu einem weltbekannten Refugium, in dem die berühmtesten Bergsteiger der Welt logierten. Die ersten zehn Jahre des Riffelhauses decken sich mit dem goldenen Zeitalter des Alpinismus. Die Namen der illustren, meist britischen Bergsteiger dieser Epoche mit ihren einheimischen Bergführern sind sozusagen mit der Gästeliste des Berghotels identisch. 1855 wurde von hier aus der höchste Berg der Schweiz, die Dufourspitze, zum ersten Mal bestiegen.

Vergrösserung

Fast hundert Jahre lang war das Riffelhaus ein reiner Sommerbetrieb. 1940 wurde das Hotel renoviert und das Panorama-Restaurant im neu angebauten Rondell mit Blick aufs Matterhorn eingerichtet. 1982 erfolgte ein weiterer Umbau mit der Aufstockung des Südteils.

Das Riffelhaus von der Belle Époque bis in die Moderne.

Zermatterhof – Das Flaggschiff der Burgerschaft

Für die Pfarrei handelten H. H. Pfarrer Mathias Welschen, Stephan Biner, Richter, Joseph Mari Julen, Kirchenvogt; für die Munizipalität Joseph Perren, Vizepräsident, Peter Taugwalder und Joseph Zumtaugwald; für den Burgerrat Johann Kronig, Burgerpräsident, Johann Schuler und Joseph Mari Perren; Notar Aloys Biner aus Randa.

Es war wieder Pfarrer Ruden, der die Zermatter aufforderte, auf der ausgedehnten Kirchwiese in eigener Regie ein grosses Hotel zu bauen. Der Gemeinderat liess sich von Rudens Ideen überzeugen, ja sogar begeistern. Für den Bau dieses Hotels wurde aus Mitgliedern des Gemeinderates explizit eine Burgerkommission gegründet, die sozusagen völlig souverän wie der heutige Burgerrat amtete. Nachher wurde dieser Rat wieder eingestellt. Pfarrer Ruden war jetzt eher ein guter, beflügelnder Geist im Hintergrund. Die eigentlich Handelnden waren schlichte Männer aus dem Dorf, die sich unbestechlich und mit viel Geschick für das Gemeinwohl einsetzten.

Auf Pfarreigut erbaut

Das Grundstück, die Kirchwiese, war Eigentum der Pfarrei. Pfarrer Ruden konnte den Bischof von Sitten von der Wichtigkeit dieses Vorhabens überzeugen und dieser willigte ein. Man höre und staune, auch der Apostolische Stuhl in Rom gab durch den Nuntius in Bern seinen Segen dazu. Die Zermatter erwarben die Pfarreiwiese am 30. Dezember 1874 zu einem Preis von 17 600 Franken. Nun galt es, eine Baubewilligung vom Staatsrat zu erhalten. Alexander Seiler opponierte mithilfe von acht ihm hörigen Zermattern mittels Einspruch gegen das Projekt. Von wilder Entschlossenheit getragen, wollten die Zermatter ihr Hotel nun erst recht. Dem zugereisten Blitzinger wollte man es schon zeigen. Da die Mehrheit der Bevölkerung hinter diesem Bauvorhaben stand, war es für die Burgerkommission ein Leichtes, den Staatsrat zu überzeugen. Das Baugesuch wurde endgültig gutgeheissen. Um den ambitiösen Hotelbau preiswerter zu gestalten, griffen die Zermatter 1876 zu einem hierzulande längst erprobten Mittel:

«Gmeiwärch»

Gemeinwerk hiess die Devise. Jeder Burger, ob jung oder alt, hatte am Bau mitzuwirken. Die vollbrachte Arbeitsleistung wurde als eingelegtes Aktienkapital betrachtet, das später, wenn das Hotel einmal rentieren würde, den Burgerfamilien in Form einer Dividende, dem sogenannten Burgernutzen, entgolten werden sollte.

Von 1876 bis 1879 wurde das ehrgeizige Projekt verwirklicht. Die Bau- und Einrichtungskosten kamen auf die damals horrende Summe von 200 000 Franken zu stehen. Das massive Mauerwerk der tragenden Aussenwände wurde aus grossen Quadersteinen geschichtet, die gleich neben dem nahe gelegenen Hotel Monte Rosa aus dem Felsen gebrochen wurden. Sand wurde im Sommer «ze Stäcke» aus der Vispa geschwemmt und dann im Winter mit Hornschlitten zur Baustelle gezogen. Balken und Riegel wurden von zuvor in Winkelmatten abgebrochenen Häusern verwendet.

Und wieder Seiler als Pächter

Das Hotel «Zermatt», wie es anfänglich genannt wurde, präsentierte sich mit seinen diversen Sälen und den 94 Zimmern als das grösste und stattlichste Gästehaus im Dorf. Es war wohl gediegen, aber keineswegs luxuriös eingerichtet. Die Zimmer waren, wie damals üblich, nicht mit Nasszellen ausgestattet. Die Toiletten befanden sich auf dem Korridor. Die Zermatter hatten mit diesem Prestigeobjekt wohl das stattlichste Hotel am Ort gebaut, waren aber noch nicht in der Lage oder es fehlte ihnen an Selbstvertrauen, es selbst zu betreiben. Wohl um die Wogen des vorangegangenen Zwistes zu glätten, verpachtete die Gemeinde das Hotel für 15 Jahre an ihren Widersacher und Erzrivalen Alexander Seiler, der sich überraschend als Pächter anerbot. Es ist Ironie des Schicksals, dass Seiler gerade vom Hotel «Zermatt», dessen Entstehung er vehement bekämpfte, letztlich stark profitierte. Wie schon auf Riffelberg vermehrte der günstige Pachtzins sein Vermögen.

Im 5-Sterne-Flaggschiff der Burgergemeinde
fühlen sich die prominenten Gäste zu Hause.

Belvédère – Horuhitta

Das Matterhorn zeichnet sich durch seine markante Gestalt aus. Diese pyramidenartige Form sowie seine Bergsteigergeschichten haben das Matterhorn in den letzten 150 Jahren zum bekanntesten Berg der Welt gemacht. Für die Schweiz ist es ein Wahrzeichen und die meistfotografierte Touristenattraktion.

Fast genauso bekannt ist die Hörnlihütte. Sie befindet sich auf 3260 Meter über Meer am Fusse des Matterhorns auf den Ausläufern des Hörnligrates. Seit der Errichtung 1880 dient sie vielen Bergsteigern als Ausgangspunkt für die Matterhornbesteigung und als Zufluchtsort bei Wetterumschlägen. In unmittelbarer Nachbarschaft befindet sich das Berghaus Matterhorn (Belvédère), welches 1911 errichtet wurde. Beide Häuser sind in die Jahre gekommen und benötigen dringend eine Sanierung. Die Burgergemeinde Zermatt hat sich, zusammen mit der Stiftung «Hörnlihütte 2015», entschieden, die Hörnlihütte und das Belvédère mit einem Umbau den heutigen Anforderungen an Umweltverträglichkeit, Sicherheit, Hygiene und Funktionalität anzupassen. Da die Hütte aufgrund des Standortes nicht ans öffentliche Versorgungsnetz angeschlossen werden kann und sich in einem BLN-Gebiet (BLN – Bundesinventar der Landschaften und Naturdenkmäler von nationaler Bedeutung) befindet, muss mit den Ressourcen sorgsam und nachhaltig umgegangen werden. Der Betrieb muss sich weitgehend selbst mit Energie und Wasser versorgen können.

Leitlinie zum Umbau ist die Nachhaltigkeit. «Für die Erneuerung der Hörnlihütte dient uns der Bergsteiger als Vorbild», sagt Hans Zurniwen, Architekt, «er ist als Ganzes ein effizientes System. Er ist ein robuster Geselle, der im unwegsamen Gelände unter schwierigen klimatischen Verhältnissen sein Ziel erreicht und wieder zum Ausgangspunkt zurückkehrt. In diesem Sinne werden bei der Hörnlihütte nicht primär einzelne Komponenten der Gebäudehülle, der Gebäudetechnik oder der Energieerzeugung ausgereizt. Das Ziel ist die Optimierung des Gesamtsystems unter Berücksichtigung aller Wechselwirkungen sowie Abhängigkeiten zwischen den einzelnen Elementen.»

Der Umbau trägt wesentlich zu einer Verminderung der Umweltbelastung bei, namentlich durch eine Verbesserung der Energiebilanz und durch die Realisierung eines umweltfreundlichen Konzeptes für die Wasserversorgung und die Wasserentsorgung. Ausserdem wird die Sicherheit für die Besucher erhöht, indem die Hütte beispielsweise den heutigen Brandschutzanforderungen angepasst wird. Insgesamt bleibt die Hütte zweckmässig auf Bergsteiger ausgerichtet. Nach dem Umbau befinden sich im Erdgeschoss des Belvédère der Empfang, die Küche und dazugehörige Räumlichkeiten. Der Ersatzbau ist ein eigenständiges, viergeschossiges Gebäude, in dem sich im Untergeschoss die Haustechnik, im Erdgeschoss der Gästesaal befindet – mit Blick auf das Matterhorn, den Furgg- und Theodulgletscher sowie den Monte Rosa. In den beiden Obergeschossen stehen Schlafzimmer und Nasszellen für Gäste und das Hüttenwart-Team zur Verfügung. Die von der Exposition her geeigneten Dachflächen des Belvédère werden mit Fotovoltaik-Modulen ausgerüstet, die der Stromproduktion dienen. Der Ergänzungsbau erhält eine den klimatischen Ansprüchen angepasste, zeitgemässe Fassade sowie ein Flachdach, welches zur Warmwassergewinnung mit thermischen Kollektoren ausgerüstet wird. Vom Zugangsweg führt die Haupttreppe zur Hütte. Der Pionierbau aus dem Jahr 1911 und der Ergänzungsbau von 2015 bilden zusammen ein harmonisches Gebäudeensemble – die neue «Hörnlihütte 2015».

Die neue Hörnlihütte steht seit 2015
wieder an ihrem alten Platz.

Stromversorgung – Kerzenlicht adieu

Josef Perren (*1846)

In Kürze

1900: Einführung des Winterbetriebes

1908: VZ-Bahn scheidet aus dem Syndikat aus

1922: Eigentümer bleiben nach dem Ausscheiden der Seiler Hotels Gemeinde und Burgergemeinde

1930: Der Triftbach wird höher gefasst. Verfügbar sind 1350 PS

1942: Elektrische Verbindung zum Versorgungsnetz der Lonza

1946: Fassung des Zmuttbachs und des Gornerbachs

1949: Neues Kraftwerk Wiesti (1650 kW) mit Speicherbecken Mossjesee

1971: Bau Unterwerk Spiss und Anschluss an das 65-kV-Netz sowie Bau des Unterwerks Moos

1976: Erneuerung des Generators im Kraftwerk Wiesti

1994: Umwandlung der Gesellschaft in eine AG

2000: Burgergemeinde verkauft Ihre Anteile an Grande Dixence. Einwohnergemeinde 55%, Grande Dixence 45%

2002: Das Kraftwerk Mutt geht in Betrieb und ersetzt KW Triftbach

Hundert Jahre nachdem der Genfer Gletschererforscher Horace-Bénédict de Saussure als Erster vom Gipfel des Klein Matterhorn aus die zu seinen Füssen liegende Gletscherwelt bewunderte, ist neben deren Bedeutung für Alpinismus und Fremdenverkehr noch tiefere Erkenntnis registriert worden. Was schlummert an noch unergründeten und unerschlossenen Werten im Schosse dieser riesigen Eismassen? Antwort: Weisse Kohle!

Visionäres Projekt

Schon 1880 baute der Visionär Joseph Perren auf dem linken Triftbachufer, in der Nähe der Zermatter Kirche, das erste Kleinkraftwerk des Kantons Wallis. Durch einen Holzkännel wurde das Wasser zum Wasserrad geleitet. Ein Dynamo erzeugte ausreichend Strom für ein Wohnhaus. Eines Tages erklärte er den Leuten im Dorf: «Heute Abend werde ich mein Haus zum ersten Mal elektrisch beleuchten.» Alle lachten ihn aus, fanden sich aber trotzdem aus purer Neugierde am Abend auf der Triftbachbrücke ein. Erstaunt mussten sie zur Kenntnis nehmen, dass Elektro-Tüftler Perren das Vorhaben in die Tat umsetzen konnte.

Gründung eines Syndikats

Nach der Initialzündung durch die Privatperson Joseph Perren ging es Schlag auf Schlag weiter. Die öffentliche Hand erkannte die Bedeutung der Elektrifizierung. 1892 fand die Gründung des «Syndikats für die elektrische Beleuchtung von Zermatt (EWZ)» statt. Für die Dauer von 16 Jahren waren mit dabei: Die Burgergemeinde Zermatt, die Seiler Hotels und die Visp-Zermatt-Bahn. Erstes Projekt: Beleuchtung der Hotels, der Strassen und der Kirche. Für die 750 Glühlampen wurde ein Kostenvoranschlag von 55 000 Franken errechnet.

Die Zukunft gehörte aber bereits 1893 der Wechselstromtechnik. Das Triftbachwerk lag im Trend und wurde 1894 mit der Inbetriebnahme zum ersten öffentlichen Wechselstrom-Kraftwerk im Wallis. Vorerst aber nur für den Sommerbetrieb und während der Dämmerung. Für den Energietransport plante man eine Leitung bis auf die Riffelalp. Die Lampenlieferung stellte das EWZ sicher. Bezahlt wurde pro Lampe, denn Zähler gab es damals noch keine. Um Kosten zu sparen, beleuchtete man durch ein Loch in der Mittelwand gleich zwei Zimmer.

Vorbei waren also die Zeiten, als man noch bei Kerzenlicht «g'abusizzut hed». Ein Stück Romantik – immerhin – verschwand damit endgültig.

In mehreren Schritten baute man die Kraftwerksleistung des Triftbachwerks weiter aus. Begonnen wurde mit 160 PS. Aber schon ein Jahr später wurde um 200 PS erhöht und 1900 das Kraftwerk mit einer weiteren 50-PS-Maschine verstärkt.

Das Versorgungsnetz

Doch mit der Stromproduktion allein war es nicht getan. Zur Verteilung der Energie gehörte auch ein gut ausgebautes und leistungsstarkes Versorgungsnetz. Mit der steigenden Zahl der Anschlüsse und dem stetigen Anstieg des Verbrauchs sowie der Erhöhung des Leistungsbedarfs wuchs auch das Verteilnetz. Dies bestand vorwiegend aus Freileitungen mit den Anschlüssen über das Dach. Um das Dorfbild zu wahren, beschloss man 1955, alle Freileitungen im Dorfgebiet durch Kabelleitungen zu ersetzen.

Weisse Kohle – vom hölzernen Schaufelrad zur Turbine.

Wasserversorgung – Wasser, unser tägliches «Brot»

Kennzahlen:

- Leitungsnetz: 95 km
- Feuerlöscherhydranten: 186
- Kleinwasserkraftwerk Wichje: 60 kW
- Kleinkraftwerk Mutt: 12,65 kW
- Zapfstellen Beschneiung: 40
- Wasserbezug: 2,179 Millionen m^3
- Wasserverbrauch: 1439 m^3
- Grösster Tagesverbrauch: 6319 m^3
- Kleinster Tagesverbrauch: 2200 m^2

Zermatt hiess bis ins 18. Jahrhundert «Prato Borni», was so viel heisst wie «Wiesen im Quellgebiet».

Die Dorfbrunnen

Bis anno 1901 gab es in den wenigsten Häusern fliessendes Wasser. Zum Waschen oder zum Kochen besorgte man sich das Nass von den damals zwei einzigen Brunnen, welche das Dorf besass: dem Stockbrunnen «zem Chriiz» und dem Brunnen «am Stitzje». Zermatt besass damals auch noch keine Kanalisation. Die Abläufe der WCs endeten in einem Schacht, welchen man ein- bis zweimal jährlich reinigte und entleerte. Um 1885 brannte eines der grössten Häuser, «ds alt Schtäffupeterhüüs» (heutiges Central), ab. Um den Brand zu löschen, staute man den Triftbach und leitete die Wasser mitten durch das Dorf zum Brandherd!
1900 wurde ein Syndikat gegründet, mit dem Zweck der Projektierung und Ausführung einer Wasserversorgung und einer Kanalisation. Die Munizipalgemeinde allein wäre damals nicht in der Lage gewesen, eine solche Arbeit auszuführen. So schloss sich die Gemeinde mit der Visp-Zermatt-Gornergrat-Bahn und dem Unternehmen Alexander Seiler zusammen. Gewonnen wurde das Wasser aus dem Triftbach. Zu Beginn war es etwas trübe, doch die ersten Schritte waren eingeleitet. So wurden acht neue Brunnen und 14 Hydranten im Dorf verteilt.

Die Wasserversorgung

Bei der Einführung der neuen Wasserversorgung kam es beinahe zu einem kleinen Aufruhr: Weil nun der alte Dorfbrunnen, Ausgangspunkt aller Dorfneuigkeiten, seinen Wert verlor und viele Bürgerinnen und Bürger diesen Ort, wo man so schön «hengarte» (plaudern) konnte, nicht missen wollten. 1921 traten dann die Bahnen sowie Alexander Seiler ihre Anteile ab. Die Burgergemeinde beteiligte sich nun an diesem Unternehmen. Am 15. Juli 1922 sprudelte das erste klare und saubere Trinkwasser durch die Rohre von Zermatt. Die Qualität des Zermatter Wassers war nun dem Mineralwasser ebenbürtig. Das erste richtige Reglement für Wasser und Kanalisation wurde von der Gemeindeversammlung am 23. März 1923 genehmigt.
Zermatt verfügt heute auf einer Höhenlage zwischen 2500 und 1900 m ü. M. über 94 Quellen in 13 Quellgebieten mit über 30 km Transportleitungen und einem 44 km langen Leitungsnetz. Betreut wird die Wasserversorgung durch einen Betriebsleiter, einen Netzmeister, zwei Betriebsmitarbeiter sowie einen Saisonangestellten. Zermatt versorgt sich dank des Wasserreichtums zu 100 Prozent selbst mit reinem Quellwasser. An saisonalen Spitzentagen werden bis zu 35 000 Personen mit Trinkwasser versorgt. Der Wasserverbrauch im Jahre 2013 betrug 1 440 000 Kubikmeter!

Wasserqualität

Die erhobenen Laborwerte von 85 Wasserproben im Jahre 2013 zeigten eine durchschnittliche Wassertemperatur von 4 Grad Celsius. Zudem ist es weiches Wasser, weil es hauptsächlich durch kristallines Gestein wie Gneis und Granit fliesst und so keinen Kalk aufnimmt. Dafür enthält es wegen des Gesteins aber Calcium und Sulfate. Im Zermatter Trinkwasser findet sich ausserdem praktisch kein Nitrit, Nitrat und Uran. Auch die Mikrobiologiewerte liegen extrem unter dem schweizerischen Durchschnitt und auch weit unter dem gesetzlich vorgeschriebenen Toleranzwert.
Fazit: Der Wasserkonsum funktioniert, solange wir das Wasser dem natürlichen Kreislauf nicht verschmutzt und verseucht zurückgeben!

Wasser: Das flüssige Gold
Wasser: Ein Menschenrecht
Wasser: So klar, dass man es gar nicht sieht

Von der Quelle bis zum Zapfhahn – fast 100 Quellen
spenden Trinkwasser in Mineralwasserqualität.

Pfarrer Ruden – Kirchherr und Tourismuspionier

Pfarrer Joseph Ruden (*1817)

Der Seelsorger

1840: Priesterweihe

1840: Auxiliar in Naters

1841–45: Pfarrer in Erschmatt

1845–65: Pfarrer in Zermatt

1865–74: Pfarrer in Naters

1867–78: Dekan von Brig

1874–78: Aushilfe in Naters

1878–79: Rektor in Glis

1879: Rückzug nach Zermatt

1881–82: Pfarrverweser in Zermatt (4 Monate)

Der Zermatter Kirchherr Joseph Ruden schrieb als Pfarrer, Tourismuspionier und Hotelier Geschichte.

Als jüngstes Kind der Familie Moritz und Katharina Ruden-Kronig wurde Joseph Ruden am 9. September 1817 in Zermatt geboren. Er entstammte einem alten Zermatter Geschlecht. Der Familienstamm ist seit dem 15. Jahrhundert nachweisbar. Nach der obligatorischen Schulzeit in seinem Wohnort entschloss er sich für das Studium am Jesuitenkollegium in Sitten. Dort galt er als ausgezeichneter Student. Im Seminar auf Valeria bereitete er sich auf den Priesterstand vor.

Priester in Zermatt und Naters

Am 22. September 1840 weihte Bischof Moritz Fabian Roten den jungen Zermatter zum Priester. Nach der Primiz in seinem Heimatort wurde der Neupriester für ein halbes Jahr zur Seelsorge in die Pfarrei Naters berufen. In Erschmatt versah er von 1841–1845 seine erste Pfarrstelle. 1845 wurde Ruden von Bischof Peter Joseph de Preux zum Kirchherrn seiner Heimatgemeinde ernannt. Zwei volle Jahrzehnte versah er in Zermatt das Amt des Dorfgeistlichen. Es waren die «goldenen Jahre des Alpinismus», die 1865 mit der Erstbesteigung des Matterhorns und der damit verbundenen Tragödie ihren Höhepunkt erreichten.

Am 4. November 1865 folgte der Wechsel zum Pfarrer nach Naters. Gleichzeitig war er auch Dekan von Brig. 1874 demissionierte er als Pfarrer, versah aber noch mehrere Jahre die Aushilfe. 1879 zog er sich nach Zermatt zurück. Von 1881–1882 war er in Zermatt noch als Pfarrverweser tätig. Seine Gesundheit war schon damals stark angegriffen. Im Alter von nicht einmal 65 Jahren starb er am 7. März 1882.

Tourismuspionier und Hotelier auf Riffelberg

In seiner Zeit als Pfarrer von Zermatt erlebte er die jährlich wachsende Zahl von Touristen, die den aufstrebenden Tourismusort besuchten. Als ein weitsichtiger Mensch war ihm klar, dass die Chance für die einheimische Bevölkerung im aufkommenden Fremdenverkehr lag. Diese wirtschaftliche Möglichkeit galt es zu nutzen. Zur Erinnerung: 1852 eröffnete Josef Anton Clemenz aus Visp das Hotel «Mont Cervin». 1853 pachtete Hotelpionier Alexander Seiler die Herberge von Josef Lauber – das spätere Hotel «Monte Rosa». Den florierenden Betrieb erwarb er 1854 und baute ihn aus.

Pfarrer Ruden ahnte die touristische Entwicklung wohl früh voraus. So teilte er die Ansicht, dass die Gemeinde ebenfalls in die Hotellerie einsteigen sollte. Mit seiner Idee stiess er aber vorerst auf taube Ohren. So ergriffen drei Zermatter Priester die Initiative: Die Priester Joseph Ruden, Joseph Kronig und Mathias Welschen entschlossen sich, den Bau eines Berghotels auf dem Riffelberg in die Wege zu leiten. Es wurde 1854 eröffnet und an Alexander Seiler verpachtet. 1862 verkauften die Erbauer das «Riffelhaus» an die Gemeinde. In den 1870er-Jahren schliesslich war der unermüdliche Joseph Ruden zudem die treibende Kraft für den Bau des Vorzeigehotels «Zermatterhof» durch die Burgergemeinde. Pfarrer Ruden erlebte dessen Eröffnung an bester Lage im Dorf im Jahre 1879 noch mit.

Der Chronist

Hochwürden Joseph Ruden machte sich nicht nur als Kirchherr und Pionier des aufkommenden Fremdenverkehrs einen Namen. Nein, verbunden mit einer Familienstatistik verfasste er auch die erste Chronik über Zermatt und seine Geschichte. Dieses Werk ist bis heute die wichtigste geschichtliche Quelle über die Zeit der Feudalherrschaft und den Loskauf von ebendiesen fremden Herren.

1853 erbauten die drei Zermatter Dorfgeistlichen Ruden, Kronig und Welschen das für damals legendäre Hotel Riffelberg.

Gregor Brantschen – Pfarrer, Dichter und Komponist

Gregor Brantschen (*1894)

Bekannte Lieder von Gregor Brantschen:

- Mis Heimatderfli
- Das Lied vom Hirtenknab
- Mis Gletscheralphittli
- D'r Geissbüeb
- Der Alpenrose Heimweh
- Riffelalp Lied
- Christus ist erstanden
- Rosenkranzkönigin
- Schwarzsee-Lied
- Geleite durch die Wellen

Gregor Brantschen wurde am 12. Februar 1894 als Sohn des Daniel und der Agnes, geborene Zumtaugwald, in Randa geboren und wuchs im Weiler «Wildi» auf. Die Brantschen gehörten zu den ältesten und grössten Zermatter Geschlechtern. Ein Zweig zog zu Beginn des 17. Jahrhunderts nach Täsch und später weiter nach Randa.

Pfarrer im Lötschental und in Zermatt

Nach dem Besuch der Primarschule besuchte der junge Gregor 1908–1915 das Kollegium in Brig und studierte am Priesterseminar in Sitten Theologie. Am 3. August 1919 erhielt er die Priesterweihe. Als junger Priester wirkte er als Pfarrer in Blatten im Lötschental. 1928 ernannte ihn der Bischof zum Pfarrer von Zermatt. Dieses nicht einfache Amt versah er während 29 Jahren bis 1957. Von da an war er daselbst Kaplan, ehe er 1975 in den Ruhestand trat. Er blieb aber weiterhin im Matterhorndorf. Solange es ihm die Gesundheit erlaubte, übernahm er dort die Aushilfe. Am 6. Juni 1987 starb Gregor Brantschen hochbetagt im Alter von 93 Jahren in Zermatt, wo er seine letzte Ruhe fand.

Priester und Dekan

Gregor Brantschen war ein hoch geschätzter und leutseliger Priester, der auch einen gesunden Humor besass. Als ihm die Burgergemeinde Zermatt das Ehrenburgerrecht verlieh, habe er in seiner Dankesrede etwas spitzbübisch gemeint, die Gemeinde hätte ihm nun etwas gegeben, was er schon immer gewesen sei: Zermatter! In erster Linie war Gregor Brantschen aber Priester. Dieser Lebensberufung ordnete er alles unter; auch die Musik. Von 1957 bis 1968 war er zudem Dekan des Dekanats Visp. Dieses Amt hinterliess bei der Zermatter Bevölkerung offenbar einen nachhaltigen Eindruck. Denn von da an bis zu seinem Tod war er in Zermatt einfach «der Dekan».

Komponist und Dichter

Sein musikalisches Talent wurde Dekan Brantschen in die Wiege gelegt. Sein Grossvater Thomas und sein Vater Daniel waren Organisten in Randa. Insbesondere sein Vater Daniel diente der Pfarrei schon als achtjähriger Bub als Organist.

Als Komponist schuf er sowohl kirchliche als auch weltliche Gesänge, aber auch viele Instrumentalstücke. Seine kirchlichen Werke zu den verschiedensten Festen umfassen zahlreiche Messen. Die Chöre von Blatten und Zermatt singen viele seiner Kirchenlieder heute noch. Ein Osterfest ohne «Christus ist erstanden» wäre in den beiden Gemeinden undenkbar. Gregor Brantschen war aber ein bescheidener Priester. Zu seinem 25-Jahr-Priesterjubiläum komponierte er unter dem Pseudonym «Pastor» als Komponist eigens eine Messe.

Für den Herrgott und den Strassenwischer

Zu den vielen weltlichen Liedern – einige entstanden schon an seiner ersten Pfarrstelle in Blatten – schrieb er die Texte selbst. Diese Melodien versah er später in Zermatt mit einem neuen Text. Sein Schaffen umfasst auch mehrere literarische Arbeiten. Diese veröffentlichte er im «Walliser Jahrbuch» und im Zermatter Pfarrblatt.

Mit der Zigarre den Chor dirigiert

1935 gründete er aus Mitgliedern des Kirchenchors den Trachtenchor. Da Gregor Brantschen einer guten Zigarre nicht abgeneigt war, soll es vorgekommen sein, dass er diesen Chor gelegentlich mit einer Zigarre in der Hand dirigierte. Seine Werke schrieb er für Hoch und Niedrig, für den Herrgott und den Strassenwischer.

Einen Höhepunkt in seinem künstlerischen Schaffen erlebte er am 3. November 1957 mit der Verleihung des Oberwalliser Kulturpreises. Gregor Brantschen wird allen als eifriger Seelsorger und herausragender Komponist weit über Zermatt hinaus unvergessen bleiben.

Der volksnahe Pfarrer Gregor Brantschen bei der Vesper, an einem Geburtstag und auf dem Weg zur Schönbielhütte, die 1955 eingeweiht wurde.

Karl Lehner – Zermatter Postlegende, 52 Jahre im Postdienst

Karl Lehner (*1894)

Erzählschatz in die Gegenwart gerettet

- «Zermatter Sagen und Legenden»
- «Kleine Zermatter Chronik»
- «100 Jahre Musikgesellschaft Matterhorn»
- «Die Post im Wallis»
- «Monte Rosa – Geschichte und Sage»

Karl Lehner wurde am 13. August 1894 als ältestes Kind der Familie Theophil und Cäcilia Lehner-Biner in Zermatt geboren. Sein Vater Theophil war mit zwei weiteren Brüdern aus dem Lötschental nach Zermatt gezogen. Er arbeitete im Matterhorndorf als Lehrer und Posthalter. Daneben betrieb er eine gut gehende Landwirtschaft, bei der Karl als Knabe tatkräftig mithalf.

Nach der Primarschule besuchte der junge Karl vorerst das Kollegium in Sarnen und dann die Stiftsschule der Chorherren in St-Maurice. Mit dieser guten Ausbildung eignete er sich ein ausgezeichnetes Allgemeinwissen an. 1919 übernahm er von seinem Vater das Posthalteramt. Als Hilfsbriefträger stand Karl schon ab 1907 im Postdienst. 1925 heiratete Karl Olga Strebel, die Chefsekretärin der Seiler Hotels. Dem Ehepaar wurden drei Kinder geschenkt. 1948 wurde das Postbüro zum Postamt erhoben und Karl der erste Zermatter Postverwalter. Als solcher ging er nach 52 Jahren Postdienst in wohlverdiente Pension.

Aber auch im Ruhestand blieb Karl äusserst aktiv. Nun hatte er mehr Zeit für seine geschichtlichen Forschungen und das Schreiben. Am 19. Oktober 1978 starb er im hohen Alter von 84 Jahren.

Karl Lehner – ein Faktotum

Karl Lehner war zeitlebens ein überaus vielseitig interessierter und engagierter Mensch. Seine Fähigkeiten stellte er der Öffentlichkeit über Jahrzehnte zur Verfügung. Es gab kaum einen Verein im Dorf, dem er nicht angehörte, im Vorstand mitarbeitete oder als Präsident amtete. So verwundert es nicht, dass ihn nicht weniger als 14 Vereine zum Ehrenmitglied ernannten.

Viele Jahre war er Präsident des Kurvereins, Leiter der Dorfkrankenkasse und des Konsumvereins, Kommandant der Ortsfeuerwehr und kantonaler Feuerwehrinstruktor. 1944 wurde er als erster Nicht-Burger in den Zermatter Gemeinderat gewählt. Auch die Sportvereine konnten auf ihn zählen. Als aktiver Skiläufer arbeitete er im Skiklub-Komitee als Aktuar und Chronist des Skiklubs. Er amtete übrigens auch als internationaler Sprungrichter – war Mitglied des Eishockey- und Curlingklubs. Lange Jahre gehörte er der Ortsgruppe des SAC an. Dort fungierte er als Präsident und Aktuar. Als Ordner bei der Fronleichnamsprozession und den Beerdigungen stand er auch aktiv im Kirchendienst.

«Gereimtes und Ungereimtes»

Mögen seine Verdienste und Tätigkeiten für die Öffentlichkeit heute bei der jüngeren Generation etwas in Vergessenheit geraten, sein kulturelles und lokalhistorisches Schaffen wird Generationen überdauern.

Karl Lehner brillierte als Regisseur von zahlreichen Theaterstücken. Den älteren Zermatterinnen und Zermattern bleibt unter anderen das Stück «Quatembernacht» unvergesslich in Erinnerung. Selbstverständlich war er langjähriges Aktivmitglied im Zermatter Kirchenchor und in der Dorfmusik.

Er verstand es meisterhaft, zu den verschiedensten Anlässen passende Gedichte zu verfassen. In seiner handgeschriebenen Sammlung «Gereimtes und Ungereimtes» brachte er seine Gedanken und Erlebnisse zu Papier. Sein grösstes Interesse galt aber der Geschichte: Er war einer der ersten Förderer, gleichsam das Zugpferd, der Vereinigung für Walsertum. Er beherrschte die Mundart meisterhaft und publizierte mehrere Kostproben in der Halbjahresschrift «Wir Walser», deren Schriftleitung er angehörte. Unter dem Pseudonym «Peterjosi» schrieb er im «Briger Anzeiger» und im Walliser Boten» unzählige Artikel über das Zermatter Dorfleben.

Karl Lehner – ein dienstbarer Organisator zahlreicher Anlässe und kreativer Zeichner und Dichter.

Gott.

Va alle Zite, elle Schtrasse,
Bischt Dü der letscht' Ort,
De alli Angscht und alli Not,
Chlopfud ja an Dini Port.

Un alla Schtolz und Mänschutrotz,
Chnend doch i mol vor Dier,
Und d's Eüguxosser'rinnd, ös seid:
„Oh Gott vergib Dü mier."

14 nov. 1968.

Emil Aufdenblatten – Künstler und Dorfunikum

Emil Aufdenblatten (*1910)

Emil Aufdenblatten erblickte am 4. März 1910 als zweitjüngstes von fünf Kindern der Familie Mathias und Veronika Aufdenblatten-Biner in Zermatt, am Triftbach, das Licht der Welt. In seinem Heimatort besuchte er die Grundschule. Schon in jungen Jahren fühlte er sich zum Künstler berufen.

Aufdenblattens Kulturgut schätzen und achten

Im Alter von 18 Jahren liess er sich sein Erbteil am Hotel du Parc, das sein Vater erbaut hatte, auszahlen und ging zur Ausbildung nach Rom und Florenz. Als Zeichner und Kunstmaler kehrte er nach Zermatt zurück, wo er bis 1955 wirkte. Im gleichen Jahr heiratete er Berta Schmid. Das Ehepaar nahm Wohnsitz in Bäch, im Kanton Zürich. Die Ehe blieb kinderlos. Emil Aufdenblatten verstarb am 30. August 1958 erst 48-jährig und wurde in Baden beerdigt. Nur einen Monat vor seinem Tod zeichnete er mit Kohlenstift sein Selbstporträt.

Emil war ein talentierter, sensibler Mensch und Künstler. In den letzten zwei Jahrzehnten seines Daseins führte er ein bescheidenes Leben. Um seinen Lebensunterhalt zu bestreiten, verkaufte er seine Gemälde und Arbeiten. Trotz bescheidener finanzieller Verhältnisse hatte er immer ein gutes Herz für noch bedürftigere Mitmenschen. In Zermatt war er nicht zuletzt wegen seines Humors geschätzt und galt als Dorfunikum.

Der Landschaftsmaler

Wichtigstes Thema seiner Öl- und Zeichenstifttechnik nutzenden Malerei war das Matterhorn bei den verschiedensten Lichtverhältnissen: im Herbstnebel, bei Gewitter, im Sonnenschein, oft zusammen mit der Kapelle auf Schwarzsee. Daneben schuf er auch verschiedene Gemälde von Bergen und den Weilern rund um Zermatt: Winkelmatten, Blatten, Findeln. Bilder zu drängenden Themen der damaligen Zeit, meist in düsteren Farben, fehlten bei seinen Arbeiten nicht. So entwarf er auch das neue Wappen der Familie Aufdenblatten und das Denkmal zur Erinnerung an die Grenzbesetzung 1939–1945, das vor dem Gemeindehaus steht.

Porträts

Die Porträtkunst nimmt in seinem Gesamtwerk eine herausragende Stellung ein. Für das Buch «Pioniere der Alpen» von Franz Egger zeichnete er eine ganze Anzahl von Bergführerporträts. In diesen Zeichnungen lag der künstlerische Schwerpunkt auf der Gestaltung der Köpfe und der Kopfbedeckungen und weniger auf den Kleidern und der Ausrüstung. Neben den Porträtzeichnungen entstanden auch zahlreiche Porträtgemälde von Persönlichkeiten aus dem Umfeld von Zermatt. Sein Schaffen war grenzenlos. So porträtierte Emil Aufdenblatten unter anderen auch Bischof Viktor Bieler oder General Henri Guisan.

Mit Emil Aufdenblatten besass Zermatt einen Maler, dessen Werke zunehmend Beachtung finden und dessen Gemälde regelmässig bei Auktionen erscheinen. Sein künstlerisches Talent ging übrigens auf seinen Neffen Sigisbert Perren (*1928), wohnhaft im Kanton Thurgau, über. Neben seiner Tätigkeit als Sekundarlehrer widmete sich Sigisbert auch der Malerei und der Kupferradierung/Tuschzeichnung.

Es ist zu wünschen, dass die Bedeutung von Emil Aufdenblatten als einheimischer Kunstmaler auch von den Zermattern vermehrt bewusst und entsprechend gewürdigt wird.

Emil Aufdenblatten – ein talentierter
und sensibler Künstler.

Albert Julen – Priester, Professor, Soziologe und Historiker

Albert Julen (*1895)

- Eltern: Felix und Maria Julen-Welschen
- Obligatorische Schulzeit in Zermatt
- Kollegium in Sarnen
- Theologiestudium in Sitten, Innsbruck, Fribourg, Rom und Bergamo
- Dr. der Sozialwissenschaften

1920: Priesterweihe

1921–1925: Rektor und Pfarrer in Agarn

1925–1927: Kaplan in Zermatt

1927–1957: Professor am Kollegium Brig

1938–1957: Präfekt der Kollegiumskirche

1957: Hirnschlag mit halbseitiger Lähmung

1960: Endgültige Aufgabe der Lehrtätigkeit am Kollegium

1960–1967 Professor für Soziologie am Priesterseminar in Sitten

verstorben am 16. Mai 1968

Albert Julen war in erster Linie Priester. Ab 1921 wirkte er vorerst als Rektor, dann als erster Pfarrer in Agarn. Er genoss im Dorf eine grosse Wertschätzung, so dass die Gemeinde ihm 1960 das Ehrenburgerrecht verlieh. Von 1925 bis 1927 war er Kaplan in seiner Heimatgemeinde. Zusammen mit Pfarrer Gregor Brantschen gründete er den gemischten Chor. Auch nach seinem Wechsel ans Kollegium in Brig blieb er mit Zermatt verbunden, hielt oft an hohen Festtagen den Gottesdienst und war, wenn möglich, am 5. August beim Kapellenfest Maria zu Schnee auf Schwarzsee mit dabei. Einen Höhepunkt erlebte Professor Julen im Jahre 1961, als sein geistlicher Sohn, Josef Biner, Primiz feierte. In Brig war er von 1938 bis 1957 Präfekt der Kollegiumskirche. Er war ein geschätzter Beichtvater und galt als grosser Marienverehrer. Nach seinem gesundheitsbedingten Rückzug nach Zermatt las er täglich in seiner Hauskapelle die heilige Messe.

Professor

Professor Julen war eine Respekt einflössende, stattliche Persönlichkeit und mit Leib und Seele Lehrer. Sein Doktor- und Professorentitel war ihm wichtig. So stellte er sich überall mit Professor Doktor Albert Julen vor. In Zermatt nannten ihn wohl auch deshalb alle einfach «der Profässer». Nach seiner Priesterweihe hatten ihn sogar seine Eltern und seine Geschwister mit Sie anzusprechen. Von 1927 an unterrichtete er am Kollegium in Brig Griechisch und Geschichte. Er galt als konsequenter, strenger, erfolgreicher Lehrer und unermüdlicher Arbeiter. Er duldete keinen Widerspruch. Als Humanist waren ihm die alten klassischen Sprachen die Grundlage des Studiums. Mit den ehemaligen Studenten und den Akademikern unterhielt er sich ausschliesslich auf Hochdeutsch, Mundart redete er nur mit den einfachen Leuten. Ebenso wichtig war ihm die Geschichte. Er hatte aber auch den nötigen kritischen Blick für das Weltgeschehen. So warnte er seine Studenten schon früh vor den Lockungen des Nationalsozialismus. Wegen seiner gesundheitlichen Probleme musste er 1957 den Unterricht unterbrechen und verliess das Kollegium nach dem Schuljahr 1959/60 endgültig.

Soziologe

Von jeher beschäftigte sich Professor Julen mit Soziologie und Sozialwissenschaft. Er erwarb sich Verdienst in der katholischen und sozialen Aktion und unterrichtet etwa ein Dutzend Jahre Soziologie am Priesterseminar in Sitten. Er führte den Kurs mit grossem Einsatz und konnte sein sozialwissenschaftliches Gedankengut einbringen. Es ging ihm um die Darstellung der katholischen Gesellschaft und Soziallehre. Die päpstlichen Rundschreiben erschienen ihm richtungsweisend. Er hatte grosses Verständnis für die Belange der Arbeiterschaft, suchte aber die anstehenden Fragen ohne gewaltsamen und politischen Kampf zu lösen. Albert Julen war auch Gründungsmitglied der Christlich-sozialen Volkspartei des Oberwallis.

Historiker

Sehr wichtig war ihm die Geschichte, insbesondere die Walliser Geschichte, nicht nur als Unterrichtsfach. Er war Geschichtsforscher. Im Jahre 1945 wurde er der dritte Präsident des Oberwalliser Geschichtsforschenden Vereins, den er bis 1958 leitete. Er setzte sich dafür ein, dass die Studenten des Kollegiums Mitglieder wurden und an der jährlichen Generalversammlung teilnahmen. Er verfasste geschichtliche Arbeiten, die er in den Blättern zur Walliser Geschichte veröffentlichte. Erwähnt sei hier «Die Namen von Zermatt und seinen Bergen im Lichte der Geschichte», publiziert 1951.

Die Grossfamilie Julen-Lauber am 50. Geburtstag
von Professor Albert Julen (Mitte).

Siegfried Julen – Chirurg und Hausarzt

Dr. Siegfried Julen (*1914)

Sein Verständnis für seine «Kunden» war wohlbekannt. Hie und da kam ein etwas bedrückt wirkender junger Mann und sagte «ich müess ins Militer». Nicht selten verliess er dann die Praxis sichtlich weniger bedrückt und ersparte sich und der Krankenkasse teure Untersuchungen und vielleicht sogar den Psychiater.

Ein Sieg der Menschlichkeit über die Paragrafen!

«Im Dezember 1971 kam ich nach Zermatt, um eine neue Stelle in der Klinik von Dr. Siegfried Julen anzutreten. Nach meiner Ausbildung zur Krankenschwester und einem Jahr praktischer Erfahrung im Inselspital Bern war ich voller Tatendrang und vor allem ‹gwundrig› auf die Heimat meines zukünftigen Gatten. Es wurde eine tolle Wintersaison. Was ich hier erlebte, war für mich völlig neu und hat mich in meinem Berufsleben nachhaltig geprägt.

Zum ersten Mal, nach all den Beleg- und Klinikärzten, die in der Weltrangordnung unserer Schulschwestern gleich nach dem lieben Gott kamen, erlebte ich, was ein Hausarzt ist: ein Vertrauter für die Patienten und deren Familien. Er hatte für alle ein offenes Ohr und sah oft schon, was ihnen fehlte, bevor sie etwas sagen konnten.

Sportverletzungen und Operationen

Es war ein lebhafter Betrieb in der Praxis über der Delfinbar, gab es doch damals nur zwei Ärzte in Zermatt. Oft waren es lange Tage, abends wurde ja auch noch operiert, und da drohte es doch hie und da etwas hektisch zu werden. Dr. Julen aber liess sich nie aus der Ruhe bringen. Ich hörte von ihm nie ein lautes Wort oder eine Rüge, und auch in heiklen Situationen half seine ruhige Art uns und den Patienten.

Zu ihren Anfangszeiten war die Klinik von Dr. Julen eine moderne Einrichtung und namhafte Chirurgen, wie Prof. Sauerbruch oder Prof. Lenggenhager, kamen extra zum Operieren nach Zermatt. Noch immer gehörte zur Klinik eine ganze Etage mit Patientenzimmern, und die wurden belegt mit den Patienten, die Pech auf der Piste hatten und mit diversen Brüchen bei uns landeten. Jeweils abends begann die Arbeit im Operationssaal und ich durfte assistieren. Ruhig gab Dr. Julen seine Anweisungen und setzte Schraube um Schraube. Es war schön, ihm zuzuschauen.

Hie und da musste auch ein Blinddarm raus. War es ein Einheimischer, kam es schon vor, dass ein Angehöriger im Korridor auf Bescheid wartete, und das bei leicht geöffneter Tür zwecks besserer Kommunikation. Man würde das heute vielleicht ‹ganzheitliche Betreuung› nennen unter wesentlich komplizierteren Bedingungen. Damals war es einfach praktisch, die Sorgen der Angehörigen wurden minimiert und der Hospitalismus hatte sowieso kaum eine Chance in dieser Umgebung. Die Patienten erholten sich in der vertrauten heimischen Umgebung schnell.

Die Ruhe selbst

Nie vergessen werde ich, wie ich während der hektischen Grippezeit zwei Injektionen verwechselte und dachte, ich müsse gleich mit dem Patienten sterben. Ruhig wie immer untersuchte Dr. Julen den Patienten, legte mir den Arm um die Schultern und gab Anweisungen für die weitere Überwachung – ohne Hektik, ohne ein lautes Wort und ohne Vorwurf! Wir beide, der Patient und ich, haben es überlebt! Aber oft, sehr oft, habe ich bei meiner späteren Arbeit mit Lernenden an dieses Ereignis und an Dr. Julen gedacht!

Ein schönes Erlebnis für uns alle war die Geburt eines neuen Erdenbürgers. Dazu holten wir vom Estrich einen alten Stubenwagen und richteten ihn her. Wie waren wir doch fortschrittlich, denn erst Jahre später begannen die Geburtsabteilungen in den Spitälern mit dem Rooming-in.

Dass Dr. Julen für alle ein offenes Ohr hatte, zeigte sich oft auch an der Hintertür, wo er sich die Sorgen der Schäfer anhörte, und manches Schaf wurde dank seiner Medizin wieder gesund.

Auch nach über vierzig Jahren denke ich oft und gerne zurück an Dr. Siegfried Julen und die eindrücklichen und lehrreichen Monate in seiner Klinik.»

Die Dorfklinik mit einem der ersten Autos in Zermatt.

Jean-Antoine Carrel – In Breuil wurde gefeiert

Jean-Antoine Carrel (*1829)

1865: Zweitbegehung des Matterhorns von der Südseite, während man in Zermatt um die abgestürzten Alpinisten trauerte, wurde in Cervinia gefeiert.

1865–1890: Carrel ist ein gefragter Bergführer

1874: 1. Überschreitung Dufourspitze

1879: Erstbesteigung Chimborazo (6530 m)

1882: 1. Überschreitung des Matterhorns im Winter

1890: An «seinem Berg» ist Carrel mehrere Tage wegen schlechten Wetters blockiert. Er bringt seine Gäste in Sicherheit und stirbt unterhalb der Tête du Lion an Erschöpfung.

Jean-Antoine Carrel hat um die Erstbesteigung der «Gran Becca», des Matterhorns, gekämpft wie kein Zweiter. Als «Bersaglieri» (Scharfschütze und Elite-Infanterist) war er ein überzeugter Patriot. Sein Ziel war, die Erstbesteigung für Italien von der italienischen Seite aus mit einer italienischen Truppe zu bewältigen. Er verfehlte dieses Ziel nur knapp.

Von Jean-Antoine Carrels Geburt ist lediglich das Taufdatum bekannt: 17. Januar 1829 in Valtournenche. Seine Eltern waren einfache Bauern und besassen ein Haus auf der Alpe «Avouil», etwa einen Kilometer unterhalb von Breuil (Cervinia). Dort ist Jean-Antoine direkt am Fusse des Matterhorns aufgewachsen. In seiner Jugend hat er als Hirte gearbeitet. Früh hat er auch eine Leidenschaft für die Jagd entwickelt und wurde ein ausgezeichneter Schütze.

Mit 19 Jahren wurde er in den Militärdienst eingezogen. Dank seiner Fähigkeiten hat man ihn zu den «Bersaglieri» eingeteilt. Das ist eine noch heute existierende Eliteeinheit der Infanterie, welche aus Scharfschützen und besonders mutigen und kampfstarken Männern besteht. Bereits als 20-Jähriger hat Jean-Antoine in der Schlacht um Novara 1849 als Bersagliere seine Feuertaufe erlebt. Damals erhoben sich die Norditaliener gegen die österreichische Fremdherrschaft, wurden aber in dieser Schlacht vernichtend geschlagen. Zehn Jahre später kämpfte Jean-Antoine in der Schlacht von Solferino, wo die italienischen Freiheitskämpfer zwischen die Fronten der Franzosen und der Österreicher gerieten. Diese Schlacht ging als eine der blutigsten in die Geschichte ein und führte zur Gründung des Roten Kreuzes.

Zu Hause war Jean-Antoine vom Matterhorn oder «La Gran Becca» besessen. Den ersten dokumentierten Besteigungsversuch unternahm Jean-Antoine 1857 mit Jean Jacques Carrel und Aimé Gorret. Sie erreichten ohne Probleme den höchsten Punkt der Tête du Lion und glaubten sich dort bereits in der Nähe des Gipfels. Die Überraschung folgte, als sie den tiefen Einschnitt entdeckten, welcher an den Beginn des Lion-Grates führte. 1858–1861 unternahm Jean-Antoine weitere Versuche und die Route wurde langsam über den Grat weiter hochgetrieben. Dabei gelangten sie bis oberhalb vom «Leichentuch». Hier versperrte eine senkrechte Stelle das Weiterkommen.

1862 treten zum ersten Mal die Engländer auf den Plan: Zuerst Whymper, dann Tyndall. Mit Tyndall führen sie eine Leiter mit, mit welcher sie die senkrechte Stelle oberhalb des Leichentuchs überwinden. Daraufhin erreichen sie den Tyndall-Grat bis zur Enjambée. Jean-Antoine, der von Tyndall nur als Träger mitgenommen wurde, macht keine Anstalten, diese Stelle zu überwinden. Einige Jahre später überklettert er die Stelle aber problemlos. Wollte Jean-Antoine den Erfolg nicht dem Engländer überlassen? Auf jeden Fall drehen sie um. Auf dem Rückweg lässt Tyndall an der senkrechten Stelle ein Seil zurück: das Tyndall-Seil.

1865 diskutiert der italienische Alpenklub die Frage, ob man die Erstbesteigung des Matterhorns den Engländern überlassen sollte. Felice Giordani erhält den Auftrag, eine rein italienische Truppe unter Führung von Jean-Antoine Carrel zu bilden. Angesichts seiner militärischen Karriere ist klar, dass Jean-Antoine ein Patriot war. Wahrscheinlich fiel es ihm leicht, anstelle von Whymper seine italienischen Freunde auf den Gipfel zu führen. Vielleicht war das von Anfang an sein Plan. Jedenfalls erreichten sie den Gipfel als zweite Seilschaft, drei Tage nach der Erstbegehung von der Schweizer Seite aus.

Das Leben Jean-Antoine Carrels war immer mit dem Matterhorn verbunden. Er ist an seinem Fusse aufgewachsen, hat um den Gipfel gekämpft und starb 1890 an seinem Fusse an Erschöpfung, nachdem er zuvor noch seine Gäste in Sicherheit bringen konnte.

Nach der Erstbesteigung des Matterhorns wurde in Zermatt getrauert,
in Breuil hingegen ausgiebig gefeiert.

Rudolf Taugwalder – Vom Traumberuf zum Invaliden

Rudolf Taugwalder (*1867)

1893: 3. Begehung Ararat in Armenien

1898: Versuch Kabru in Sikkim bis 6000 m

1908: Erstbesteigung Huascarán in Peru mit Gabriel Zumtaugwald und Miss Peck

Rudolf Taugwalder brachte sein Lebensziel in seiner Biografie auf den Punkt: «Bergführer wollte ich werden und ich wurde es.» Nur wusste Taugwalder als junger Bergführer damals nicht, dass er seinen Traumberuf eines Tages gegen eine lebenslange Invalidität tauschen würde. Das persönliche Schicksal, das seine Bergführerkarriere abrupt beendete, traf ihn 1908 bei der Erstbesteigung des Huascarán (6780 m) in Peru. Dem Erstbesteigungserfolg zollte Taugwalder abgefrorene und amputierte Finger und Zehen: Aus der Traum!

Träumen von der Schönheit der alpinen Welt durfte Taugwalder nach dem Bergführerdiplom allerdings lange und intensiv. Nicht Abenteuer-, Ruhm- und Rekordsucht trieben Taugwalder zu den höchsten Gipfeln, sondern: «Alles, was es in der Bergwelt gab, wollte ich mit eigenen Augen erfassen.» Angetan hatten es ihm vor allem die Riesengebirge von Asien und Südamerika. Und: Er folgte ihrem Ruf! Ein Ruf, der ihm auf dem Höhepunkt seiner Laufbahn zum Verhängnis werden sollte.

Zusammen mit Gabriel Zumtaugwald wurde Rudolf von der amerikanischen Vermessungstechnikerin Miss Peck, einer New Yorkerin, zur Erstbesteigung des Huascarán in Peru eingeladen. Die beiden erfahrenen Zermatter Bergführer zögerten keinen Augenblick. Schon nach drei Tagen brachen sie mit dem Schiff über den grossen Teich zur ungewissen Expedition auf. Ausrüstung, Kartenmaterial und einheimische Träger entsprachen bei Weitem nicht dem, was man sich heute unter einer modernen Expedition vorstellt. Dem mehrtägigen Ritt von Lima aus über 4000 m hohe Pässe folgte ein beschwerlicher Fussmarsch über zerrissene Gletscher und schwierige Moränen. Schon der Anmarsch im Niemandsland war ein gefährliches Unternehmen mit abenteuerlichen Zwischenfällen. Zum Glück entpuppte sich die Expeditionschefin als tüchtige Berggefährtin. Zum Gipfelangriff liess Taugwalder die Träger zurück und versteckte vorsichtshalber auch den (Alkohol) Brennsprit. Nach stundenlangem mühsamem Stufenhacken standen die beiden Zermatter mit Miss Peck um 3.00 Uhr nachmittags auf dem Gipfel: «Eine Aussicht, die noch kein menschliches Auge je gesehen hatte», erinnerte sich Taugwalder später. Die Gipfelfreude währte nicht lange. Wolken tauchten auf, behinderten den Abstieg. Der eisige Sturm wurde stärker und es begann auch noch zu schneien. Die eisige Kälte drang durch die nassen Kleider bis in die Knochen.

Dann begann das Missgeschick: Taugwalder zog trotz mörderischer Kälte den linken Handschuh aus um die losgelöste Wadenbinde am rechten Bein zu festzubinden. Ein Windstoss erfasste den Handschuh. Die linke Hand erstarrte zunehmend. Rudolf versuchte den rechten Handschuh auf die linke Hand zu ziehen. Auch der zweite Hanschuh wurde vom Wind weggefegt. Taugwalders Finger und Zehen waren erstarrt. Im Spital in Youngay amputierten ihm die Ärzte die Finger der linken Hand und die Zehen des rechten Fusses. Auf der Heimreise zeigte ihnen der Schiffskapitän auf offener See nochmals den Huascarán. Taugwalder mochte nicht freudig hinschauen: «Das ist der Berg, der mich zum Invaliden gemacht hat.»

Frau Peck hat es unterlassen für ihre Bergführer eine Versicherung abzuschliessen, wie es verabredet worden ist. So musste Taugwalder ein Grundstück verkaufen, damit er seinen Spitalaufenthalt begleichen konnte. Glücklicherweise fand Rudolf im Museum eine Stelle, wo er seine Erfahrung im Hochgebirge und sein Erzähltalent in besten Einklang bringen konnte. Rudolf war selbst ein Stück Museum.

Verabschiedung vom Bergführerberuf und letzter Blick vom Schiff aus, auf den 6780 Meter hohen Huascáran in Peru.

Felix und Karl Biner – Drei Generationen Bergführer und Gast

Felix Biner (*1890)

Biner Karl (*1889)

Auswahl an Besteigungen

- Teufelsgrat am Täschhorn
- WNW-Wand der Dent d'Hérens
- Gabelhorn Südwand, vollständiger Südost-Grat mit Unter Gabelhorn
- Viereselsgrat und Ferpècle Grat an der Dent Blanche
- Lyskamm Nordwand
- Monte Rosa, Cresta Rey und Marinelli-Couloir
- Rimpfischhorn S-Wand vom Adlerpass
- Breithorn Young-Grat im Abstieg
- Schaligrat am Weisshorn im Abstieg
- Zmuttgrat am Matterhorn im Abstieg
- Mittellegigrat am Eiger im Abstieg
- Brenva-Flanke des Mont Blanc im Auf- und Abstieg

Zwei Bergführer mit einem Gast verbrachten ein langes Leben zusammen in den Bergen. Felix mit seinem Bruder Karl als Bergführer, Hans-Fritz als Gast. Sie waren die mittlere der drei Generationen beider Familien, welche als Bergführer und Gast unterwegs waren.

Der junge Hans-Fritz von Tscharner war gerade mal 15 Jahre alt, als er 1920 in Begleitung seiner Eltern durch die Zermatter Dorfstrasse bummelte und fasziniert vor einem Schaufenster stehen blieb. Das Schaufenster gehörte zur bereits damals existierenden «Wega». Was Hans-Fritz faszinierte, waren Bilder der Bergwelt rund um Zermatt. Da trat ein junger Bergführer an ihn heran, gab ihm seine Visitenkarte für den Fall, dass er irgendwann eine Tour planen würde.

Hans-Fritz informierte umgehend seine Eltern, dass er genau das vorhätte, und dass jeder Versuch, ihn davon abzubringen, schon im Ansatz zwecklos sei. Deren Protestversuch versandete schnell, als sich zudem herausstellte, dass dieser Bergführer – ein gewisser Karl Biner – der Sohn von Joseph Biner war, einem Bergführer mit dem bereits der Vater von Hans-Fritz zwischen 1880 und 1900 mehrere Bergtouren unternommen hatte.

Ein Jahr später gaben seine Eltern Hans-Fritz grünes Licht für die Wellenkuppe, vom Hotel Trift aus. Die Besteigung sollte unter der Führung von Karl und seinem Bruder Felix stattfinden: zwei Bergführer und ein Gast, wie damals üblich. Ob die beiden Bergführer sich dann am frühen Morgen am Eseltschuggen (der Standort der heutigen Rothornhütte) verlaufen haben, ist Spekulation. Jedenfalls erreichten sie statt der Wellenkuppe den ersten Viertausender von Hans-Fritz: das Zinalrothorn.

Und es sollte nicht der letzte sein. 52 Bergsteigerjahre später notiert Hans-Fritz nach der Besteigung des Ober Findel Rothorns mit Felix und Karl in deren Führerbuch: «Die Zeit von 1 Stunde 15 vom Sattel auf den Gipfel zeigt, dass wir noch recht gut in Schwung sind. Nur die gesteckten Ziele werden von Jahr zu Jahr bescheidener.» Damals war Hans-Fritz 67 Jahre alt, Karl 76 und Felix 82. Ein Jahr zuvor standen sie noch auf dem Finsteraarhorn.

Felix behauptete immer, «im Abstieg lernt man den Kletterer kennen». Das schien überhaupt die Spezialität dieser Seilschaft zu sein. Einige Kostproben von deren Abenteuern im Abstieg findet man in der Liste ihrer Besteigungen (links). In der Brenva-Flanke des Mont Blanc waren sie zudem die erste Seilschaft, welche diese Wand im Auf- und Abstieg erkletterte. Die Wahrheit über diese Besteigung ist allerdings, dass die Bergführer nach der Besteigung dieser Wand zum ersten Mal auf dem Mont Blanc standen. Dazu noch mitten in einem Schneesturm. Deshalb wählten sie für den Abstieg eine Route, die sie mittlerweile kannten…

Die Freundschaft, welche die drei verband, hielt bis ans Lebensende. Als Ehrenmitglied des Zermatter Bergführerverbandes war Hans-Fritz zudem auch am lokalen Bergführerfest ein gern gesehener Gast.

Jahre später durfte ich die Tradition als Enkel von Felix und Bergführer von Richard von Tscharner, dem Sohn von Hans-Fritz, in der dritten respektive vierten Generation weiterführen. Bei Richard war es vor allem seine Liebe zur Fotografie, welche ihn nicht nur in die Berge, sondern rund um den Globus trieb.

Zwei Bergführer begleiten monatelang ihren Gast –
Ein Wunschgedanke für heutige Bergführer.

Hermann Schaller – Rekord am Matterhorn

Hermann Schaller (*1898)

1930: Rekord Hermann Schaller mit seinem Gast Mr. Goodrich, Sohn eines amerikanischen Bankers

1933: Hermann Schaller mit Adolf 35 Stunden am Matterhorn

1.00 Uhr Start Schönbühl

5.30 Uhr: Ankunft Schneegrat Zmuttgrat. Nach den Zmuttzähnen Wassereis in 2,5 Stunden 120 Meter gestiegen

14.30 Uhr: Ankunft Grat oberhalb Zmuttnase

17.00 Uhr: Ankunft Matterhorngipfel

22.00 Uhr: Biwak unterer roter Turm, Tee in Thermosflasche gefroren

4.00 Uhr: Start Richtung Solvayhütte

7.00 Uhr: Ankunft Solvayhütte

12.30 Uhr: Ankunft Hörnlihütte

«Es war natürlich eine hirnverbrannte Idee eines Amerikaners. Was wollte dieser Mister eigentlich? Seinen eigenen Rekord schlagen? In Rekordzeit auf den Gipfel des 4448 Meter hohen Matterhorns und wieder zurück. Ich sagte dem Herrn offen heraus, dass ein solches Bergauf- und Bergabrennen am Matterhorn ein vollkommener Blödsinn sei und wir dabei in der Ewigkeit landen könnten. ‹Allright›, sagte der Amerikaner, ‹kommst du nicht mit, kommt ein anderer!›.»

Hermann Schaller und ein Kauz von einem Amerikaner

«Ich wusste, dass das Unternehmen an Wahnsinn grenzte, dachte aber im Stillen: ‹Dem Mister wird der Atem schon ausgehen. Die Suppe wird nicht so heiss gegessen, wie sie gekocht wird.› Und schliesslich entschloss ich mich, mitzugehen.

Unser Mister ging mit System vor und trainierte gezielt auf die Rekordleistung. Unter anderem bestiegen wir viermal in einer Woche das Matterhorn. Einmal gelang uns das Gipfelrennen von Schönbühl über den Zmuttgrat bis Belvédère in acht Stunden.

Dreimal verschnaufen, ein Tee und ein Kirsch

Ich schlug ‹Mister G.› vor, die Tour ohne Seil zu machen. Davon wollte er aber nichts wissen. Wie recht er hatte, beweist der Umstand, dass er mir beim Abstieg zweimal ausrutschte und ins Seil fiel.

Von der schönen Aussicht und dem Erlebnis, die eine solche Hochtour bietet, sahen wir allerdings nichts, rein gar nichts, obwohl es ein wunderschöner Tag war. Ohne uns umzublicken, stiegen wir im Affentempo auf. Höher und höher, an Felsen vorbei, über alle bekannten Hindernisse hinweg, immer aufwärts zur Spitze. Nur dreimal musste mein Amerikaner kurz verschnaufen. Als wir den Gipfel erreichten und die Zeit kontrollierten, trauten wir unseren Augen nicht; eine Stunde und fünfundvierzig Minuten hatten wir für den Aufstieg gebraucht. Wir hielten sechs Minuten Gipfelrast. ‹Mister G.› schlürfte seinen Nerventrank, den ihm Dr. Bayard zusammengebraut hatte; ich den meinen, und zwar anderthalb Deziliter Kirsch.

Wie die Affen in den Seilen

Dann ging es wieder los. Abwärts, nichts wie abwärts. Ich musste ‹ver…› achtgeben. Wie zwei Affen hingen wir an den Seilen. Im Galopp ging es über die Schulter, dann an der Solvayhütte vorbei. Wie aus einer Kanone geschossen, sausten wir über die Mosleyplatte und nach der alten Hütte wie zwei Katzen durch den Kamin hinunter. Tempo, Tempo! Am Bergfuss spurteten wir in mächtigen Sprüngen zum Belvédère. Und nun die Zeit? 3¼ Stunden. Fast unglaublich!

Mein Amerikaner zeigte seine riesige Freude. Noch nach fünf Stunden konnte er nicht still sitzen. Vielleicht war auch der Champagner schuld, den wir im Belvédère reichlich genossen. Im Stillen wunderte ich mich, dass mein Amerikaner nicht sagte: ‹Das machen wir morgen in zwei Stunden.› Ich glaube, es muss auf der Welt solche Käuze geben.

Ungebrochener Rekord

Ein wundervoller Tag und ein einmaliges Erlebnis war es trotzdem. Die Verhältnisse waren an diesem Tag am Hörnligrat die denkbar besten. Sämtliche Führerpartien, an diesem Tage waren zwölf Seilschaften unterwegs, gaben uns spontan den Weg frei. Oftmals musste ich später in Freundes- und Touristenkreisen von diesem, bis heute noch ungebrochenen Rekord erzählen. Ein Rekord, der mir selbst heute noch fast unwahrscheinlich vorkommt. Doch es ist und bleibt eine Tatsache: Es war uns gelungen, das Matterhorn in der unglaublichen Zeit von 3 Stunden 15 Minuten zu bezwingen.»

Erster Rekord 1930: in 195 Minuten auf das Matterhorn und zurück. Ein anderes Mal dauerte es aber 35 Stunden.

Otto Furrer – Ds'Hore

Otto Furrer (*1903)

Nach einer Gärtnerlehre in Lausanne kehrte er in sein geliebtes Zermatt zurück. Seine innere Berufung zog ihn aber immer wieder und unwiderstehlich in die weite Welt der Berge. Schon als Bub legte er ein aussergewöhnliches Interesse am Klettern an den Tag, indem er seine Kameraden fachgerecht vom Eisengerüst der Findelbachbrücke abseilte.

Seine Erfolge:

1927: Schweizer Meister Patrouillenlauf

1928: Bronzemedaille Patrouillenlauf Olympische Spiele in St. Moritz

1929: Schweizer Meister Patrouillenlauf

1931/32/33: Kombinationssieger Arlberg-Kandahar-Rennen

1932: Sieg in der Abfahrt in Zermatt

1932: Weltmeister Alpine Kombinationen in Cortina

1948: Sieger Blauherd-Abfahrt Sen. III

«Für Aufnahmen zu meinem ersten Matterhornfilm im Sommer 1928 bestiegen wir den Monte Rosa. Zwei Männer, die einen rasch improvisierten Schlitten mit einem grossen Teil des Filmgepäcks zogen, begleiteten mich zur Bétempshütte. Der eine der beiden war wendig, schlank und redefreudig; der andere gross, einfach und schweigsam. Beide, Hugo Lehner und Otto Furrer, waren Bergführer aus Zermatt. Beide vertraten an den Olympischen Winterspielen jenes Jahres die Schweiz. Zu Hugo Lehner wie zu Otto Furrer, die auf ihre Art so unterschiedlich und eigenartig waren, empfand ich sofort spontane Zuneigung und blindes Vertrauen.

Otto Furrer besass alle erforderlichen Eigenschaften eines hervorragenden Westalpenführers. Er war damals auch einer der erfolgreichsten Abfahrtsläufer der Welt. Drei Jahre hintereinander holte er den Kandahar-Pokal vom österreichischen Arlberg nach Zermatt.

Luis Trenker, ein guter Freund, erinnert sich: ‹Nie fühlte ich mich in den Walliser Bergen sicherer, als an seinem Seil. Egal ob wir mit unseren Skiern im Nebel von der Dufourspitze heruntterglitten oder im eisigen Wind des Gipfelgrates die letzten Meter des Matterhorns erstiegen.› Otto Furrer stand wie ein Fels im Sturm: Nicht umsonst nannte man ihn in Freundeskreisen das ‹Matterhorn›.

Der hochgewachsene und bärenstarke Bergführer verunglückte 1951 durch einen Riss des Tyndall-Seiles am Italienergrat. An ‹seinem› Berg, dem geliebten Matterhorn. Nur wenige Minuten zuvor hatte er junge Führerkollegen noch auf den wenig vertrauenserweckenden Zustand dieses Fixseiles aufmerksam gemacht. Nicht nur für Zermatt, auch für viele Bewunderer in der ganzen Welt war sein Tod ein schmerzhafter Verlust.

Während mehrerer Jahre stellte Otto Furrer seine Schaffenskraft auch seiner Heimatgemeinde als Ratsmitglied zur Verfügung. Wegen seiner eisernen Energie, seinem Weitblick, seiner Klugheit und seinem stets bescheidenen Wesen ward er geachtet und geschätzt. Wären 1932 bei den Olympischen Spielen schon alpine Disziplinen auf dem Programm gestanden, hätte er sicher Olympisches Gold geholt. Gegen eine starke internationale Konkurrenz wurde er im gleichen Jahr in Cortina d'Ampezzo Weltmeister in der alpinen Kombination. Seine schärfsten Rivalen waren der bekannte Österreicher Toni Seelos un der routinierte Schweizer ‹Vitter› Zogg aus Arosa.

Als frischgebackener Weltmeister gründete er mit seinem Schwager Alex Gentinetta die Skischule von Crans-Montana und war später in den nationalen Skischulleiterkursen als versierter Instruktor tätig. Otto war als Mitglied der technischen Kommission des Schweizer Skischulverbandes auch im Skiunterricht eine anerkannte Kapazität. Er verstand es vorzüglich, das ihm eigene Lehrtalent erfolgreich auf seine Skilehrer zu übertragen. Er war vehementer Verfechter der Einheitstechnik, die damals von Hannes Scheider und Christian Rubi stark vorangetrieben wurde. Bis zu seinem jähen Tode am Berg stand er der Zermatter Skischule vor.»

Der leider allzu früh verstorbene Otto Furrer war ein begnadeter Abfahrer und Langläufer.

Hugo Lehner – Auf den Skiern zum Traualtar

Hugo Lehner (*1901)

Er gehört in den 20er- und 30er-Jahren zu den gefürchteten Langläufern und stärksten Patrouilleuren im Matterhorndorf. Er war der erste Leiter der Skischule von Zermatt.
Hugo Lehner kann auch als erster Freerider bezeichnet werden. Eine Spur, die durch ihre aussergewöhnliche Linie sofort unsere Aufmerksamkeit erregte. Über kleine Flugsätze, Steilstufen, zwischen Felsrinnen und Bergtannen hindurch hatte ein Fahrer sein seltenes Autogramm hingelegt. «Das kann nur Hügo gewesen sein», meinte Otto Furrer, «das verdammt Blagg cha hitu besser schgifahre als ich sälber»

Hugos Erfolge

Erster Skischulleiter in Zermatt

1927–1932: Schweizer Meister Militärpatrouillenlauf

1928: Bronze Militärpatrouillenlauf in Olympische Spiele in St. Moritz

1936: Sieger Trofeo Mezzalama mit Elias und Gustav Julen

1944: Abfahrtsmeister Schweizer Meisterschaft in Gstaad

«Ganz anders als Otto Furrer der Hugo Lehner. Kühn, ja waghalsig und unerschrocken sprang er wie eine Gämse auf brüchigem Gratfels herum. Stets hilfsbereit, immer und überall dort, wo er gerade gebraucht wurde. Legendär auch seine Hochzeit in Zermatt. Um seine Braut Bertha Biner vor dem Traualtar zu überraschen, fuhr er mit den Skiern vom Oberdorf in eleganten Kurven auf den Kirchplatz. Oft sorgten wir uns um ihn und baten ihn doch vorsichtiger zu sein. Ironie des Schicksals. Der sprichwörtlich vorsichtige Otto Furrer stürzte an seinem Berg durch Seilriss zu Tode; der draufgängerische Hugo Lehner aber starb ein Jahr später daheim an einer langwierigen Krankheit in seinem Bett.

Seit dem ersten Matterhornfilm im Jahr 1928 war Hugo ständiger Begleiter und Freund von Luis Trenker. So war es kein Wunder, dass Hugo sich als Mitarbeiter in all seinen Filmen bewährte.

Luis Trenker war mit Hugo in Spitzbergen. In einem schmalen Nebenfjord fror ihr Schiff ‹Hobby› während der Nacht ein und kam nicht mehr frei. Wir mussten versuchen, eine Fahrrinne durch das Treibeis zu sprengen, um aus dem Fjord auf das offene Meer zu gelangen. Dazu brauchten wir Dynamit, doch Dynamit hatten wir nicht. Wir wussten, dass in etwa anderthalb Tagesmärschen Entfernung eine Kohlenmine in Betrieb war. Dort musste Sprengstoff zu beschaffen sein. Die Norweger kannten das trügerische Schollenmeer weit besser als wir und dachten daher nicht daran, sich aufs Eis zu wagen. Also machte sich Hugo Lehner, der immer half, wenn es zu helfen galt, mit einem deutschen Auswanderer auf den Weg. Kaum war Lehner fort, schlug das Wetter um. In grosser Sorge warteten wir zwei Tage auf seine Rückkehr. Nach drei Tagen gingen wir auf die Suche. Stunde um Stunde arbeiteten wir uns, immer nach dem Kompass, in jene Richtung, aus der Hugo kommen musste. Und dann, endlich, am vierten Tage, nachdem wir die Hoffnung schon aufgegeben hatten, kam uns, schneeblind und völlig erschöpft, Lehner aus dem Nebel entgegen. Er konnte die tränenden Augen kaum mehr öffnen und hatte nicht mehr die Kraft, uns zuzurufen. Wären wir nicht wie durch ein Wunder auf ihn gestossen, er hätte unser Schiff nie mehr erreicht. Kaum war er wieder auf den Beinen, sprengten wir mit dem Dynamit in zweitägiger Arbeit eine schmale Rinne durch das Packeis und konnten unter den Jubelrufen meiner Leute die ‹Hobby› in das schollenübersäte Eismeer hinausbugsieren.

Lars Nielsen, der Hundeführer, hatte an der Reling stehend drei Eisbären erspäht. Sofort war er mit Munition und Gewehr im Boot. Grosse Aufregung unter der Mannschaft. Die Bären kümmerten sich nicht um unser Schiff. Nielsen war auf fast 300 Schritte an sie herangekommen. Auf dem Bauch liegend zielte er und schoss. Getroffen sank der grosse Bär in den Schnee. Die beiden Jungen sprangen ins Meer. Nielsen stand auf, sprang über tanzende Schollen zu seiner Beute. Da versperrte ihm ein grösserer Schollenabstand den Weg. Er änderte die Richtung, schätzte die Entfernung zur weiteren Eisscholle ab, wippte in den Beinen, sprang mit, erreichte die kleine Scholle, stand den Bruchteil einer Sekunde aufrecht und versank dann stehend zwischen den Eisflächen in den eisigen Fluten. Erstarrt und bleich vor Schrecken standen wir da. Es würgte mich im Halse. Ich konnte nicht rufen. Ein Schaudern überkam mich, als ich die beiden jungen Eisbären blitzschnell nachtauchen sah…

Das hätte auch Hugo passieren können, als er die drei Tage vermisst war. Hatte er einen guten Schutzengel?

Hugo Lehner war in der grossen Welt zu Hause. Seine Familie und besonders seine Tochter Myriam haben ihren Hugo immer sehr vermisst.»

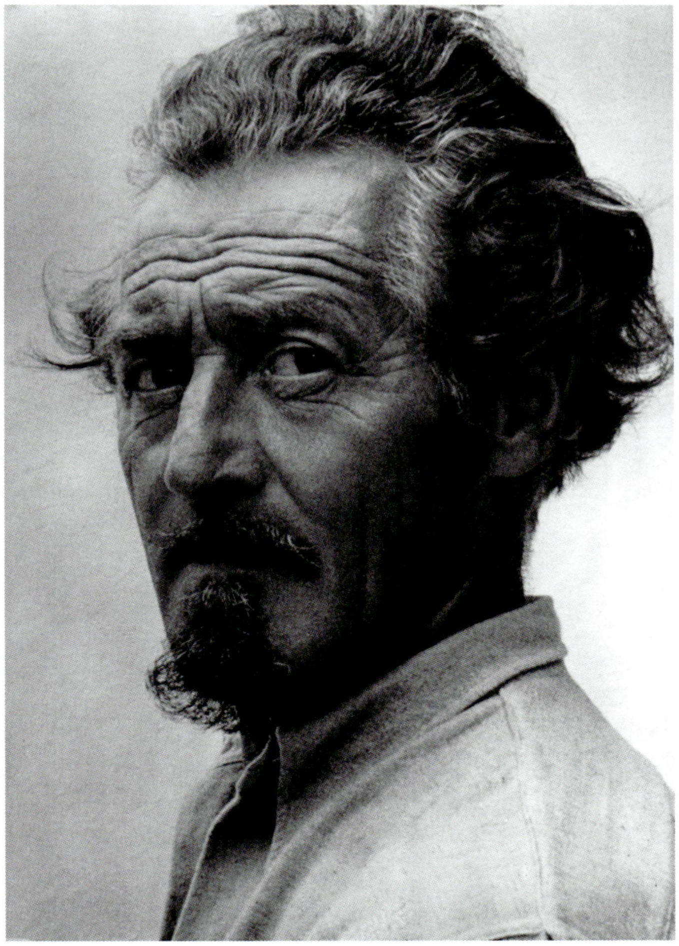

Hugo als Bergführer, Filmstar
und Sprengmeister.

Alexander Taugwalder – In den Fussstapfen seines Vaters

Alexander Taugwalder (*1897)

Er kannte seine Heimat wie wenige und freute sich besonders, wenn jemand in der Geschichte von Zermatt nachforschte.

1935: Mit Karl Biner Täschhorn-Südwand 2. Begehung

1945: 6 x Furgggrat

1945: Mit Alexander Graven Eiger-Nordwand Lauper Route 2. Begehung

1945: Matterhornnordwand mit Alexander Graven

1946: An einem Tag Zmuttgrat und Dent d'Herence

1946: 4 x Cresta Caterina

1950: Cresta Caterina im Abstieg

1950: 2 x Gabelhornsüdwand

- Mehrere Male Teufelsgrat
- Viereselsgrat
- Ferpeclegrat
- Kanzelgrat
- rund 50 x Rothorngrat
- Viele Besteigungen in den Dolomiten und im Mont Blanc Gebiet

Die Berge aber riefen wieder mit schicksalshafter Macht und ihn zum letzten Mal …

Aus den Bergen stammend, mit guten Erbanlagen bestückt, eingebettet in ein gesundes soziales Umfeld, leistungsorientiert und initiativ – Voraussetzungen, die manch grosse Persönlichkeit geformt haben. Eine solche Persönlichkeit war der am 26. Juni 1952 in seinen geliebten Bergen verunglückte Alexander Taugwalder; einer der Besten unter der dritten Führergeneration.

Eine Hommage von seinem Gast Hermann Fietz, überarbeitet von seiner Grossnichte

Alexander pflegte ein kollegiales Verhältnis mit den Bergführen von nah und fern.

Neidlos lobte er hervorragende Leistungen und freute sich über gelungene Erstbesteigungen in den Alpen und im Himalaja. Alexander war seiner Natur nach ein Philosoph. Seinem philosophischen Gedankengut entsprang die Fähigkeit zur Diplomatie, welche er im Alltag einzusetzen wusste. Alexander kannte sich mit der menschlichen Psyche aus. Stets studierte er die Psyche seiner Begleiter, um ihnen auf seine Art helfen zu können.

Das verlieh ihm jene menschliche Grösse, die alle, die ihn näher kannten, sehr schätzten. Seine Gäste rühmten seine Umgangsformen und seine einfühlsame Art.

In Alexanders Führerbuch ist folgender Eintrag zu finden:

«Have travelled with many guides – but never met with one who had so fully developed the combined qualities of a moutaineer, a climber, a routefinder and a friend …»

Mit viel Liebe pflegte Alexander Bienenvölker. Stolz überraschte er seine Freunde mit der besten Medizin der Welt: seinem Berghonig.

Als wahrer Künstler entpuppte er sich auf dem Gebiet der Farbfotografie.

Die Sammlung seiner Farbdiapositive ist einzigartig. Neben herrlichen Aufnahmen aus der Matterhorn-Nordwand und dem Caterinagrat finden sich zahlreiche Bilder aus dem Dorfleben von Zermatt. Immer wieder organisierte Alexander – sehr zur Freude der Schulkinder – Diaschauen im Gemeindesaal. Selbst Visionen hatten Platz. Zu einer Nichte sagte er einmal: «Mädchen, du wirst es noch erleben, dass Menschen mit einem Rucksack den Berg hinaufsteigen und dann hinunterfliegen.» (Vision vom Paragliding)

Ein Blick auf seine bergsteigerischen Leistungen lässt vermuten, dass Alexander einfache Spaziergänge mied. Dem war nicht so. Bereits frühmorgens war er auf der Suche nach Motiven für seine Farbaufnahmen in freier Natur anzutreffen.

Gerne unternahm er ausgefallene Wandertouren. So gings zum Beispiel vom Rotenboden auf dem Winterweg über den Theodulgletscher zum Theodulpass und weiter über steiniges Gelände und abfallende Matten zur Station Plan Maison mit dem imposanten Blick auf die durchfurchte Südseite des Matterhorns.

Im Frühjahr 1952 liess Alexander seine Freunde wissen, dass er keine grossen Bergtouren mehr unternehmen wollte. Doch spielte er mit dem Gedanken, seiner Bergsteigerkarriere ein krönendes Ende zu setzen. Mit Adolf Schmutz wollte er die Monte-Rosa-Ostwand absteigen.

Die Berge aber riefen mit schicksalshafter Macht.

Alexander folgte ihrem Ruf zum letzten Mal. Um die Mittagszeit geschah das Unheil. Der Führer und sein Gast wurden von fallenden Eisblöcken tödlich getroffen und 1000 Meter in die Tiefe gerissen. Der Pfarrer aus Macugnaga befreite Alexander, dessen Hand in die Höhe zu seinem Schöpfer wies, aus einer Gletscherspalte. Die Berge haben ihren Tribut gefordert. Zu früh erlosch das Lebenslicht eines einmaligen Menschen. Alexanders sterbliche Hülle wurde in der geliebten Heimaterde am Fusse des Matterhorns zur letzten Ruhe gebettet.

Xandi mit seinem besten Freund Theodor Perren vor seiner letzten Tour an der Monte-Rosa-Ostwand, an welcher er verunglückte.

Alexander Graven – Der Pickel ist keine Feder

Alexander Graven (*1898)

1929: 1. Besteigung des Pic More

1930: 1. Aufstieg Piz Bernina über die Westwand

1932: Mont Blanc in der Südwestflanke les Droites

1932: 1. Besteigung Ostflanke Mont Brouillard

1932: Variante Aiguille Blanche de Peutrey

1932: Besteigung Eigernordwand Lauper-Route

1932: 1. durchgehende Besteigung der Jungfrau von der Guggihütte aus

1932: 1. Besteigung der Eigernordwand

1933: 1. Besteigung des Südost-Grates Pic More

1933: 1. Überschreitung Col Major Brenva Flanke

1933: 1. Besteigung Voie de la Poire Brenva Flanke

1933: 1. Besteigung des Mont Blanc Nordwand direkt vom Plateau

1946: 4. Besteigung Matterhornnordwand

1947: Lohner Sutter Expedition Garhwal-Himalaja – Vier 1. Besteigungen

Weisser Dom	6832 m
Kedarnath	6940 m
Satopanth	7075 m
Balbala	6419 m

Als 1946 die Teilnehmer der Schweizerischen Himalaja-Expedition zu einer schriftlichen Vorstellung aufgefordert wurden, schrieb Alexander Graven: «Der Pickel ist keine Feder!» Der wortkarge Mann äusserte sich bedacht, präzise und zog stets die Taten den Worten vor, was seine Weggefährten wiederholt in Staunen und Bewunderung versetzte. Sie beschrieben ihn als sicheren, angenehmen Führer, schätzten seine Ruhe sowie seine kritische Besonnenheit und sprachen ihm hohe Kenntnisse zu.

Alexander Graven konnte Situationen klar und mit den massgebenden Konsequenzen einschätzen. Er hatte das Gespür für die richtige Entscheidung, für die sicheren Tritte und Griffe, mit denen er seine Seilschaften zeitlebens zuverlässig durch Herausforderungen und Gefahren führen konnte. Dieses Gespür verhalf ihm auch dazu, die Routen für seine überragenden Bezwingungen so zu wählen, dass er sie jeweils in einem Tag bewältigen konnte (z. B. Mont Blanc, Eigernordwand).

Mit grosser Beharrlichkeit wehrte er sich gegen seine Vermarktung, was nicht alle schätzten. So verweigerte er etwa Luis Trenker wiederholt die Filmrechte über seine Bergsteigerlaufbahn. Auch darin war er eisern, selbstsicher, zielstrebig und unbeirrbar. Diese Tugenden stellen mit Sicherheit die Grundlage seiner grossen Bergführer-Erfolge dar. Obwohl er sich aller Vermarktung entziehen wollte, blieben die Spuren der einstigen Himalaja-Sponsoren in seinem Heim erkennbar (z. B. die riesige Büchse Ovomaltine und die Hagebutten-Kräutertee-Mischung, an denen sich drei Generationen regelmässig bedienen konnten, oder die Rolex an seinem Handgelenk, für die er sogar in Zeitschriften Werbung betrieb).

Seine Erfahrungen waren ihm nur spärlich zu entlocken. Davon zeugt beispielsweise eine Fotografie, die ihn in einer ungewohnt herzlichen Umarmung mit einem Asiaten zeigt. Nur wenige erfuhren von ihm, dass es sich um Sherpa Tenzing handelte. Die beiden hatten sich während der Himalaja-Expedition kennengelernt. Dem erfahrenen Alex blieben die Fähigkeiten des Sherpas nicht verborgen. Er ermunterte ihn, in Grindelwald die Bergführerschule zu besuchen, und Tenzing folgte diesem Rat. Der Erfolg blieb nicht aus, wie die Erstbesteigung des Mount Everest beweist. Gravens Ratschlag war dem bescheidenen Asiaten Jahre später eine Reise nach Zermatt wert, um sich bei seinem Freund dafür zu bedanken.

Eine eindrucksvolle Freundschaft wurde ihm auch im Heimatdorf durch Alexander Taugwalder zuteil. Die gleichnamigen Bergführer unternahmen gemeinsam mehrere bedeutungsvolle Erstbegehungen. Als Graven ohne seinen treuen Weggefährten in den Himalaja aufbrach, gab ihm Taugwalder die Zusicherung: «Sollte es nötig sein, werde ich für deine Familie sorgen!» Ein derartiges Versprechen bei einem Abschied in die grosse Ungewissheit ist ein aussergewöhnliches Zeugnis von Freundschaft und ein seltenes Geschenk.

Eine eher unbekannte Seite Alexander Gravens stellte seine Offenheit für die Errungenschaften seines Zeitalters dar. So legte er sich beispielsweise im Pensionsalter Kontaktlinsen zu, nahm Fahrunterricht und bestand bald darauf die Fahrprüfung. Er wollte mit dem eigenen Auto seiner Frau, die so oft auf ihn warten und um ihn bangen musste, einige besondere Orte zeigen. Zum regelmässigen Reiseziel wurde Abano, um im wohltuenden Bad die gealterten und geschwächten Glieder zu entspannen. Zu dieser Kur gehörte auch die Einkehr in die Basilika des heiligen Antonius von Padua. Alexander Graven war sich bewusst, dass er seine Erfolge und seine Unversehrtheit wie auch die seiner Anvertrauten einer höheren Macht verdankte. «Gott kann man überall nahe sein, am meisten in der Natur und oft am wenigsten in der Kirche», so lautete seine Überzeugung. Für die Basilika von Padua schien dieser Grundsatz freilich nicht zu gelten. Wahrscheinlich, weil er jetzt nicht mehr mit dem Pickel, sondern mit dem Auto unterwegs war.

Alexander in den Armen von Sherpa Tenzing, beim alten Bahnhof in Zermatt und beim Klettern am Furgg-Grat.

Felix Julen – Pluderhose

Felix Julen (*1921)

Felix beschäftigte sich bereits in der Primarschule mit dem Klettern. Auszug aus einer Schularbeit von Felix: «Die Gemse hat einen Schlitz in den Tschaggen, damit sie besser rageln kann.» Frei übersetzt: «Die Gämse hat gespaltene Hufe, damit sie besser klettern kann.»
Nach dem Zweiten Weltkrieg absolvierte er die Bergführerschule und führte danach viele Gäste in aller Herren Länder.

Besteigungen
1956: 1. Besteigung in den Rocky Mountains, unbekannter Gipfel

1960: Ruwenzori mit Josef Lauber
1. Besteigung Face Nord Pointe Philippe 1. Besteigung Grosser Zahn

1961: Mount McKinley

1976: 1. Besteigung Noshag (7495 m) Hindukusch

Viele weitere klassische und anspruchsvolle Routen in den Alpen.

«Schliesslich nahm ich all meine Kraft zusammen und zog ihn hoch, indem ich das Seil immer wieder um meinen eigenen Arm und das Handgelenk wickelte...»

Felix Julen, war einige Zeit Bewohner des St. Mauritius in Zermatt. Er hat mit viel Freude begonnen, intensive Ereignisse aus seinem Leben als Bergführer zu schildern. Leider verstarb er vor Abschluss seiner kompletten Ausführungen. Mithilfe seines Sohnes Jörg konnten dennoch seine wertvollen Erinnerungen vervollständigt und dieser beeindruckende Bericht verfasst werden.

Ein beeindruckendes Erlebnis – Absturz am Lyskamm

«Einer meiner Onkel führte damals ein Hotel. Er beherbergte einen Gast, der die Überquerung von Monte Rosa und Lyskamm machen wollte. Wir trafen uns am Bahnhof, um anschliessend gemeinsam zur Monte-Rosa-Hütte aufzusteigen. Als ich ihn sah, erschrak ich. Er verfügte zwar über eine Ausrüstung, trug aber viel zu grosse Bergsteigerhosen. Es waren ‹Pluderhosen›, die wir damals ‹Knickerbocker› nannten. Beim Start unserer Tour sagte ich ihm, dass ich seine Hosen als ungeeignet und gefährlich empfände.

Am nächsten Morgen starteten wir rechtzeitig. Es war ein wunderschöner Tag mit einem sehr starken Nordwind. Wir stiegen über den Ostgrat auf den Lyskamm, wobei ich meinen Gast dauernd überwachte und ihn am kurzen Seil führte. Wir überquerten den Grat, um vom Ost- zum Westgipfel zu gelangen. Der Grat zwischen den beiden Gipfeln bestand auf der Nordseite aus absolut blankem Eis. Da ich Stufen hacken musste, war es dort nicht mehr möglich, am kurzen Seil zu gehen. Ich ging jeweils eine halbe Seillänge voraus. So war ich ungefähr 15 Meter vor dem Gast, hackte eine Stufe und liess ihn dann nachkommen. Ich beobachtete ihn dabei genau und sah, wie er nach den ersten Schritten mit den Steigeisen an seinen ‹Pluderhosen› hängenblieb. Anschliessend stürzte er kopfvoran über die Nordwand hinunter. Dies geschah an einer Stelle, an welcher die Nordwand ca. tausend Meter senkrecht und steil bis zum Grenzgletscher abfällt. Zum Glück konnte ich meinen Gast, der nun über der Eiswand pendelte, stoppen. Ich rief ihm zu, er solle mit seinem Pickel, den er glücklicherweise hatte halten können, eine Stufe hacken, damit er auf dieser stehen könne. Dies war für ihn aber auf der Höhe seiner Füsse nicht möglich. Ich hatte Angst, dass er das Seil verletzen und ein weiteres Mal abstürzen könnte. Weit und breit war kein Mensch, der uns hätte behilflich sein können. Niemand stieg von der Sellahütte hoch; von der Marguerita-Hütte aus waren keine Personen gestartet und von der Gnifetti-Hütte kam ebenfalls niemand. Ich war absolut alleine mit dem Gast in dieser sehr gefährlichen Situation. Es war sehr kalt und ein starker Nordwind wehte.

Schliesslich nahm ich all meine Kraft zusammen und zog ihn hoch, indem ich das Seil immer wieder um meinen eigenen Arm und um das Handgelenk wickelte. Nachdem ich mit meinem Pickel einen noch grösseren Standplatz hergerichtet hatte, übergab ich dem Gast meine verstellbaren Steigeisen. Der Gast hatte sich während dieser Aktion nicht ein einziges Mal geäussert. Wahrscheinlich war er sich der gefährlichen, lebensbedrohenden Situation nicht bewusst. Wir gingen dann weiter zum Westgipfel, stiegen zum Felikjoch über den Zwillingsgletscher ab, dann ging es zurück Richtung Monte-Rosa-Hütte und Rotenboden. Spätabends erreichten wir mit dem letzten Zug Zermatt. Die Schockwirkung setzte beim Gast während der Nacht ein, er bedurfte ärztlicher Hilfe. Erst da begann er zu realisieren, was alles hätte passieren können, und dass seine ‹Pluderhosen› ihn und mich fast das Leben gekostet hatten.»

Felix führt seinen entkräfteten Gast sicher
vom Mount McKinley ins Basislager.

Alfons Lerjen – Selbst in der Klemme

Alfons Lerjen (*1921)

Als Bergführer war seine «Mülharfa» wie Pickel und Seil immer ein treuer Begleiter auf all seinen Bergtouren.

Seine Touren

- Alphubel, Erstbegehung Westgrat
- Alphubel, Erstbegehung Westrippe
- Peru, Erstbegehung der Lot Ostgrates
- Die meisten schweren Touren in Zermatt, Chamonix und den Dolomiten

«Als ich immer schwächer wurde und glaubte, das Leben sei zu Ende, fing ich an zu beten.»

«Fons – eine Abkürzung für Alphons – war einer der ältesten Hasen unter den Bergführern des Tales. Er gehörte zu den wenigen, die den Beruf des Bergführers und Skilehrers ganzjährig ausübten. Fons war nicht mehr der Jüngste; wir wussten das sehr zu schätzen, als er sich vor Jahren, nach der Gründung der Air Zermatt, spontan als Bergführer für die Luftrettung zur Verfügung stellte. Unzählige Male war er mit uns im Einsatz. Fons hat in seiner Bergführertätigkeit mehr erlebt und durchgestanden als die meisten seiner Kameraden.

Fons als Retter in einer Gletscherspalte selber in der Klemme

Sein dramatisches Erlebnis erzählte er mir (Sigi Stagier, Pilot Air Zermatt) erst Jahre danach. In einer Spalte im Theodulgletscher war er als Bergführer und Retter zu einem eingebrochenen Skifahrer in eine Spalte abgeseilt worden: ‹Im Schein der Stirnlampe sah ich den Skifahrer in der Enge der Gletscherspalte eingeklemmt. Die letzten Meter kam ich nur noch mühsam tiefer, so eng wurde die Spalte. Das Seil war entlastet und schlaff. Mein Unheil begann, als ich mich seitwärts hinunterbeugen wollte, um einen Arm des Verunglückten zu packen. Ich verlor das Gleichgewicht und kippte. Ich war nun selbst eingekeilt und konnte mich nicht bewegen. Das Funkgerät war mir unters Kinn gerutscht. Ich konnte es nicht erreichen. Das Blut stieg mir in den Kopf. Mir blieb die Luft weg. Das Schlimmste für mich war, dass ich die Arme nicht bewegen konnte. Ich war total blockiert und befürchtete, noch weiter in die Enge zu rutschen.

Das hier konnte auch mein Ende bedeuten. Ich wehrte mich dagegen und wurde immer schwächer. War das wirklich mein Tod? Hier im Spalt auf dem Theodul, am Ende einer Seillänge, in 40 Meter Tiefe?

Ich dachte an meine Frau, an meine sechs Söhne. Dany, der Nachzügler, war erst zwei Jahre alt; und selbst der Älteste ging noch zur Schule. Sie alle brauchten mich noch. Wenn ich doch nur hätte funken können! Das Gerät lag irgendwo neben meinem Kopf. Wann werden meine Kollegen von sich aus merken, in welcher Notlage ich bin? Irgendetwas spürte ich an meinem Hals. Sollte es das Bergseil sein, könnten mich meine eigenen Freunde beim Hochziehen strangulieren. In meiner Verzweiflung bäumte ich mich auf, versuchte mit letzter Kraft einen Arm freizubekommen. Es ging nicht! Als ich immer schwächer wurde und glaubte, das Leben sei zu Ende, fing ich an zu beten. Ich wurde ganz ruhig, atmete langsam und regelmässig. Mein Herz schlug wieder normal. Neue Hoffnung und Zuversicht. Diesmal wollte ich konzentriert und langsam vorgehen. Eine Hand konnte ich bewegen. Nach und nach schob ich damit Schnee und Eisstücke zu Seite. Das kostete viel Zeit und Kraft. Nach einigen Minuten konnte ich mich etwas bewegen, bald darauf war der ganze Arm frei. Der Rest ging leichter. Ich konnte mich befreien, drehen und kam wieder auf die Beine. Ich war gerettet. Du kannst mir glauben, Sigi, für mich waren und bleiben das die schlimmsten Augenblicke meines Lebens.›.»

Erstbegehungen am Alphubel, Matterhornrekord
und Gemütlichkeit, das war Fons.

Ulrich Inderbinen – Bereits zu Lebzeiten eine Legende

Ulrich Inderbinen (*1900)

«Ich und eine Legende? Das haben andere gesagt.» So der Kommentar des weltberühmten Zermatter Bergführers Ulrich Inderbinen, der für seine sprichwörtliche Bescheidenheit und den trockenen Humor bekannt war. Die grosse Aufmerksamkeit der internationalen Presse anlässlich seiner Matterhornbesteigung im Alter von 90 Jahren konnte er nicht nachvollziehen: «Ich verstehe das nicht. Ich habe doch nie was Besonderes geleistet, bin einfach alt geworden und dafür kann ich doch gar nichts.»

Gegenseitige Wertschätzung

Weshalb die Bergführerlegende Inderbinen gerade seinen um fast ein halbes Jahrhundert jüngeren Bergführerfreund Lucky Imboden als Führer wählte, hat einen Hintergrund. «Wir trafen uns immer wieder auf Touren, achteten gegenseitig die Führerqualitäten, respektierten die Leistungen und schufen so ein breites Vertrauensklima», kommentiert Imboden die gegenseitige tiefe Verbindung und Wertschätzung. Für die «prominenteren» Zermatter Bergführer war die Wahl Inderbinens als Seilgefährte wegen der Medienbeachtung von grosser Bedeutung. «Nach einer Sonntagsmesse auf dem Kirchplatz wandte sich Ulrich unter dem Siegel der Verschwiegenheit an seinen Freund Lucky: «Würdest du mich am Jubiläum auf ‹ds'Hore› führen?» «Versprochen», seine Antwort. Der 90-Jährige stieg denn am Vorabend auch allein zur Hörnlihütte auf, wo die internationale Presse und Führergilde versammelt war. Selbst das Nachtessen nahmen Ulrich und Lucky getrennt ein. Erst am anderen Morgen, als die Aufstiegshektik einsetzte, bemerkten die Alpinisten das Paar, das sich gemächlich und ohne Aufsehen einreihte. «Gehst du vor?», fragte Lucky seinen Seilgefährten. «Nein, ich habe in meinem Leben genug geführt», die Antwort Inderbinens. Schritt für Schritt stiegen die beiden auf und überholten Seilschaft um Seilschaft. Bei der Solvay-Hütte stärkten sie sich mit einem Schluck Tee und weiter gings auf einem Weg, den sie viele Male mit Gästen hochgestiegen waren und wo sie jeden Meter kannten. Nach viereinhalb Stunden standen sie auf dem Gipfel ihres Hausberges. Der 90-Jährige war, von Lucky gut gesichert, selbst an den schwierigen Passagen, den fixen Seilen an der Matterhorn-Schulter, ohne Hilfe problemlos aufgestiegen.

Bundesrat Ogi: «Ich bewunderte diesen Führer und Menschen»

Auf dem Gipfel wurde Inderbinen von den Medienleuten mit laufender Kamera und viel Tamtam empfangen und von seinen Berufskollegen neidlos gefeiert. Inderbinen konnte auch dies nicht erschüttern. Nach kurzer Pause und dem unumgänglichen Fototermin drängte Lucky Ulrich zum Abstieg. Welch eine Überraschung: Bundesrat Adolf Ogi stieg erst dem Gipfel zu, als Inderbinen bereits den Rückweg angetreten hatte. «Ich bewunderte diesen Führer, diesen einmaligen Menschen, der mich mit 40 Lenzen mehr auf dem Buckel lehrte, wie man mit körperlicher Fitness und mentaler Stärke, Hartnäckigkeit, Zielstrebigkeit und Sorgfalt hochgesteckte Ziele erreichen kann.» Beim Abstieg vor der Solvay-Hütte bat Ulrich seinen Führer um einen kleinen Zwischenhalt, öffnete den Rucksack, holte einen Zweier Weisswein hervor und stiess mit den Worten «danke Lucky» auf die gelungene Matterhornbesteigung an. Mit einem bewundernden Blick in die leuchtenden Augen und einem kräftigen Handschlag äusserte sich Imboden echt gerührt: «Gern geschehen!»

Mit 90 Jahren und Bergführerkollege Lucki Imboden
das letzte Mal auf dem Matterhorn. Highlight des Tages:
Bundesrat Ogi wurde von Ulrich überholt.

Erich Friedli – Vom Maschineningenieur zum Bergretter

Erich Friedli (*1911)

Maschineningenieur, Bergretter, Präsident der IKAR

ca. 1933: Erster Rettungseinsatz in den Glarner Alpen

1957: Rettung von Claudio Corti aus der Eiger-Nordwand

1951–1960: Weiterentwicklung des Stahlseilgerätes (Friedli-Winde)

1956–1969: Mitglied der IKAR

1969–1985 Präsident der IKAR

2.–4. Juli 1967: Bergung des tödlich verunfallten Lednàr aus der Matterhorn-Nordwand

1979: Verleihung des «Merite Alpin» FIFAD Les Diablerets

«Kameradschaft steht am Berg im Vordergrund; besonders stark aber bei Rettungsaktionen.»

Erich Friedli kam eher durch Zufall zur Bergrettung: Bei einer Bergtour in den Glarner Alpen organisierte er die Rettung eines verunfallten Bergsteigers. Bekanntheit erlangte er spätestens 1957 durch die dramatische Rettung von Claudio Corti aus der Eiger Nordwand. Zehn Jahre später leitete er die Bergung des in der Matterhorn Nordwand tödlich verunglückten Tschechoslowaken Stanislav Lednàr.

Mit Stahlseilgerät und Alouette III in der Matterhorn Nordwand

Das Bergsteigen und insbesondere die Bergrettung wurden immer wichtiger im Leben von Erich. Er engagierte sich in der Rettungsstation Thun, dem Schweizer Alpen-Club und entwickelte Rettungsgeräte. Anfang der 50er-Jahre wurden von Ludwig Gramminger die ersten Stahlseilgeräte entwickelt und getestet. Spätestens nach der bekannten Eiger-Rettung war das Stahlseil ein nicht mehr wegzudenkendes Rettungsgerät.

Erich Friedli und sein Werkstattchef Ernst Baur erkannten aber auch das Entwicklungspotenzial dieser Winden und entwickelten dieses Gerät akribisch weiter. Erich brachte jeweils die Wünsche aus der Praxis in den Betrieb, Ernst und die Mitarbeiter entwickelten und machten Versuche, bis Erich wieder zufrieden war. Dadurch wurde die Winde immer professioneller und effizienter. So konnte zu Beginn der 60er-Jahre die «Friedli-Winde» bei den Rettungsstationen eingeführt werden.

Im Winter 1967 verunglückte Stanislav Lednàr in der Matterhorn Nordwand tödlich. Als die Angehörigen des Verunglückten um die Bergung baten, war es für Erich selbstverständlich, diese Bergung zu organisieren. Zusammen mit René Arnold, Bergführer aus Zermatt, stellte er eine Rettungsmannschaft aus der ganzen Schweiz zusammen. Zum ersten Mal wurde bei einer so grossen Rettungsaktion die «Parallel-Technik» angewendet. Dabei können sich die Retter seitwärts verschieben, was alleine nicht möglich ist, und vor allem ist die Sicherheit für die Retter viel höher, da die beiden Retter untereinander verbunden sind. Erstmals wurde auch ein Hubschrauber vom Typ Alouette III eingesetzt. Damit wurde vor allem Material zur Hörnli- und Solvayhütte geflogen. In Erichs Protokoll lesen wir:

«Gegen Mittag kann mit viel Glück der letzte Transportflug durchgeführt werden, ca. 300 Kilogramm Material musste nicht getragen werden. Die Mannschaft kann nun den Hüttenaufstieg in Angriff nehmen, zehn Mann steigen zur ‹Solvay› auf. Die ersten Seilschaften erreichen noch rechtzeitig die Schutzhütte; die restlichen werden von einem Gewitter überrascht und müssen den Grat fluchtartig verlassen. Beim alten Hüttenplatz finden sie Zuflucht und steigen dann über die stark verschneiten Felsen bei Nachteinbruch noch zur Solvayhütte auf.»

Am nächsten Tag um 8.15 treffen die ersten Seilschaften auf der Schulter ein, die Mannschaft aus der Hörnlihütte ist bereits 100 Meter über der Solvayhütte. Kurz vor 10.00 Uhr werden René Arnold und Ruedi Kaufmann in die Wand abgeseilt. Nach zwei mühsamen Traversen erreichen die beiden um 12.35 Uhr die Unfallstelle. Eine Stunde später beginnt das Aufziehen und um 15.00 Uhr sind die Retter mit dem Leichnam oben auf der Schulter. Nachdem die sterblichen Überreste mit dem Hubschrauber ausgeflogen wurden, beginnt das Abbauen des Materials und das Absteigen der Mannschaften. Um 18.15 Uhr trifft der letzte Retter in der Hörnlihütte ein, von wo aus sie bis Schwarzsee geflogen werden. Mit der Bahn gelangen die Männer nach Zermatt und um 20.00 Uhr ist die ganze Crew wohlbehalten im Dorf.

Erich Friedli, ein Ingenieur, der nicht nur im Büro tüftelte, sondern aktiv an der Entwicklung des internationalen Bergrettungswesens beteiligt war.

Wir gehen – Rettung an der Dent d'Hérens

Am Donnerstag, dem 19. März 1964, gegen Mittag meldet man der Rettungsstation Zermatt, droben an der Dent d'Hérens seien vier Mann in Bergnot. Zwei Polen, zwei Deutsche und drei Schweizer sind am 13. März in Zermatt gestartet und haben die Nordwand bestiegen, wobei sie fünfmal biwakieren mussten. Beim Abstieg seien die Polen hundert Meter unter dem Gipfel abgestürzt, hätten sich aber halten können und lägen jetzt auf 4000 Meter Höhe. Bei ihnen sei ein Deutscher und ein Schweizer zurückgeblieben.

Man benachrichtigte Bergführer Felix Julen. Mit seinen Führerkollegen wurde besprochen, ob eine Rettungsaktion bei dieser grossen Gefahr überhaupt möglich sei.

Der Entschluss der Führer war folgender: «Es sind vier Menschen in Lebensgefahr, wir gehen!» Keiner fragt, woher diese Menschen kommen. Keiner sagt etwas von dieser Vermessenheit einer Dent-d'Herens-Nordwandbesteigung im Winter bei schlechten Verhältnissen. «Wir gehen! Dort oben warten vier Menschen auf Rettung oder auf den Tod. Wir gehen!» Und sie gingen.

Fünf Bergführer verliessen Zermatt und übernachteten im Stafel bei der Grande Dixence. Es schneite, und sie konnten keine zehn Meter weit sehen. In sechs Stunden erreichten die Retter das Tiefmattenjoch, wo ein Iglu gegraben wurde. Am nächsten Tag konnte Hermann Geiger den Führerobmann und vier weitere Bergführer an den Tiefmattengletscher fliegen. Zwei Seilschaften, Sepp Graven mit Richard Lehner und Gendarm Leiggener, sowie Alfons Lerjen mit René Arnold starteten nun vom Biwak in die brandgefährlichen Lawinenhänge. Bei einem Erkundungsflug gelang es Hermann Geiger, Essen, Holz und Decken abzuwerfen. Er konnte beobachten, dass die vier Bergsteiger noch am Leben waren. Nach drei Tagen erreichten die Retter endlich die Verunfallten. Sie waren Gott sei Dank noch guter Dinge, unglaublich nach neun Tagen Biwak! Insgesamt waren jetzt 16 Retter am Berg. Führer Lerjen sagte uns, der Schnee sei ihm buchstäblich in den Hemdkragen hineingeronnen, obwohl er ihn vorher mit den Händen niedergedrückt hatte. Am vierten Rettungstag konnte der Rettungsobmann melden: «Sie kommen.» Das war eine Freude im Dorf, obwohl man um die Mannschaft noch bangte. Vom Basislager Richtung Unfallort wurde für die Verunfallten ein Weg im tiefen Schnee gebahnt. Bei der Ankunft ging ein Pole neben der Spur. Auf die Frage warum, antwortete dieser, dass ihn die Füsse in der Spur sehr schmerzen würden. Leider mussten später seine Füsse amputiert werden.

Das Wetter wurde besser und nun konnte Geiger mit seinem Freund Martignoni das Basislager mit den Helikoptern erreichen, ersparte dies der Rettungsmannschaft einen grossen Rest der Aktion. Zuerst wurden die Verunfallten, dann die Retter und zuletzt der Rettungschef in Sicherheit gebracht. Felix Julen: «Ich kann sagen, wir hatten Gottes Schutz und gebetet hat man für uns in diesen schweren Tagen.» Dies war eine der grössten Rettungsaktionen in den Alpen. Jeder der 20 Führer, die im Einsatz waren, hat sein Leben riskiert. Sie verdienen ein grosses Vergelts Gott. Und dass ihre Namen im Buch der Lebensretter eingetragen werden: Julen Felix, Hauptverantwortlicher, Arnold René, Lerjen Alfons, Graven Sepp, Perren Leo, Inderbinen Rony, Landjäger Leiggener, Kronig Othmar, Biner Herbert, Lauber Joseph, Julen Paul, Perren Ivo, Perren Gody, Aufdenblaten Gusti, Gattlen Josef und Graven Edy.

Die Besteigung der Nordwand der Dent d'Hérens im Winter ist
noch heute ein heikles Unterfangen (oben die Unfallstelle).

Air Zermatt – Pioniere der Luftrettung

1968: Gründung der Air Zermatt

1971: Direktrettungen aus der Eigernordwand

1972: Evakuierung Luftseilbahn Schilthorn, 1. Nachtrettung an den Engelhörnern

1973: Medikalisierung der Luftrettung

1975: Winterrettung Badile-Nordostwand (Heroism Award)

1976: Entwicklung Spaltenrettung und Suchscheinwerfer

1984: 1. Zweimotoriger Rettungshelikopter Bell 412

2010: Höchste je geflogene Rettung am Annapurna auf knapp 7000 Meter (Heroism Award)

Bei der Gründung der Air Zermatt AG im Jahre 1968 bestand der Hauptzweck darin, mittels Helikopter eine dauerhafte Gewährleistung der medizinischen Versorgung und Erreichbarkeit für die Bevölkerung und Gäste von Zermatt aufrechterhalten zu können. Diesem Grundgedanken folgend, entwickelte sich dank der unglaublichen Innovation des Hauptgründers, Beat H. Perren, ein Helikopterunternehmen, welches weltweit Massstäbe in der Bergrettung setzte.

Pionierarbeit in der Eigernordwand

In den Jahren nach der Gründung sorgte das junge Unternehmen für Furore, als in der Eigernordwand erste Absetzmanöver mit der Seilwinde demonstriert wurden. Kurze Zeit später folgte die erste Direktrettung aus dieser imposanten Wand, welche nicht nur die Fachleute verblüffte. Viele weitere spektakuläre Rettungsaktionen in den Schweizer Alpen nahmen in der Folge ihren Anfang am kleinen Heliport eingangs des Dorfes von Zermatt. So beispielsweise die erste Evakuation von 72 Personen aus der blockierten Grosskabine der Luftseilbahn am Schilthorn oder die Direktrettung zweier Alpinisten aus der Badile-Nordostwand. Diese Premieren wurden international auch gebührend geehrt. Günther Amman (mit dem Robert E. Trimble Memorial Award), Sigi Stangier und Beat H. Perren (mit dem Heroism Award) erlangten für ihren heldenhaften Einsatz unter Gefährdung des eigenen Lebens weltweite Anerkennung. Diese Auszeichnungen trieben die Anzahl der Gönner der damaligen Schweizerischen Rettungsflugwacht in die Höhe und trugen massgeblich dazu bei, dass wir heute in der Schweiz über ein subventionsfreies Luftrettungssystem verfügen.

Internationale Kontakte und Erfahrungsaustausch

Die Air Zermatt medikalisierte bereits 1973 als erstes Helikopterunternehmen ihre Luftrettung und entwickelte neben dem Spaltendreibein Lawinensuchgeräte, Feuerlöschkübel und weitere technische Hilfsmittel, welche sich im Einsatz bewährten. Im Rahmen solcher Entwicklungen fand ein reger Erfahrungsaustausch auf internationaler Ebene statt. Diesen Kontakten und der globalen Anerkennung der Air-Zermatt-Innovationen ist es zu verdanken, dass das kleine Flugrettungsunternehmen noch heute bei schwierigen Bergrettungen auf der ganzen Welt um Rat gebeten wird.

Rettungsstation im Himalaja

Bei anstehenden Bergrettungen im Himalaja, den Anden oder in anderen Gebirgen dieser Welt wurden die Bergretter aus Zermatt oft um aktive Unterstützung gebeten. Eine dieser Rettungen im Himalaja führte dazu, dass ein Projekt ausgearbeitet wurde, welches einzigartiger nicht hätte sein können: der Aufbau einer Rettungsstation in Nepal.

Seit 2010 wurden nicht nur Piloten, sondern auch Einsatzleiter, Bergretter und Techniker aus Nepal in die modernen Rettungstechniken eingewiesen. Neben der Ausbildung zeigten sich die Piloten und Bergretter aus Zermatt auch für Einsätze vor Ort verantwortlich. Unterstützend wurden Rettungen bis auf 7000 Meter absolviert. Die höchste je geflogene Taubergung und Rettungsaktion mit einem Helikopter fand am 29. April 2010 am Annapurna statt. Air Zermatt Pilot Dani Aufdenblatten und Bergretter Richi Lehner wurden für diese ausserordentliche Leistung mit dem «Heroism Award» der Internationalen Helikopter Vereinigung (HAI) ausgezeichnet. Um eine Finanzierung dieses Projektes sicherstellen zu können, gründete die Air Zermatt zusammen mit der Rettungsstation die Stiftung «Alpine Rescue Foundation Zermatt» (ARF Zermatt).

Die ersten Sonnenstrahlen erwärmen Firn und Fels. Welche Herausforderung erwartet heute die erfahrene Zermatter Rettungscrew?

Christel Winkler – Spaltenrettung am Lysjoch

Christel Winkler

Dank einer langjährige Freundschaft mit Bruno Jelk ist Frau Winkler wieder nach Zermatt gekommen. Sie ist bereit ein altes Erlebnis zu verarbeiten und trifft ihren Retter Bruno in einer Spalte beim Klein Matterhorn. Im Gegensatz zur engen Unfallspalte ist diese gross wie eine Kathedrale.

Im Inselspital wurde erstmals eine neue Technik eingesetzt. Frau Winkler überlebt. Die Ärzte sagen, das sei ein kleines Wunder. Für sie ist es ein grosses. Es ist klar: Der liebe Gott und die Zermatter Bergführer haben ihr Leben gerettet. Ein Anruf der Ärzte vom Inselspital: «Frau Winkler lebt und frühstückt.» Für die Ärzte, Bergführer und das Einsatzteam der Air Zermatt war das ein Geschenk des Himmels.

Rapport Spalteneinsatz 16. April 1983

16.23 Alarm von der Rettungsstation Alagna. Spaltenunfall auf der Ludwigshöhe.

16.24 Hans Lauber wird von der Air Zermatt aufgeboten.

16.32 Heli der Air Zermatt fliegt nach Alagna und nimmt dort zwei Bergführer mit.

16.58 Lauber Hans trifft auf dem Unfallplatz ein. Schwery Franz, Julen Beat und Julen Köbi werden aufgeboten.

17.15 Es werden Kompressor, Wärmeflaschen, Beleuchtung und warme Getränke verlangt.

17.53 Heli fliegt mit Köbi und dem angeforderten Material zur Unfallstelle. Köbi wird sofort in die Spalte hinuntergelassen. Die Spalte ist oben circa 70 cm breit. Nach fünf Metern wird sie aber so eng, dass er den Kopf nicht mehr drehen kann. Er nähert sich der Verunfallten auf circa fünf Meter. Schwery Franz kommt zu Hilfe.

18.48 Hans verlangt noch vier zusätzliche Bergführer.

19.38 Jelk Bruno, Pera Michel, Graven Sepp und Biner Hermann werden zur Unfallstelle geflogen.

19.50 Köbi und Franz werden nach Zweistündigem harten Einsatz von Bruno und Michel ersetzt. Bruno wird schon nach fünf Metern im Eis eingeklemmt und muss sich einen neuen Eingang suchen. Endlich erreicht er die Stelle, wo seine zwei Kollegen gearbeitet haben. Während dieser Zeit ist der Bohrhammer eingefroren und muss ausgewechselt werden. Das ausgebrochene Eis staut sich nun. Es muss ein neuer Kanal von der Seite ausgehoben werden.

20.30 Beat Franz und Köbi werden nach Zermatt, die italienischen Bergführer nach Alagna geflogen.

21.45 Lucky Imboden und Biner Richard werden zur Unfallstelle geflogen.

22.00 Lerjen Alfons, Willisch Gaby und Julen Beni werden aufgeboten.

22.30 Michel wird durch Lucky ersetzt. Zu diesem Zeitpunkt ist die Verunfallte bis zu den Beinen frei.

22.40 Bruno wird durch Richard in der Spalte abgelöst.

23.18 Der letzte Eissplitter fällt in die Tiefe. Die Verletzte ist nun befreit. Die Retter montieren ein improvisiertes Rettungsgestell und bestellen den Heli. Die Crew oben am Spaltenrand ist bereit fürs Hochziehen. Die Verunfallte wird von der Horizontal- in die Vertikallage gezogen. In diesem Moment erleidet sie einen Herzstillstand.

00.22 Die Verunfallte und Richard sind aus der Spalte befreit. Die Verunfallte wird ohne ärztliche Versorgung ins Inselspital geflogen. Körpertemperatur 22 Grad.

00.40 Lucky ist nun auch im Freien.

01.21 Alle Führer mit Rettungsmaterial treffen in Zermatt ein.

09.15 Richard ist bereits wieder auf dem Heliport, bereit zum Heliskiing.

Christel Winkler verarbeitet nach über 30 Jahren, zusammen mit ihrem damaligen Retter Bruno Jelk, ihren dramatischen Sturz.

Paolo Crivellato – Aus der Kälte geborgen

Paolo Crivellato

11.00 Uhr: Es ist Tourenzeit am 30. Mai 1987: Unterwegs sind auch sieben Mitglieder des Alpinvereins aus Vicenza/I. Nach verschiedenen Gipfeln, die sie am Vortag bestiegen, führt ihr Weg heute von der Domhütte zum 4545 Meter hohen Dom. Die Gruppe steigt mit angeschnallten Skiern beim Hoberggletscher auf rund 4100 Meter dem Dom entgegen. Der gelernte Schlosser und Kaufmann Paolo Crivellato ist der Letzte des Septetts und bekundet einige Mühe, das Tempo mitzuhalten. Plötzlich vermissen ihn seine Bergkameraden.

Sie folgen ihrer Spur zurück und treffen auf eine schmale Gletscherspalte von 18 Zentimeter Durchmesser. «Fast unmöglich, dass da jemand hineingefallen ist», sagen sie sich. Paolo weiss es besser und sagte später: «Ich stürzte und schrie ‹aiuto› (Hilfe)… Mit heftigen Schmerzen an den Rippen war ich im Schlund eingeklemmt. Ein Wunder, dass ich nach diesem Sturz noch klar denken kann… fühle aber, dass ich nicht gravierend verletzt bin.» 42 Meter tief sitzt der Unglückliche in dieser engen Spalte fest.

Richtige Entscheide getroffen

Seine Kameraden treffen zwei Entscheide richtigerweise gleichzeitig: Sie schlagen via Domhütte Alarm und seilen ihren leichtesten und kleinsten Kollegen bis auf eine Tiefe von 20 Metern ab, wo er sich mit Paolo verständigen kann. «Ich bin auf dem Weg zu krepieren», geht es Paolo noch durch den Kopf. Die Kälte lässt ihn zusehends erstarren. «Ich hörte im Unterbewusstsein noch einen Helikopter, dann bin ich bewusstlos geworden», gibt er später zu Protokoll.

Plötzlich herrschte Totenstille

14.00 Uhr. Die Retter und die Bergführer landen mit zwei Helis und zusätzlich angefordertem Material. Jetzt gilt es, mit dem Bohrhammer einen Kanal auszusprengen. Erst nach fast fünf Stunden harter Arbeit gelingt das Vordringen zum Verunglückten.

18.00 Uhr. Jetzt geht alles schnell: Der italienische Alpinist wird angegurtet und mit dem verbesserten Dreibein hochgehievt. Sein Puls ist nicht mehr zu spüren. Am Spaltenrand intubiert, beatmet Air Zermatt-Arzt Günther Becker den Geborgenen und massiert dessen Herz. Die Körpertemperatur beträgt gerade mal 18 Grad… eigentlich ein Indiz, dass der Gerettete stirbt.

Am Tag danach erfährt Rettungschef Bruno Jelk zu seiner Freude, dass es die Spezialisten im Berner Inselspital geschafft haben, den Kreislauf von Paolo wieder herzustellen.

Wo die Liebe hinfällt…

Nach vier Tagen auf der Intensivstation schlägt der Totgeglaubte seine Augen wieder auf. Er gesundet ohne bleibende Schäden. Aber wie steht es um seine Moral? Sein seelischer Zustand macht schon kurz nach dem Aufwachen in der Berner Klinik einen Höhenflug: Er begegnet dort der Krankenschwester Esther Gut. Zwischen den beiden entsteht ein Band der Sympathie – oder ist es schon Liebe?

Im Jahr danach – also 1988 – kommt Paolo Crivellato nach Zermatt zurück, um seinen Rettern persönlich zu danken. Bruno Jelk und Co. finden Paolo bei bester Laune und kerngesund vor. Ein halbes Jahr später finden die Retter eine Einladung aus Vicenza im Briefkasten: «Esther Gut und Paolo Crivellato heiraten am 27. Mai 1989 in Lapio.»

«Nur dank des entschlossenen und professionellen Einsatzes von Jelks Rettungs-Equipe habe ich überlebt. Ich habe es bis heute vermieden, in Italien diesen Unfall und die Rettung publik zu machen, denn ich bin ein Mann der Berge, mache keine grossen Worte und vermeide jede unnötige Publizität. Für dieses Bergbuch jedoch gebe ich den Rettungsbericht gerne frei», schlussfolgert Paolo Crivellato.

Alpine Partnervermittlung: Nach einem
Sturz in eine Gletscherspalte findet
Paolo im Spital seine Traumfrau.

Zmuttnase – Aus dem Überhang befreit

Jede Minute Zeit, die verloren geht, wird am Ende zu einer Stunde, und wegen dieser Stunde kann es zu spät sein. Mit dieser Idee ist das Zermatter Rettungsteam am 18. August 1995 gestartet. Bei diesem spektakulären Einsatz wurden zwei Menschenleben gerettet.

Um 9.00 Uhr eine Funkmeldung: «Zwei Waadtländer Alpinisten sind bei Schneetreiben und Nebel in der Zmuttnase blockiert.» Die Rettungsspezialisten wussten, dass dies ein heikles Unterfangen wird. Um 11.00 Uhr setzten sich die Rotorblätter des Helikopters erstmals in Bewegung. Aus dem Cockpit wurden die Bergsteiger direkt unter dem Überhang der Zmuttnase entdeckt. Nach drei Versuchen mit der Winde wird klar, dass es nur durch eine Longline-Aktion möglich sein wird, diese zwei aus ihrer misslichen Lage zu befreien. Die Crew fliegt zur Schönbühlhütte und die Aktion wird bis ins letzte Detail genau besprochen. Rettung mit einem 150 Meter Seil und der Überhangstange (Jelk-Stange). Sollte das nicht möglich sein, muss eine Aktion mit langen Seilen von oben her organisiert werden. Über Funk werden die Alpinisten über das Vorhaben informiert. Diese müssen ihr Material verpacken. Die Aktion muss schnell gehen.

Gerold Biner konzentriert sich nur auf die Wand. Kurt Lauber an der Longline mit der Jelkstange ist auf die Alpinisten fokussiert. Und Hanspeter Imboden ist für die Beobachtung des Nebels und Steinschlags verantwortlich. Falls nötig, muss er die Kabinensicherung mit dem Messer durchschneiden. Bruno Jelk sitzt hinten im Heli und dirigiert die Einweisung. Gerold fliegt an, Kurt zieht die Stange aus und versucht einen Haken zu erfassen. Es fehlt ein Meter. Gerold ist mit seinen Rotorblättern einen Meter von der Wand entfernt. Es bleibt ihm nur die Möglichkeit, mit dem Heli zu wippen, und so gelingt es Kurt, mit der Stange in einen Haken der Alpinisten einzuhängen. Nun kann er sich selbst an die Wand ziehen. In der Nordwand ist dichter Nebel, der Westen ist aber Gott sei Dank frei.

Gerold ist voll konzentriert und schwebt mit dem Helikopter, verbunden mit dem Matterhorn – ein höchst gefährlicher Moment. Kurt hängt beide Alpinisten ein und meldet, dass er bereit sei. Ein kurzer Blick nach oben und Kurt sieht den Heli zwei- bis dreihundert Meter von der Wand entfernt. Für Kurt ist klar: Wenn sich die Alpinisten mit dem Seil von der Wand lösen, wir das ein «Riesenpendler». Kurt löst das Sicherungsseil und alle drei verlassen die Zmuttnase. Eine waghalsige Aktion wie im Europapark. Mit grossem Können setzt Gerold die «Unterlast» bei der Schönbühlhütte ab. Dank dieser neuen Technik konnte die Rettungsaktion einfach und in kürzester Zeit durchgeführt werden.

Gefangen in der überhängenden Zmuttnase –
ein Loslassen an der rettenden Longline und
der erlösende Rückflug auf festen Boden.

Triangulaire – Bergrettungsformation im Alpenraum

Beat Perren (*1929)

Bruno Jelk (*1943)

1987: Gründung Triangulaire – Rettungsformation im Alpenraum

Nach den internationalen Pressemeldungen über die erfolgreiche erste Lebensrettung mit einem Dreibein (Triangulaire) von Christl Winkler 1987 auf der Ludwigshöhe) regte sich das Interesse für diese neue Rettungstechnik aus Gletscherspalten. Mehrere Organisationen aus der Schweiz, Frankreich und Italien baten um eine Präsentation des neu entwickelten Materials und der Einsatztechnik im Gelände. Neu waren das Dreibein, der Lufthammer und die Eismeissel.

Da der Ausbildungskurs bereits ausgebucht war, entschieden die Initianten Beat H. Perren (Air Zermatt) und der Zermatter Rettungschef Bruno Jelk, die Interessierten zu einer gesonderten Einsatzübung einzuladen.

Im Juni 1987 organisierten sie einen Ausbildungskurs auf dem Unteren Theodulgletscher. 34 Retter aus der Schweiz, der Soccorso Alpino Valle d'Aosta und Piemont, die Police et Gendarmerie Haute Montagne (PGHM) Chamonix und Grenoble aus Frankreich sowie der Zivilschutz nahmen daran teil. Demonstriert wurde das Aufstellen und Einrichten des Dreibeins und der operative Einsatz des Zusatzmaterials. Die Retter stiegen selbst in die Gletscherspalten ab und arbeiteten mit dem damaligen Lufthammer. Heute werden Elektrohämmer eingesetzt. Das Interesse war immens und der Erfolg entsprechend. Nach getaner Arbeit offerierte die Gemeinde Zermatt auf der Gandegghütte den Teilnehmern einen Imbiss.

Nach der Einsatzbesprechung ergriff unter anderen auch der weltbekannte Retter Franco Garda aus Courmayeur das Wort. Er bedankte sich für die Organisation der aufschlussreichen Tagung und schlug vor im Turnus regelmässig solche internationalen Demonstrationsübungen zu organisieren. Gesagt getan: 1988 traf man sich unter seiner Leitung auf der Monzinohütte in Courmayeur und ein Jahr später in Chamonix.

Da das Interesse an dieser Tagung auch bei anderen Organisationen aus verschiedenen Ländern gross war, beschlossen die Initianten die Tagung weiterhin unter dem Patronat der PGHM (Police et Gendarmerie Haute Montagne) Frankreich, Valle d'Aosta und Zermatt zu organisieren. Daher der französische Name Triangulaire für das Dreibein. Die IKAR (Internationale Organisation für das Alpine Rettungswesen) sollte nicht konkurrenziert werden. Jeder Organisator erhielt nach Bedarf und Interesse die Möglichkeit, andere Retter einzuladen. Aus diesen Kursen gingen viele rettungstechnische Neuigkeiten wie Rettungsbahren, Paillardet-Rettungswinde, RECCO und viele andere technische und methodische Verbesserungen hervor. Mit Ausnahme von 1992 wurde die Triangulaire alle Jahre durchgeführt. Zermatt war im Herbst 2014 erneut Organisator.

In Zermatt entstand die Idee zu einem internationalen praktischen Erfahrungsaustausch im Rettungswesen.

Bruno Jelk – Der Rettungstüftler

Bruno Jelk (*1943)

Jelks Entwicklungen für die Bergrettung

- Jelk-Universal-Bahre
- Weiterentwicklung des Dreibeins für Gletscherspalten-Rettungen
- Spezielle Meissel und das Ersetzen des Luftkompressors zu einem Stromerzeuger und Elektrohammer für Klemmspalten
- Jelk-Stange
- Gleitschirmrettungsgerät für Kabelrettungen
- Longline-Rettungen
- MERS – System für Gruppenevakuationen
- Abseilsystem vom Helikopter für Schluchtenrettungen
- Übergabe-Struppe
- Rettungsmethoden für Spaltenrettung
- Abseilpiste

Retter wird es immer brauchen, da es immer wieder Unbedarfte gibt, die mit Turnschuhen das Matterhorn besteigen wollen, oder Verwegene, die neue gefährliche Wege gehen, oder Erfahrene, die trotz aller Umsicht von der Natur überrascht werden. Der Retter lebt im Hintergrund. Er tritt erst auf, wenn sie ihn brauchen, die Erfahrenen, Verwegenen und Unbedarften. Er wird nie zum Star wie Hillary oder Messner. Aber er reicht ihnen die Hand, wenn sie in Not sind und selbst nicht mehr weiterkommen. In der Zeit der Egozentriker ist er das Gegenteil, der ständig Hilfsbereite.

Jelk als Retter

Der Retter Bruno Jelk ist eine dieser Persönlichkeiten, die wir bei uns in den Bergen und überall auf der Welt so dringend brauchen. Menschen, die ihren Erfindergeist einsetzen, um Kameraden abzusichern und um anderen besser helfen zu können. Menschen, die zu jeder Zeit bereit sind aufzubrechen, um anderen in der Not beizustehen. Menschen, die fähig sind, ein Team zu bilden und die Zusammenarbeit über viele Grenzen hinweg ermöglichen. Menschen, die ihre ganze Kraft einsetzen, um das Leben anderer, fremder Menschen zu retten. Menschen, die dabei bescheiden bleiben und ihre Befriedigung aus dem Dienst am Menschen ziehen. Bruno Jelk verkörpert all diese Eigenschaften. Er verdient dafür unseren Respekt und einen bleibenden Dank.

Jelk im Filmgeschäft

Für die Filmprojekte «Treffpunkt Gipfelkreuz» und «Focus Matterhorn» war Bruno für die Sicherheit verantwortlich. Er brachte grosse Ruhe und enormes Vertrauen ins Team und die anstrengenden Drehtage. Er als Person war immer im Hintergrund, in Gedanken aber an der Front. All die Funkgeräte, das Rettungsmaterial und besonders sein Fachwissen standen den Filmverantwortlichen stets zur Verfügung. Er war der Verbindungsmann zwischen der Helikopter-Crew, dem Filmteam und unseren Seilschaften. Er organisierte die möglichen Lande- und Abholplätze. Die Sicherheit war voll abgedeckt.

Beim Filmprojekt «Focus Matterhorn» hat Bruno noch eine bedeutendere Rolle übernommen. Er stellte uns all seine Arbeit, seine Erfindungen und vor allem seine Freundschaft zur Verfügung. Bruno ist nicht nur ein hervorragender Rettungsspezialist sondern hat zu diesen Menschen auch später noch einen guten Kontakt gepflegt. So war es für uns ganz einfach – im Film wie im Buch –, Geschichten zu zeigen, die normalerweise nur Insidern vorbehalten bleiben. Wie die Rettungsaktion von Christel Winkler: Sie ist vor mehr als 30 Jahren auf dem Lysjoch in eine Spalte gefallen und hat bei nur 22 Grad Celsius wie durch ein Wunder überlebt. Dank Bruno ist diese Frau jetzt wieder nach Zermatt gekommen. Sie liess sich als 70-jährige Frau, natürlich nur von ihrem Retter «Bruno», nochmals in eine riesengrosse Spalte abseilen und konnte uns so von ihren Erfahrungen berichten.

Eine von Brunos Erfindungen, die «Jelk Stange» im Einsatz.

Seiler Hotels – Hospitality by heart

Alexander Seiler (*1819)

1865: 1. Sammlung von alpinistischem Material für das spätere Alpine Museum

1868: Initiant der 1. Matterhornhütte auf 3818 m Höhe

1870: Seiler ist der Leiter des Strassenbaus im Vispertal

1873: Seiler wird zum Posthalter von Zermatt ernannt

1879: Eröffnung Hotel Zermatterhof. Seiler ist für 15 Jahre der Pächter.

1880: Eröffnung der Hörnlihütte unter dem Patronat von Seiler

1884: Eröffnung Hotel Riffelalp mit 150 Gästebetten

1889: Gründung Kur- und Verkehrsverein Zermatt

1892 Mitfinanzierung Bétemps-Hütte (heutige Monte-Rosa-Hütte)

1900: Matterhornbahnprojekt: Xaver Imfeld (Schwiegersohn) ist daran beteiligt

1900: Bau der Strasse St. Niklaus–Zermatt

1902: Organisation 1. Schweizerischer Skikurs für Bergführer. Zwölf Teilnehmer aus Zermatt erhalten das Brevet.

1903: 1. Rettungsobmann Dr. Hermann Seiler

1928/29: Hotel Victoria und Mont Cervin erzielen 5950 Logiernächte

Mitte des 19. Jahrhunderts steckt der Tourismus noch in den Kinderschuhen. Als einer der Ersten erkannte Alexander Seiler das touristische Potenzial der Alpen und übernahm 1853 die Lauber'sche Herberge, welche er ein Jahr später kaufte, renovierte und unter dem Namen Monte Rosa öffnete. Die spektakuläre Erstbesteigung des Matterhorns im Jahr 1865, mit dem tragischen Unfall, trägt die Namen «Whymper», «Zermatt» und «Seiler» in die Welt hinaus und macht das Bergdorf Zermatt in aller Welt bekannt.

Innert 38 Jahren war es dem Walliser Bergbauernsohn Alexander Seiler dank Tüchtigkeit, Zähigkeit und weiser Voraussicht gelungen, Zermatt zu einem Begriff im internationalen Fremdenverkehr zu machen.

Aber erfolgreiche Pioniere erwecken oft auch Misstrauen und Unmut. Seine Weitsicht und seine Macht halfen ihm bei so manch einem Bodenkauf. Den alteingesessenen Zermattern, vereinigt in der Burgerschaft, die hart für ihr Hab und Gut gearbeitet hatten, war diese dynamische Persönlichkeit des Ortsfremden aus dem Goms nicht geheuer. Als Seiler 1871 das Begehren stellte, in die Burgergemeinde aufgenommen zu werden, wurde ihm das verwehrt. Es entstand ein sich über 18 Jahre hinziehender Burgerrechtsstreit, welcher vor den höchsten Instanzen und selbst vor dem Bundesrat verhandelt wurde.

Dr. Alexander Seiler II (1864–1920)

«Monsieur Alexandre» – so wurde er im Dorfe überall genannt – übernahm mit 31 Jahren die Leitung des Unternehmens und war nicht nur ein leidenschaftlicher Bergsteiger und Jäger, ein Gastgeber und Landwirt, sondern vor allem auch engagierter Politiker. Sein Traum – Zermatt zum Wintersportplatz zu machen. Dieser Versuch scheitert an den ungenügenden Verkehrsmöglichkeiten.

Im Dezember 1927 hielt ein Festzug von 50 Schlitten mit 180 sportbegeisterten Engländern, unter der Leitung von Dr. Hermann Seiler selbst, feierlich Einzug in Zermatt. Die Partie war gewonnen. Im folgenden Winter nahm die Visp-Zermatt-Bahn den Winterbetrieb auf, die Gornergratbahn entschloss sich, Wintersportzüge fahren zu lassen.

1942 wurde der erste Skilift von Zermatt auf die Sunnegga erstellt. In den folgenden Jahren waren die Burger von Zermatt die führende Kraft im Ausbau des Wintersports. Eine Erfolgsgeschichte, welche bis zur heutigen Zeit andauert.

Die dritte Generation: (1943–1981)

Das Wirken der dritten Generation, Joseph, Franz und Theodore Seiler, trägt den Stempel eines zähen und unaufhörlichen Ringens um die Behauptung des seit über einem Jahrhundert in mühseliger Arbeit geschaffenen Familienbesitzes.

Vier Reorganisationen zwecks Sanierungen der finanziellen Struktur der Gesellschaft, welche durch die Weltkriegsjahre und Krisen in Mitleidenschaft gezogen war, hatten den fast gänzlichen Verlust der Stammaktien zur Folge.

Die vierte Generation: (1981–heute)

1981 übernahmen Roberto Seiler und sein Cousin Christian Seiler als VR-Delegierter die Leitung der Seiler Hotels. Das «Mont Cervin Palace» und das «Hotel Monte Rosa» wurden völlig renoviert und erweitert. Auch der Wiederaufbau des Hotels auf der Riffelalp wurde von ihnen initiiert.

Vor ein paar Jahren wurden die Liegenschaften an die Credit Suisse verkauft. Jedoch hat die Familie Seiler mit Partnern 2012 die Operation-Company zurückgekauft und damit wieder die Führung übernommen. André und Simone Seiler, in der 5. Generation, mit ihrer jungen Familie (6. Generation) führen das Stammhotel Monte Rosa und sind in Zermatt zu Hause.

Seiler Hotels – aus bescheidenen
Anfängen zu einem beeindruckenden
Imperium mitten in Zermatt.

Zermatterstübli und Hotel Darioli – Familie Laveggi

Tomaso Laveggi (*1830)

- Tomaso Laveggi, aus Domodossola, 1870 Bau des heutigen Haus Darioli
- Stephan Laveggi, sein Sohn, geboren 1857, führt bis zu seinem Tod 1926 das Geschäft im Haus
- Angèle Darioli-Laveggi, seine Tochter / verheiratet mit Jacques Darioli, kauft 1926 das Haus ihren Geschwistern ab
- Gaston Darioli, sein Enkel, erwirbt 1948 das Haus seiner Mutter, hat fünf Kinder
- Jacques Darioli, sein Urenkel, übernimmt als ältester Sohn von Gaston Darioli 1969 das heutige «Zermatterstübli»und Restaurant «Le Gitan»
- Hans Zurniwen, geboren 1895, Verwalter und treuer Gefährte der Familie Darioli-Laveggi

Die Familie Laveggi stammte aus Domodossola und die Familie Darioli aus Bognanco. Die Laveggi waren wohlhabende Leute. 1870 baute Tomaso Laveggi das Haus an der Bahnhofstrasse 64 in Zermatt. Sein Sohn Stephan – ein Geschäftsmann – führte bis zu seinem Tode 1926 die Geschäfte im Haus. Es waren dies eine Wirtschaft und ein Laden.

Bei «Laveggi» gab es alles, was die Leute nicht selbst produzierten oder im Grossen kauften. Da fanden sich zahlreiche Leckereien und Spezialitäten, die es nicht alle Tage gab. Sardinen und Salzfische zum Beispiel konnte man sogar einzeln kaufen. Familien die nicht so viel Bargeld hatten, konnten bei «Laveggi» anschreiben lassen. Etienne Laveggi war es auch, der 1889 mit einem Darlehen von 1000 Franken zur Gründung der Musikgesellschaft Zermatt beitrug.

1926 kaufte Frau Angèle Darioli-Laveggi das Haus ihren Geschwistern ab und übernahm dessen Führung. Da sie mit ihren beiden Kindern Gaston und Irène jeweils nur im Sommer anwesend war, stellte sie Hans Zurniwen, Sohn einer Zermatter Bergsteigerfamilie, als Verwalter ein. Während dieser Sommertage in Zermatt unternahmen Gaston und Irène viele Bergtouren mit dem einheimischen Bergführer Adolf Schaller. Mit 14 Jahren bestieg Gaston bereits das Matterhorn. Dies erfüllte ihn zeitlebens mit grossem Stolz.

1948 konnte Gaston Darioli das Lebenswerk seiner Mutter käuflich erwerben. Als er im Winter 1936 nach Zermatt kam, um dem Verwalter Hans Zurniwen für kuze Zeit auszuhelfen, lernte er Anni Graven kennen und lieben und blieb… Anni Graven stammte aus einer Bergführerfamilie. Vater Emil und ihre Brüder Alois und Alexander gelangen mehrere Erstbesteigungen unter damals äusserst schwierigen Umständen.

Die Wirtschaft, welche bis anhin nur im Sommer geöffnet war, wurde nunmehr auch im Winter betrieben und bekam ihren heutigen Namen «Zermatterstübli». (Manch Einheimischer der älteren Generation geht jedoch noch heute gerne ins «Laveggi» zum Kaffeetrinken…) Gaston Darioli war ein umtriebiger Geschäftsmann. Er handelte mit Lebensmittel, Sportartikeln, Textilien etc.

1959 baute Gaston Darioli die Geschäfte um. Auf der rechten Seite entstand ein Sportgeschäft, auf anderen Seite das Restaurant «Zermatterstübli».

Gaston Darioli (1914–1999)

Gaston Darioli war Gästen und Personal gegenüber ein korrekter und sehr liebenswürdiger Mensch. Die Berge gaben und bedeuteten ihm viel. In seiner Jugendzeit bestieg er mit Bergführer Adolf Schaller zahlreiche Viertausender in der schönen Bergwelt der Umgebung. Eine andere Seite war sein Glaube. Praktisch jedes Jahr verreiste er als Krankenträger nach Lourdes und wurde dort Zeuge einer Heilung. In den 50er-Jahren führte Gaston Darioli parallel drei Geschäfte: ein Lebensmittelgeschäft, ein Sportgeschäft und eine Wirtschaft. In der Wirtschaft trafen sich damals viele Einheimische und Bergführer. Die Beziehungen wurden gepflegt, es wurde gejasst und politisiert – oft zum Leidwesen der Frauen, da die Männer nicht rechtzeitig zum Essen nach Hause kamen. So soll einmal eine Frau ihrem Mann die Suppe in die Wirtschaft gebracht haben. Dieser bestellte dann Besteck und Brot dazu…

Praesentia – Das «Zermatterstübli» heute

Im Jahr 1998 übergaben die Eltern Jacques und Margrit Darioli-Stofer den Betrieb ihrem Sohn Sacha und dessen Frau Barbara. Der «Gitan»-Grill und die kleine Bar wurden sanft aufgefrischt. Das «Zermatterstübli» hat seinen ursprünglichen Charakter behalten. Noch heute wird an den Stammtischen ab und zu Karten gespielt, nach der Sonntagsmesse ein Glas Wein getrunken und täglich beim Morgenkaffee das Tagesgeschehen kommentiert.

1870 · 1890 · 1915 · 1940 · 1965 · 1990 · 2015

Steinzeit 8000 v. Chr. | Bronzezeit 1300 v. Chr. – 800 v. Chr. | Eisenzeit 800 v. Chr. – 0 | Römerzeit 0 – 400 n. Chr. | Mittelalter 400 – 1500 | Neuzeit 1500 – 1865 | Zeitalter des Alpinismus ab 1865

Das Laveggi (Zermatterstübli), der beliebte
Treff der Bergführer.

Alexander Burgener – Schuhe lernen laufen

Alois Burgener (*1858)

Alexander Burgener (*1895)

Otto Burgener (*1929)

Weltbekannt war der massgefertigte Burgener-Bergschuh aus Zermatt. Fast alle Walliser Bergführer und grossen Alpinisten früherer Zeiten gingen zu den Burgeners, um sich rechtes Schuhwerk anfertigen zu lassen. Die Schuhmacherei wurde 1879 durch Alois Burgener (Grossvater von Otto und Guido) eröffnet. Die drei Söhne Adolf, Josef und Alexander erlernten ebenfalls den Schuhmacher-Beruf. Einer seiner Söhne, Alexander Burgener, der Vater von Otto und Guido, war hochbegabt. Er entwickelte den Burgener-Wanderschuh, den ersten Schlittschuh, der in Zermatt getragen wurde, den Après-Skischuh sowie den Doppel-Skischuh.

Otto Burgener (Sohn von Alexander) arbeitete seit seinem achten Lebensjahr in der Werkstatt. Dem jüngsten Spross Guido und seinem älteren Bruder Otto Burgener oblag die schwere Aufgabe, den Familienbetrieb durch eine Zeit zu führen, in der durch die Entwicklung thermoplastischer Kunststoffe und neuer maschineller Verfahrensweisen der massgefertigte Schuh aus Leder nicht mehr gefragt war. Ab 1955 wurde die Produktion eingestellt und dann 20 Jahre lang keine Lederschuhe mehr hergestellt. Es entstand ein modernes Schuh- und Sportgeschäft (inkl. Schuhreparaturen). Seit Anfang der 90er-Jahre stieg die Nachfrage nach massgeschneiderten Schuhen wieder an und Rentner Otto Burgener konnte sich über Arbeit nicht beklagen. Er fertigte Schuhe für Amerikaner, Deutsche, Adolf Ogi (alt Bundespräsident) und Stephan Eicher (Musikstar) an. Über 400 Paar Schuhe im Jahr. Im Jahr 2010 (nach 131 Jahren Schuhtradition) beendete Otto (81) sein Lebenswerk und das der Schuhmachermeister-Familie Burgener. Würdige Nachfolger wurden gefunden, aus Burgener wurde Stoked.

Mit Stoked, welche 1994 als erste private Snowboardschule in Zermatt gegründet und seither ständig erweitert wurde, fand die Familie Burgener einen würdigen Nachfolger, welcher die Tradition als Schuhspezialist mit viel Knowhow und Leidenschaft weiterlebt.

Stoked hat sich voll und ganz auf Schuhe und Schuhreparaturen spezialisiert und verfügt über jahrelange Erfahrung in Schuhanpassungen unter Berücksichtigung der Funktion des Fusses sowie der Biomechanik. Auf diesen Service zählen heute nicht nur Einheimische, Stammgäste und Kunden aus aller Welt, sondern ebenfalls zahlreiche Topathleten aus verschiedenen Ski-Nationalmannschaften.

Auch die Snowboardschule hat sich im Laufe der Zeit weiterentwickelt. Der Kundenstamm ist schnell gewachsen und die Nachfrage nach Skiunterricht nahm stetig zu. Im Jahre 2000 gründete Stoked die eigene Skischule, welche bereits im Jahre 2003 mit dem Titel «European Skischool of the Year» ausgezeichnet wurde. Stoked beschäftigt seit Beginn ausschliesslich qualifizierte Instruktoren und erzielt dadurch eine hohe Unterrichtsqualität. Heute gehören die vier Bereiche Swiss Snowsports School, Sports Shop & Rental, Bootfitting & Biomechanics, Event Management & VIP Services zur Stoked Gruppe. Inhaber sind die Gebrüder Christian, Jürg und Michael Meier, welche mit ihrem Team mit viel Motivation, Einsatz und Können das Dienstleistungsunternehmen Stoked während der letzten Jahre zu einer festen Grösse in der Destination Zermatt gemacht haben. In unserer Stoked-Welt haben wir uns zum Ziel gesetzt, immer und immer wieder konsequent, kundenorientiert und flexibel in der Leistungserbringung unser Bestes zu geben.

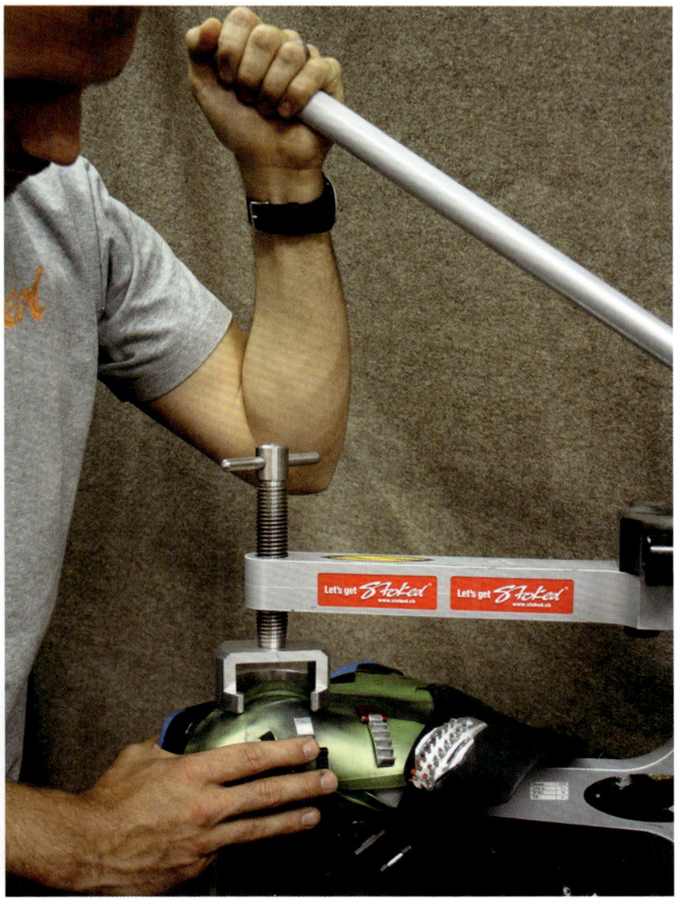

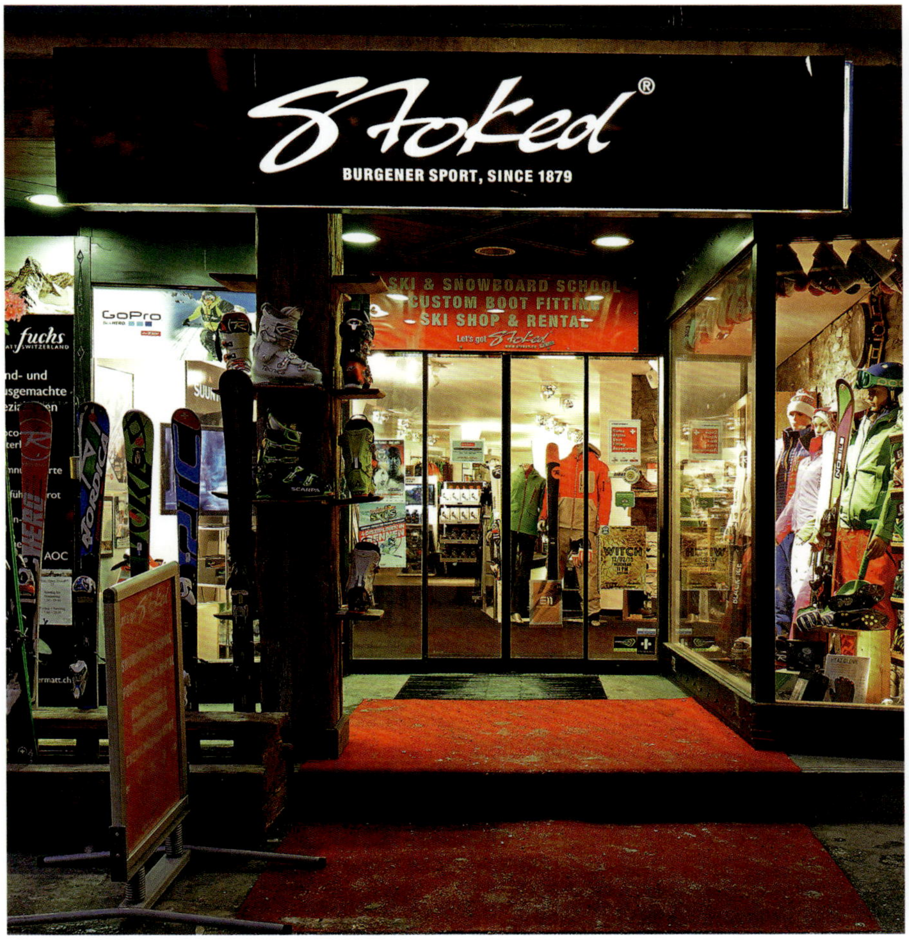

Modernes Sportgeschäft – und trotzdem dem kunstvollen Handwerk treu geblieben.

Findelbord – «Chez Vrony»

Veronika Julen-Perren (*1891)

1900 beschloss Josef Julen, Grossvater von August, in Findeln ein Haus zu bauen. 20 m³ Holz der Burgergemeinde musste er selbst fällen, sägen und mit Maultieren zur Baustelle transportieren. Für den Aufbau engagierte Josef Arbeiter aus Saas-Almagell, die mit ihrem Werkzeug über den 3570 Meter hohen Schwarzberg-Weisstor-Pass kamen. Ein schlüsselfertiges Haus für 2000 Franken.

Severin, Vater von August, durfte das Haus von seinen Geschwistern erwerben. Seine Ehefrau Veronika, Tochter der Hotelierfamilie Perren, passionierte Bergsteigerin und Geschäftsfrau, eröffnete 1922 neben diesem Haus ein kleines Teehäuschen «Findelbord». Tageseinnahmen von 10 Franken gaben der Familie einen kleinen Zustupf zum kargen Lebensunterhalt. Das Teehäuschen wurde siebenmal vom Rofel weggeblasen. Veronika wirtete bis 1938. 13 Jahre übernahm ihre Tochter Lena die Verantwortung. Dann folgten Trudi und Josefine. Bis 1953 herrschte auf dem Findelbord nur Sommerbetrieb. In Winter 1954 kehrte Martin Julen verletzt von der Weltmeisterschaft nach Zermatt zurück. Er hatte die Idee und auch Zeit, diesen Betrieb auch im Winter zu bewirtschaften. Wenige Tage nach der Eröffnung war er schon auf seine Schwestern angewiesen. Für die jungen Skilehrer war es der neueste Gag, mit ihren Gästen vom Gornergrat über die Eya ins Findelbord zu gelangen. Hier entstand die Hüttenromantik, die heute in Zermatt mit den vielen Bergrestaurants einzigartig ist.

Die Skifahrer wurden zu der Zeit mit einer einfachen Suppe, eigenem Käse, Trockenfleisch und Hauswurst gestärkt. Zu Fuss gings dann auf die Sunnegga, wo der Schlepplift mit den hölzernen Masten sie aufs Blauherd beförderte.

1962 wurde Severins Besitz unter seinen Kindern aufgeteilt. Das Los «Findelbord» fiel auf August.

Jahr für Jahr renovierte und vergrösserte er sein Alpenheim. Wenn er etwas Usprüngliches entfernen musste, dachte er mit Ehrfurcht an seine Vorfahren. Die Steinplatten wurden dazumal auf Blauherd gespalten und mit den Schlitten nach Findeln transportiert.

Der Anfang war eine harte Bewährungsprobe. 1963 das Typhusjahr, 1964/65 folgten zwei schneearme Winter. Mit drei Angestellten erwirtschafteten Martina und August 8400 Franken.

Erst 1986, als die ersten Schneekanonen in Zermatt gebaut wurden, fing das Geschäft an zu blühen. Findeln war und ist das Zentrum der Familie von August. Ihr enger Zusammenhalt wurzelt im gemeinsamen Leben abseits des Dorfes.

Frischer Wind in alten Mauern

1979, im Alter von 19 Jahren, trat Vrony in den Betrieb ein und das Restaurant Alpenheim wurde mehr und mehr zu «Chez Vrony». Mit ihrem Ehemann Max nahm sie viele Erneuerungen an die Hand. Im Vordergrund stand die Totalrenovation der Küche, gefolgt von einer Umgestaltung des Innenbereichs. Steinböden wurden durch Holz ersetzt, die Terrasse vergrössert. Alle Veränderungen erfolgten mit dem Ziel, das Haus in seinem Kern auf den Ursprung zurückzuführen, seinen Charakter und seine Seele zu bewahren und grösseren Komfort zu schaffen.

«Chez Vrony» ist eines der wenigen Restaurants, die noch biologische Eigenprodukte wie Trockenfleisch, Käse und Hauswurst herstellen und verwenden. Geboten wird eine reelle und natürliche Küche mit traditionellen, landestypischen Speisen, angereichert mit internationalen Einflüssen.

«Chez Vrony» – Gastfreundschaft
und Kunst unter einem Dach.

Parkhotel «Beau Site» – Aus der Sicht eines altehrwürdigen Hauses

Parkhotel Beau Site Zermatt über 100 Jahre gelebte Gastlichkeit

1902: Pension Beau Site

1907: Grand Hotel Beau Site, eröffnet von Auguste Gindraux von Biel

1918: Kauf durch die Seiler Hotels

1941: Kauf durch die Bank in Brig AG

1943: Kauf durch die Immobilien-Aktiengesellschaft Beau Site (Kaufpreis 385 000 Franken)

Grösse der Liegenschaft damals:

- Hotel Beau Site 692 m^2
- Plätze 2948 m^2
- Garten 248 m^2
- Wiese mit Pavillon (nördlich) 420 m^2

«Nun, ich bin ein Hotel – ein über 100-jähriges, und ich habe einiges gesehen hier in Zermatt. An diesem Ort stand von 1902 bis 1906 eine kleine Pension – die Pension Beau Site. Der Pension folgte dann das Grand Hotel Beau Site. Meine Grundmauern tragen das Haus heute noch, und in den umgebauten Wellnessräumen wurden die ursprünglichen Mauern freigelegt und geben diesen heute den unverwechselbaren Charme. Erdacht hat mich der St. Moritzer Architekt Hans Winkler und eröffnet August Gindraux von Biel. Hier auf dem Guggenbiel, so nennt man die Anhöhe, auf der ich stehe, schaue ich über Zermatt, hin zum Matterhorn, und lange Zeit blieb ich der einzige Hotelbau jenseits der Vispa.»

Das «Hotel Beau Site» im Wandel der Zeit

«Über die Jahre erfolgten Renovation und Umbauten. Im Frühjahr 1945, nach einer ersten grossen Renovation, haben alle Zimmer fliessendes Wasser und endlich beginnen friedliche Zeiten in Europa und auf der Welt. In den frühen 70er Jahren erscheine ich in modernem Kleid, mit Flachdach und weniger klassisch. Im Jahre 1921 kostete eine Übernachtung im Grand Hotel Beau Site 15 Franken mit Pension, in den 70er-Jahren 126 Franken und heute im Jahr 2015 ab 290 Franken. Die eleganten Türme des Belle-Époque-Hauses sind in den 70er-Jahren gewichen. Alle Zimmer sind topmodern und mit eigenem Bad und WC ausgestattet.

Zurück zur Belle Époque

Zurück zu meinen Wurzeln – zurück zur Belle Époque. Im Jahr 2002 erfolgen grosse Renovationen! Zurück zum klassisch-eleganten Aussehen. Ich erhalte meine Türme zurück und mit diesen die wunderbare Beau-Site-Turmsuite mit dem atemberaubenden Blick über Zermatt und natürlich zum Matterhorn. Zu dieser Zeit bin ich schon lange nicht mehr der einzige Bau diesseits der Vispa, Zermatt ist gewachsen. Aber durch die einzigartige Lage mit Garten bleibt die ruhige Lage erhalten und trotzdem ist man in fünf Minuten im Dorfkern. Die Eingangshalle wird pünktlich zum 100-Jahr-Jubiläum im Jahre 2007 umgebaut. Das 100-Jahr-Jubiläum wird gross gefeiert und das Haus entsprechend präsentiert. Ich bin gespannt ... die Belle Époque soll wieder aufleben. Unser Team lässt die Gäste feiern und lädt einmal wöchentlich zum ‹Table d'hôte› ein. Freundschaften zwischen Gästen entstehen, freundschaftliche Bande zwischen den Mitarbeitern und den Gästen werden geknüpft. Wir leben und lieben Gastlichkeit und freuen uns über die familiäre, ungezwungene Atmosphäre, die entsteht. Eine Zeitreise, die ihresgleichen sucht und die alle sehr genossen haben. Die vielen Stammgäste konnten natürlich ihrerseits Geschichten zum Jubiläumsjahr beitragen, erzählten von den ehemaligen Direktoren Christen und Maissen und schwelgten in Erinnerungen. 2014 konnten dann drei ‹Urgesteine› unserer Angestellten im Parkhotel Beau Site 40-jährige Betriebszugehörigkeit feiern, und unser jetziger Direktor Franz Schwegler feiert 2015 20 Jahre Beau Site. Ein Haus an so einem Ort, mit so viel Geschichte(n) hat immer etwas zu feiern.

What's new?

Ich bin ein modernes Haus – die grosszügige Pool-Landschaft und unverwechselbaren Massageräume sowie das neu erbaute Chalet ‹Beau Site Alpine Chic› runden das Angebot des Parkhotel Beau Site ab. Der offene Kamin in der Lobby lädt Hotelgäste, Einheimische und Passanten zum Verweilen ein.

Ich freue mich auf die nächsten 100 Jahre Gastlichkeit. Und lade Sie ein, mit uns die Geschichte fortzuschreiben.»

Parkhotel Beau Site – ein Hotel erzählt
von seiner 100-jährigen Geschichte.

Aroleit – Restaurant «Zum See»

Barbara Taugwalder (*1877)

Rudolf Taugwalder ist als Bergführer in Peru verunfallt. Da er als Bergführer nicht mehr arbeiten konnte, musste er sich nach etwas anderem umsehen und fand eine Anstellung im Zermatter Museum. Dort ist er durch seine Erzählkunst zur Legende geworden. Seine Frau Barbara Taugwalder, geborene Z'Brun, betrieb ein kleines Teehäuschen im Weiler zum See. Alpinisten und Wanderer wurden mit einfachen Mitteln verpflegt.

Ihr Sohn erzählt: «Auch an mich ist ein altes, ehrwürdiges Haus herangetreten, mit allen Sorgen und Schwierigkeiten und vielen Besitzern. Es ist das Haus auf dem Platzje mit dem kleinen Teehäuschen ‹Zum See›. Ein Teil dieses Hauses, das ich nun Aroleiter Haus nenne, war unser Elternhaus. Es bestand aus fünf Wohnungen, jede Wohnung verfügte über ein Zimmer und eine Küche. Es ist kaum zu glauben, dass einst bei Vollbesetzung mindestens fünf Familien mit einer grossen Kinderschar dieses Gebäude bewohnten. In der heutigen Zeit unvorstellbar; damals eine bittere Notwendigkeit, die Chance zu überleben. Das Aroleiter Haus kann auf viele Jahrhunderte zurückblicken. Der älteste Teil muss vor 1500 erbaut worden sein.

So kam dieses Haus zu mir mit vielen Fragen und Problemen. ‹Fundament, Dach und Wände haben Jahrhunderte hindurch allen Wettern getrotzt, bin ich jetzt am Ende?›

Für Rudolf war es wichtig, Leute zu finden, die noch mit Freude und Herz ihr Können der Verwirklichung eines solchen Projektes zur Verfügung stellen. Ein ganzes Jahr wurde gegraben, gemauert, gemeisselt, gehobelt und gesägt. So kam im Keller ein Findling zum Vorschein. Drei Meter lang, mit einem Durchmesser von 1,5 Meter. Dieser Felsen musste von Hand abgetragen werden, da man nicht sprengen durfte. Auch sickerte frisch und munter eine Quelle durch die Gesteinsrisse der Grundmauern. Im Laufe des Jahres 1976 waren die Arbeiten beendet. Der Bauherr hatte die angenehme Pflicht, allen, die mithalfen und mit Begeisterung und Interesse die gestellten Probleme lösten, zu danken.

1984 übernehmen Max und Greti Mennig das Restaurant. Am Anfang mit einem kleinen Angebot, das sich dann mit den Jahren immer mehr den Bedürfnissen der Gäste anpasst. Hausgemachte Teigwaren, frischer Fisch und Spezialitäten aus Innereien (Nieren, Leber und Milken) erfreuen sich grosser Beliebtheit. Auf der anfangs sehr limitierten Weinkarte findet der interessierte Gast heute eine Auswahl von über 130 verschiedenen Flaschen.

2005 entschliesst sich der Sohn Markus Mennig, mit seiner Frau Marion in den elterlichen Betrieb einzusteigen. Beide absolvierten die Hotelfachschule Lausanne und sammelten Erfahrungen bei verschiedenen Auslandsaufenthalten, unter anderem in Kapstadt und New York.

Die Cremeschnitte von ‹Zum See› hat sich zu einer heiss begehrten Spezialität entwickelt. Das Küchenteam bereitet dieses Dessert täglich frisch zu und sorgt auch für Nachschub während des Tages. Viele Gäste bestellen ihr Stück schon bei der Reservation, damit sie auch sicher in den Genuss dieser Köstlichkeit kommen.

Die Wintersaison 2014/15 ist die dreissigste für Max und Greti ...»

Restaurant Zum See – die Frau eines verunfallten Bergführers wird Wirtin.

Raiffeisenbank – Von der Kasse zu Hause zur Grossbank

Heinrich Julen (*1887)

1933: Eröffnung im Haus Ignaz Felix

1938: Othmar Julen übernimmt die Kasse

1954: Standortwechsel Hotel Alphubel

1966: Eigene Lokalitäten im Hotel Alphubel

1976: Raiffeisenkasse wird zur Raiffeisenbank

1985: Standortwechsel Zum Steg

1999: Standortwechsel Bahnhofstrasse

1999: Raiffeisenbank Nikolai-Zermatt

2005: Raiffeisenbank Mischabel-Matterhorn

Raiffeisenbank Zermatt anno 1933

Die Darlehenskassen entstanden damals zumeist auf Initiative von Geistlichen. Im Fall von Zermatt hiess der Initiant Prof. Dr. Albert Julen, welcher am Kollegium Spiritus Sanctus in Brig unterrichtete. Als erster Kassier amtete Heinrich Julen. Im Teilzeitamt empfing dieser in seiner Privatwohnung, in der «Villa Felix», sporadisch die Kunden. Im Jahr 1938 wurde Othmar Julen zum Kassier ernannt. Dieser war von Beginn an auch für die Jahresabschlüsse verantwortlich. Nach dem Bau des Hotels Alphubel im Jahr 1954 verlegten sich die Bankdienstleistungen aus der Privatwohnung des Kassiers. Im Anbau des Alphubel erhielt die Darlehenskasse nach dem Umbau im Jahr 1966 endlich eigene Lokalitäten.

Männersache und Handarbeit

In bester Erinnerung bleiben die wartenden Männer auf der Treppe vor dem Banklokal. Bis auf wenige Ausnahmen waren zu jener Zeit die Bankgeschäfte noch reine Männersache. Charakteristisch war auch, dass der Bankverwalter die meisten Zahlen in seinem Kopf speicherte und neben den Bankgeschäften auch private Anliegen seiner Kunden, wie Steuererklärungen, AHV, Krankenkasse usw., erledigte. Aufgrund der gestiegenen Bilanzsumme entstand im Jahr 1976 die Raiffeisenkasse Zermatt. Der Bezug der bankeigenen Räumlichkeiten im «Chalet Zum Steg», wo der Verwalter neu im Vollzeitamt seiner Tätigkeit nachging, war 1985 ein Meilenstein. Zeitgleich konnte eine erste Kassiererin angestellt werden. Die Infrastruktur war damals noch sehr rudimentär: Zwei Schreibmaschinen, zwei Rechnungsmaschinen, der Rest war Handarbeit. Die Zinsrechnungen – heute nicht mehr vorstellbar – wurden alle von Hand ausgeführt. Der Kauf einer Münzzähl- und Rollmaschine war demzufolge eine willkommene Arbeitserleichterung. Im Jahr 1987 übernahm Richard Julen die Bankverwaltung. Ein Jahr danach stellte die Bank auf eine EDV-Anlage um, was gleichzeitig das Ende der Handbuchungen und manuellen Zinsrechnungen bedeutete.

Von der Kasse zur Bank

Durch das konstante Wachstum und die steigende Anzahl Neukunden entstand aus der Darlehenskasse im Jahr 1976 die Raiffeisenbank Zermatt. Im Jahr 1999 fand die Fusion mit der benachbarten Raiffeisenbank Nikolai zur Raiffeisenbank Nikolai-Zermatt statt. Mit dem Umzug in die neuen Geschäftsräumlichkeiten an der Bahnhofstrasse in Zermatt konnte der Personalbestand aufgestockt werden. Einheimische wie Gäste profitierten fortan von einer kompetenten Beratung und professionellen Bankdienstleistungen an bester Lage im Weltkurort Zermatt. Im Jahr 2005 erfolgte der Zusammenschluss mit den Raiffeisenbanken Vispertal, Saas-Grund und Saas-Fee zur neuen Raiffeisenbank Mischabel-Matterhorn.

Florierende Genossenschaft

Die Raiffeisenbank Mischabel-Matterhorn ist eine florierende Genossenschaftsbank mit insgesamt 69 Mitarbeitenden, davon acht Lernende und zwei Praktikanten. Dank der gezielten Bemühungen im Bereich Qualitätsmanagement war die Erlebnisbank 2014 stolzer ESPRIX-Preisträger. Kundenumfragen und Imagestudien zeigen, dass die Raiffeisenbank Mischabel-Matterhorn in der Region einen ausgezeichneten Ruf geniesst. Zahlreiche Vereine und Institutionen kommen in den Genuss von Sponsoringbeiträgen. Ohne diese Unterstützung wären viele Anlässe im Einzugsgebiet nicht durchführbar. Die Erlebnisbank will auch inskünftig allen Kunden und Mitgliedern den Weg zum finanziellen Erfolg frei machen!

Heinrich Julen – am Tag mit dem Gast auf dem Viertausender,
am Abend Bankgeschäfte mit den Einheimischen.

Hofmuri – Eine Familiengeschichte

Moritz Perren (*1874)

1915: Eigenbau des ersten Radios in Zermatt

1920: Lehre als Schlosser und Schmied in Montana

1934: Eröffnung einer Schlosser- und Schmiedewerkstatt

1946: Eröffnung eines Unternehmens für sanitäre Installationen, Heizungen und Spenglerei

1956: Geschäftsübernahme 2. Generation, Georges, Josef und Robert

2004: Geschäftsübernahme 3. Generation, Diego und Donald

Moritz Perren, genannt «ds Hofmuri», war ein weitherum bekannter Klarinettist. Er schrieb selber Ländlermusik und spielte bei Radio Beromünster und Radio Suisse Romande in Genf. Im Alter von etwas über 55 Jahre erblindete er und baute trotzdem Uhrenschlagwerke ein. Zusammen mit seinem Sohn Robert baute er den ersten Radioempfänger. Er machte sein Hobby zum Beruf und eröffnete in Saas-Fee einen Uhrmacherladen. Der wirtschaftliche Erfolg allerdings war zur damaligen Zeit sehr bescheiden.

Hobby und Beruf

So kehrte er in seinen angestammten Beruf zurück und eröffnete 1934 im Hof in Zermatt eine Schlosser- und Schmiedewerkstatt. Sein ganzer Stolz war eine Drehbank; die erste in Zermatt. Mit dieser stellte er viele interessante Werkstücke her oder bearbeitete sie. Die schwierigen 30er-Jahre überlebte er hauptsächlich mit Reparaturarbeiten für die Bauern: Unter anderem mit Löten von Milchbränten, Schmieden von Messern, Äxten und Beilen. Er führte auch aufwendige Schweissarbeiten durch und reparierte Karretten, Schaufeln, Pickel für die Unternehmer. Nähmaschinen, Uhren, Wecker, Gartengeräte, Kochpfannen und vieles mehr wurde unter seinen Händen wieder wie neu. Ein beliebtes Hobby war die Jagd. Hierfür reichte oft weder die Zeit noch das Geld. Nichtsdestotrotz baute er schon Monate vor der Jagd für seine Jagdkollegen die Jagdgewehre um und stellte fachmännisch Visiere, Fernrohre, Nachtfernrohre und die Gewehre auf Genauigkeit ein.

Stahlpickel und Skibindung

Als sich der Bergsport weiterentwickelte, begann er mit der Produktion von Bergpickeln für Bergführer und Gäste. Diese waren dann bei seinem Bruder Roman im «Glacier Sport» zu kaufen. Dabei ging der Tüftler auf die besonderen Wünsche und Bedürfnisse der Bergführer ein. Für Damen stellte er ein eigenes Pickelsegment her. Seine grosse Stärke lag im Bearbeiten und Härten von Stahl.

Während des Krieges bewarb sich Robert Perren bei der Schweizer Armee für die Lieferung von Bergpickeln. Mit Erfolg, denn er war der einzige Anbieter, welcher den Pickel aus einem Stück Stahl schmieden konnte. Eine weitere Erfindung war eine Kabelzug-Skibindung. Diese bestand aus einem Kabelzug mit Fersenfeder und einer Spannschnalle, die vor den Backen auf dem Ski montiert war. Robert liess diese Erfindung von einem bekannten Skirennfahrer testen, der aber davon nicht so begeistert war. Fehleinschätzung: einige Jahre später kam die legendäre Kandahar-Bindung erfolgreich auf den Markt. Praktisch genau das erwähnte Produkt Perrens.

Nach dem Krieg in die Wirtschaft

Nach dem Kriegsende suchte Perren ein neues, branchennahes Tätigkeitsfeld und stellte seinen Betrieb auf sanitäre Installationen, Heizungen und Spenglerei um. Mit 40 Jahren erlangte Robert den Fähigkeitsausweis ohne Besuch der Gewerbeschule.

Ende der Vierzigerjahre wurden in Alt- und Neubauten immer noch Schwerkraft-Etagenheizungen installiert. Robert Perren baute schon 1948 die ersten Etagenheizungen mit dem Einbau einer Umwälzpumpe. Die erfolgreiche Konstruktion liess er patentieren und schützen und nannte sie «Jäga-Apparat». Robert war, wie sein Vater Moritz, ein begeisterter Klarinettist und spielte Saxofon und Hackbrett. Das Multitalent stellte auch das erste und einzige Hackbrett in chromatischer Version, d.h. ohne Registerklappen her.

«Ds Hofmuri» – ein Alleskönner.

Stimbo – Von der Kutsche zum Elektromobil

Bruno Imboden (*1964)

erinnert sich, schon als kleiner Junge zum ersten Mal einen Pferdeschlitten zusammengeflickt zu haben. Nach seiner Lehre zum Polymechaniker bei der damaligen BBC (heute ABB) in Zürich-Oerlikon stieg er 1985 ins Metier des Elektrofahrzeugbauers ein.

In 28 Berufsjahren stellte er zusammen mit seinem Team in Handarbeit 300 Elektrofahrzeuge her.

1952: Heiny Imboden 1. Kutsche in Zermatt

1978: Stefan Imboden übernimmt den Betrieb

1985: Bruno Imboden als neue Kraft

2003: Bruno und Fränzi übernehmen den Betrieb

2012: Neubau der Werkstatt im Spiss

2013: Herstellung Bus der Gemeinde Zermatt

Bruno Imboden, mein Vater, plant, entwickelt und baut seit 28 Jahren in Zermatt umweltfreundliche Elektrofahrzeuge. Ein kreativer, herausfordernder Beruf mit Familientradition.

Pferde und Elektrofahrzeuge – die grossen Leidenschaften der Familie Imboden

«Anfang der 50er-Jahre, lange vor meiner Zeit, gründete mein Opa Heiny als Erster ein Pferdetaxiunternehmen in Zermatt. Mit Ross und Kutsche chauffierte er zahlreiche internationale Gäste durch das damals noch idyllische Bergdörfchen. Das Transportunternehmen wuchs, einem echten Bedürfnis entsprechend, schnell. Bald war mein Opa stolzer Besitzer von acht Pferdeeinspännern und einem Doppelspänner.

Zu Beginn der 70er-Jahre übernahm mein Onkel Stefan Imboden (1947) den väterlichen Betrieb. Damals bewegte man sich in Zermatt hauptsächlich immer noch mit Kutsche und Pferd oder zu Fuss fort. Auf der ‹Gare› (franz. für Bahnhof), wie meine Oma Paula zu sagen pflegte, standen in Spitzenzeiten bis zu fünf Doppelspänner und 35 Einspänner. Damals, wie auch heute, herrschte auf dem Zermatter Bahnhofplatz Hochbetrieb.

Auch mein anderer Onkel, Werner Imboden (1958), half im Familienbetrieb tatkräftig mit. Noch heute, 2014, kutschiert Werner, der nicht mehr aus dem Zermatter Ortsbild wegzudenken ist, mit seinem Pferd Gäste aus aller Welt durch den Weltkurort. Somit blieb er nicht nur der väterlichen Tradition treu, sondern erinnert mit seinem Einspänner an längst vergangene Zeiten.

In den 70er-Jahren wurden in unserem Betrieb zwei neue Elektrotaxis eingesetzt

Nach seiner Ausbildung bei der BBC in Oerlikon kehrte mein Vater Bruno 1985 in sein Heimatdorf Zermatt zurück. Kurz darauf begann auch er im Familienbetrieb mitzuhelfen. Ganz nach dem Motto ‹Warum Elektrofahrzeuge kaufen, wenn wir sie auch selber bauen können?› begannen mein Onkel Stefan und mein Vater Bruno Mitte der 80er-Jahre, die Elektrofahrzeuge selber herzustellen.

Bauten die beiden Brüder die ersten Elektrofahrzeuge noch aus Stahl, wurden ab 1996 alle Fahrzeuge aus Aluminium hergestellt und nach Kundenwunsch individuell ausgestattet. Eine technische Errungenschaft! Das leichte Aluminium überzeugte auf den Zermatter Strassen. Mit gut zwei Tonnen Gewicht waren die Fahrzeuge nun auch wintertauglich. In dieser Zeit entstanden viele kundenspezifische Anfertigungen, unter anderem ein Tankfahrzeug, eine Ambulanz, Hoteltaxis und Polizeiwagen.

Die Elektrofahrzeuge wurden so zur zweiten grossen Leidenschaft der Familie Imboden.

Im Jahr 2003 übernahmen meine Eltern Bruno und Fränzi von meinem Onkel Stefan die Firma STIMBO Elektrofahrzeuge. Die zentral gelegene, unterirdische Werkstatt machte dem Namen Imboden alle Ehre: In diesem Betrieb – «im Boden» – stellten mein Vater und seine Mitarbeiter eine grosse Anzahl von elektrisch betriebenen Fahrzeugen her: vom Abrollkipper, Drei-Seiten-Kipper und Transporter bis zu Ortsbussen, Hoteltaxis und Kranwagen. Ein besonderes Prunkstück ist das rote Riffelalptram auf 2222 Meter, das mein Vater neu kreierte. Nach über vierzig Jahren Betriebseinstellung konnte das höchstgelegene Tram Europas, dank dem technischen Knowhow meines Vaters und zur grenzenlosen Freude meiner Oma Paula, auf der Riffelalp wieder in Betrieb genommen werden.»

Stimbo – von tierischen Pferdestärken
zum Elektroantrieb.

Bergführerverein – Im Trubel

Der Bergführerverein Zermatt

1858: Gründung der ersten Zermatter «Führergesellschaft»

1898: Gründung des jetzigen Bergführervereins Zermatt

1902: Erstellung eines Kreuzes durch die Italiener auf dem Matterhorngipfel

1926: Gründung der Alters- und Invalidenkasse des Bergführervereins

1955: Gründung Die Goodrich-Schaller Stiftung zugunsten der Witwen verunfallter Bergführer

1961: Eröffnung eines Bergführerbüros

1965: Erstes Walliser Bergführerfest in Zermatt. 100-Jahr Feier der Matterhorn-Erstbesteigung. Gründung des internationalen Bergführerverbandes. Erste Diskussion über ein Biwak am Fusse des Zmuttgrates.

1984: Gründung der Zermatter Bergführermusik durch Lucky Imboden

1990: Gründung des Yeti-Klubs zur Unterstützung der Zermatter Bergführer

1997: Eröffnung Gornerschlucht

1998: Eröffnung des neuen Bergführerbüros im Gebäude Snow & Alpine Center

2006: Fertigstellung «Mammut Klettersteig Zermatt» in der Turuwangflüe

2006: Gründung der Genossenschaft Alpin Center Zermatt

2012: Fusion der Sektion Zermatt mit der Sektion St. Niklaus

Kein anderes alpines Zentrum hat so viele hohe Gipfel in seiner Umgebung wie Zermatt. Wenige andere haben die Geschichte des Alpinismus in diesem Masse geprägt. Ohne die Dienstleistung von Bergführern wären aber auch der Alpinismus und der Tourismus in Zermatt nicht denkbar. Sommer und Winter. Der Bergführerverein nimmt seit über 150 Jahren eine zentrale Rolle ein.

Die ersten Bergführer in Zermatt waren seit etwa 1830 aktiv. 1858 gründete man die erste Führergesellschaft von Zermatt. Der Verein bestand aus 13 Führern erster Klasse (Gipfelbesteigungen) und 21 Führern zweiter Klasse (Spaziergänge). Der vom Staat mit der Überwachung der Gesellschaft beauftragte Landjäger schrieb bald an den Staatsrat: «... Wenn es noch einige Tage dauert, befor ich die Entlassung habe, so binn ich gezwungen, die infahme Führergesellschaft freyzulassen, dan eine solche gottlose Nation habe ich in meinem Leben nirgens angetrofen...» Konsequenz: 1860 wurde die Gesellschaft wieder aufgelöst.

In den folgenden Jahren existierte ein Bergführerverein des ganzen Mattertales. 1898 gründeten die Zermatter aber einen selbstständigen Verein. Der Zweck des Vereins war die gegenseitige Unterstützung in Unglücksfällen und die Pflege der Seile am Matterhorn, welche 1866 bis 1868 installiert wurden.

Zum Vereinsleben gehört auch das Soziale: Jährliche Messe für verstorbene Bergführer, jährliches Bergführerfest mit Schiesswettbewerb; früher gar ein grosser Ball, heute eher ein kollegiales Mittagessen. Seit 1984 wird dieses Fest (wie viele andere) durch die Bergführermusik umrahmt, die weltweit einzigartig ist.

Würdige Jubiläen mit grossen Führern

Zermatt war oft Schauplatz von grösseren Anlässen. 1955 fand als Würdigung des 100-Jahr-Jubiläums der Monte-Rosa-Erstbesteigung eine internationale Bergsteigerwoche statt. 1965 kam die gesamte alpine Szene zur 100-Jahr-Feier der Matterhorn-Erstbesteigung nach Zermatt. Vertreter aus der Schweiz, Frankreich, Österreich und dem Aostatal gründeten damals den internationalen Bergführerverband. 1990 stand die Feier 125 Jahre Matterhorn Erstbesteigung im Mittelpunkt. Höhepunkt des Anlasses war die Besteigung des Matterhorns durch den ältesten Bergführer von Zermatt: Ulrich Inderbinen, damals 90. Bis zu seinem 96. Lebensjahr führte er Gäste auf das Breithorn. Er verstarb im Jahre 2004 im 104. Altersjahr.

1934 hatten die Seiler Hotels an der Generalversammlung erfolglos die Gründung einer Bergsteigerschule Zermatt angeregt. Erst 1961 beschlossen die Bergführer nach heftiger Diskussion die Schaffung eines Bergführer-Vermittlungsbüros und einer Bergsteigerschule. 2006 wurde die Genossenschaft «Alpin Center Zermatt» ins Leben gerufen. Eine Zentrale, die sich bestens bewährt.

Soziales Fundament

1926 wurde eine Alters- und Invalidenkasse der Bergführer von Zermatt gegründet. 1955 ergänzte sie die «Goodrich-Schaller» Stiftung zur Unterstützung der Witwen verstorbener Bergführer. 1990 gründeten Zermatter Gäste und Freunde der Bergführer den «Yeti Klub Zermatt». Er unterstützt die Zermatter Bergführer bei Unfällen nachhaltig. Dank dieses viel «kräftigeren» Klubs konnten die alten «Kassen» abgeschafft und in den Klub integriert werden.

Heute ist der Bergführerverein aus Zermatt nicht mehr wegzudenken. Glücklicherweise gibt es immer wieder Nachwuchs. Seit jeher gibt es Zermatter Bergführer, welche auch im internationalen Alpinismus Massstäbe setzen. Das Wichtigste aber ist, dass der Zermatter Gast auf seinen Touren rund um Zermatt, aber auch weltweit, auf eine hervorragende Betreuung durch die Bergführer zählen kann.

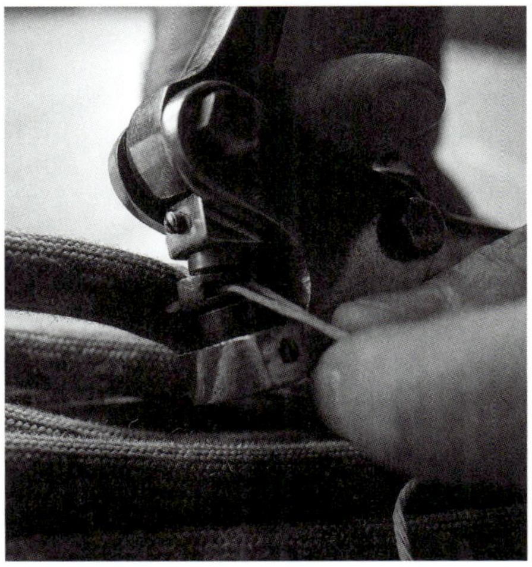

Das Bergführerwesen brachte den Bauern
ein zweites finanzielles Standbein.

SAC Sektion Monte Rosa – Ein Stück Zermatter Berggeschichte

Eckdaten zur Sektion Monte Rosa

- 1865: Gründung der SAC Sektion Monte Rosa in Zermatt
- 1868: Errichtung der Matterhornhütte auf 3818 m
- 1873: Erste Versicherung für Hinterbliebene von tödlich verunglückten Bergführern
- 1875: Bau der Stockjehütte, Vorgängerhütte der Schönbielhütte
- 1877: Der Staat Wallis und der SAC geben gemeinsam ein Büchlein über Führertaxen, Hausordnung in SAC-Hütten und Instruktionen für Bergführer heraus.
- 1880: Bau der Hörnlihütte, 3260 m, am heutigen Standort
- 1882: Erster kantonaler Bergführerkurs und erstes Reglement für Walliser Bergführer
- 1891: Erster Samariterkurs für Bergführer
- 1894: Bau der Bétempshütte, Vorgängerhütte der Monte-Rosa-Hütte
- 1902: Führerkatechismus, Handbuch der Alpintechnik für Bergführer
- 1915: Bau der Solvayhütte, 4003 m, eine Schutzhütte am Hörnligrat
- 1908: Bau einer Berghütte am Pasdu-chat, Vorgängerhütte der Cabane des Dix
- 1909: Einweihung der Schönbielhütte, 2694 m, in Anwesenheit von Edward Whymper
- 1924: Bau der Cabane des Vignettes, 3157 m
- 1928: Bau der Cabane des Dix, 2928 m, am heutigen Standort. 1000. Sektionsmitglied
- 1929: Bau der Monte-Rosa-Hütte, 2883 m. Gründung der Berg-JO
- 1958: Errichtung des Lagginbiwak, 2428 m, ein Geschenk des SFAC
- 1960: Zulassung der Mädchen in der Berg-JO
- 1980: Kantonalreglement für die Bergrettung
- 2005: Die Sektion geht online: www.section-monte-rosa.ch
- 2009: Einweihung der neuen Monte-Rosa-Hütte, Gemeinschaftsprojekt mit der ETH
- 2012: Verkauf der Hörnlihütte an die Burgergemeinde Zermatt
- 2015: SAC Sektion Monte Rosa: 8 Ortsgruppen, 5 Hütten, ca. 7000 Mitglieder

Wenige Wochen nach der Erstbesteigung des Matterhorns am 4. Oktober 1865 traf sich eine Gruppe Bergfreunde in Zermatt. Unter der Leitung von Antoine de Torrenté, dem Kantonalförster, gründeten diese 14 Pioniere die Sektion Monte Rosa als elfte Sektion des Schweizer Alpen-Clubs. Heute finden sich unter ihrem Dach acht Ortsgruppen, fünf Hütten und rund 7000 Mitglieder.

In ihrer bewegten Geschichte kämpfte die Sektion immer wieder um Mitglieder und um das öffentliche Interesse. So musste die Frühjahrsversammlung 1876 mangels Teilnehmern entfallen. Im Jahr 1899 zählte die Sektion nur noch 49 Mitglieder, der Vorstand tagte ein einziges Mal, und es konnte kein Protokollführer gefunden werden. Erst 63 Jahre nach der Sektionsgründung stiess 1928 das 1000. Mitglied zur Sektion. Hingegen zählten 1888 – entgegen dem damaligen Usus! – acht Damen zu den 120 Mitgliedern.

So unstet die Zahl der Mitglieder in den Anfängen der Sektion war, so engagiert waren diese wenigen in verschiedenen Bereichen des Bergsports. Ab 1875 trieb die Sektion den Bau von Berghütten rund um Zermatt voran. Am 23. Januar 1892 wurde mit nur 16 von total 104 Sektionsmitgliedern der Bau der Bétempshütte (heutige Monte-Rosa-Hütte) beschlossen.

Die Sektion Monte Rosa förderte nachhaltig die Einvernahme zwischen Bergführern und Gästen. Sie erarbeitete das erste Reglement für Walliser Bergführer und erwirkte dessen Homologierung durch den Staatsrat des Kantons. Konsequenterweise organisierte die umtriebige Sektion auch gleich den ersten kantonalen Bergführerkurs, gefolgt vom ersten Samariterkurs für Bergführer. Parallel dazu wurde für Gäste der Generaltarif zur Besteigung der namhaften Gipfel veröffentlicht. Ein weiteres Mal engagierte sich die Sektion für die Bergführer, als sie 1873 eine «Führerkasse» errichtete, die erste Versicherung für Hinterbliebene eines tödlich verunfallten Bergführers. Fallweise wurde diese Unterstützung sogar auf Hinterbliebene eines tödlich verunfallten Gastes ausgedehnt.

Auch den Mitgliedern gegenüber setzte die Sektion Zeichen. Ein Jahr nach ihrer Gründung erhöhte sie den Beitrag der 24 Mitglieder für damalige Verhältnisse markant von einem Franken auf drei Franken.

Schmunzeln darf man über eine Geschichte zum Thema der Frauen in der SAC Sektion Monte Rosa. 1929 gründete die Sektion ihre eigene Berg-JO. 1958 schenkte der SFAC (Schweizer Frauen Alpen-Club) der Sektion Monte Rosa ein Metallbiwak, für das der passende Standort im Laggintal gefunden wurde (heutiges Lagginbiwak). Nur zwei Jahre danach erlaubte die Sektion Mädchen den Beitritt zur Berg-JO.

1980 setzte der Kanton Wallis das Reglement für die Bergrettung in Kraft. Auch dieses Werk wurzelt in den Anfängen der Sektion. Der erste protokollierte Skiunfall ereignete sich am 25. Februar 1902 in der Umgebung der Bétempshütte und rief 13 Bergführer zur Bergung auf den Plan. Die Sektion bündelte daraufhin entscheidend die Kräfte aus Fachleuten und Kenntnissen und erwirkte die Gründung einer Rettungsstation.

Der Bau der neuen Monte Rosa Hütte, die im September 2009 eingeweiht wurde, war das schweizweit erstmalige Projekt einer Zusammenarbeit des SAC mit der ETH. Einzelne Punkte der Haustechnik haben nicht von Beginn an autark funktioniert. Dennoch hat die Sektion damit den künftigen Hüttenbau geprägt und Massstäbe gesetzt.

Im Jubiläumsjahr 2015 darf die SAC Sektion Monte Rosa auf verdienstvolle und erfolgreiche 150 Jahre Vereinstätigkeit zurückblicken und stolz darauf sein, in Zermatt ein Stück Berggeschichte geschrieben zu haben.

SAC Sektion Monte Rosa – vom primitiven Unterschlupf
in Spalten und Höhlen zum modernen Berghotel.

Matterhorn-Erstbesteigung – Eine andere Sichtweise

Edward Whymper und Jean-Antoine Carrel – die Hauptprotagonisten im Kampf ums Matterhorn – und ihre zahlreichen Besteigungsversuche von der italienischen Seite sind hinreichend dokumentiert. Die Versuche von der Zermatter Seite her sind kaum bekannt und die historische Erstbesteigung hätte eine ganz andere Wende nehmen können.

Die Vorgeschichte der Matterhorn Erstbesteigung wird oft reduziert auf die Besteigungsversuche von der italienischen Seite aus. Zwei Aspekte werden dabei oft ausgeblendet. Erstens: Nicht nur Edward Whymper und Jean-Antoine Carrel haben um das Matterhorn gekämpft. Zweitens: Nicht nur das Matterhorn stand im Zentrum des Wettstreites der Beteiligten.

Auf der Zermatter Seite gab es drei Gruppen, welche sich um das Matterhorn bemühten:

- Peter Perren mit Thomas Stuart Kennedy
- Michel Croz mit Rev. Charles Hudson (Hudson und Kennedy waren befreundet)
- Peter Taugwalder Vater mit Lord Francis Douglas

Die Akteure auf der Zermatter Seite – Wettlauf um andere Gipfel

1855: Charles Hudson mit Johann Zumtaugwald als Erster auf der Dufourspitze

1860: Thomas Stuart Kennedy unternimmt mit Peter Taugwalder einen Versuch am noch unbestiegenen Liskamm (W-Gipfel). Whymper ist an diesem Gipfel nicht interessiert.

1861: Peter Perren gelingt die Erstbesteigung des Liskamm (E-Gipfel)

1862: Im Januar unternimmt Thomas Kennedy einen Versuch am Hörnligrat unter der Führung von Peter Taugwalder und Peter Perren.

1862: Thomas Kennedy gelingt unter der Führung von Johann Kronig und Jean-Baptiste Croz die Erstbesteigung der Dent Blanche. Edward Whymper kommt zu spät und dreht um, als er das erkennt.

1863: Peter Perren führt zusammen mit zwei anderen Führern vier Gäste auf die Dent d'Hérens. Wenige Tage zuvor musste Edward Whymper einen Versuch unter der Führung von Jean-Antoine Carrel abbrechen.

Topseilschaften

Diese Seilschaften hatten mehrere technisch schwierige Besteigungen hinter sich und gehörten zweifellos zu den besten ihrer Zeit. Anfang Juli 1865 beschlossen die ersten beiden in Chamonix, das Matterhorn in Angriff zu nehmen. Die dritte hatte soeben das Obergabelhorn über den NNW Grat erstbestiegen. Sie waren überzeugt, dass das Matterhorn von Zermatt aus besteigbar sei. Derweil ist Edward Whymper in Breuil und plant die Besteigung mit Jean-Antoine Carrel.

Aber es kam anders: Als sie am 10. Juli Chamonix in Richtung Zermatt verlassen wollten, erreichte Kennedy ein Telegramm, welches ihn dringend nach England zurückbeorderte. Peter Perren war darüber enttäuscht. Er liess sich darauf für die Monte Rosa engagieren und stand für das Matterhorn nicht mehr zur Verfügung. Somit kamen nur Charles Hudson und Michel Croz in Zermatt an. Das Schicksal wollte es, dass Hudson zusätzlich seinen Freund Hadow mitnahm.

Gemeinsame Sache

In Zermatt machte sich Lord Francis Douglas für die Erstbesteigung bereit. Er sandte die Taugwalders zum Matterhorn, um den Aufstieg zu erkunden. Sie berichteten, dass sie eine Besteigung über den Hörnligrat für möglich erachteten. Darauf ermunterte Alexander Seiler Douglas, die Besteigung direkt in Angriff zu nehmen. Douglas beschloss aber, zuerst über den Theodulpass nach Breuil zu gehen. Er traf dort auf Whymper und einigte sich mit ihm, am Matterhorn gemeinsame Sache zu machen. In Zermatt vereinbarten sie mit Peter Taugwalder, dass er einen weiteren Führer suchen solle. Für ihn wäre Peter Perren der beste Mann gewesen. Dieser war aber an der Monte Rosa engagiert. Deshalb entschied sich Peter Taugwalder für seinen Sohn.

Kein Messer im Spiel

Der nächste Teil der Geschichte ist hinlänglich bekannt. Laut Whymper musste er beim Abstieg die Führer führen. Laut den Taugwalders war es genau umgekehrt. Immerhin hat sich Whymper zwischen den Führern angeseilt. Zudem hat Peter Taugwalder Vater durch seine schnelle Reaktion allen dreien das Leben gerettet. Er konnte nämlich das lose Seil zwischen ihm und Whymper hinter einem Block verspannen, bevor der Schlag der abstürzenden Gefährten ihn erreichte. Die Verletzungen, welche Peter Taugwalder an seiner Hand und am Oberkörper davontrug, zeigen, dass der Schlag vor allem durch seinen Körper abgefangen wurde. Ausgeschlossen, in Sekundenbruchteilen ein Messer aufzuklappen und das Seil durchzuschneiden. Zudem war die Rissstelle mehrere Meter von Taugwalder entfernt.

Erstbesteigung Matterhorn – ein Drama mit
vielen offenen Fragen.

Zermatlantis – Alpines Matterhorn Museum

Alpines Museum Zermatlantis

Den Initianten von damals ist Zermatt zu grossem Dank verpflichtet. Sie haben gesammelt, inventarisiert und ausgestellt, was neben der einmaligen Seiler-Sammlung sonst noch an interessanten Exponaten im Dorfe aufzutreiben war.

1904: Gründungsjahr des Museums

1944: Gründung Alpine Vereinigung Zermatt

1958: Eröffnung Alpines Museum im Seilergarten

2006: Eröffnung neues Museum

Das Alpine Museum hat seinen Ursprung in der Seiler-Sammlung. Edward Whymper erzählt, er sei 1887 im Hotel Mont Cervin zu der Kiste geführt worden, in der die Relikte des Matterhornunglücks vom 14. Juli 1865 aufbewahrt wurden. «Inmitten von Seilen, Schuhen und Kleidungsstücken befand sich ein mit Wollsachen und Kleiderresten warm gefüttertes Nest. Neben den Schuhen des armen Douglas hatten der gestrickte Handschuh von Hadow und der Stiefel von Michel Croz herhalten müssen, um einem Mäusepaar mit Jungen warm zu geben.»

Um 1900 schrieb Emil Young in «Zermatt und das Vispertal»: «In einem Saal des Hotels Zermatt zieht das mit bewunderungswürdiger Genauigkeit ausgeführte Relief der Monte-Rosa-Gruppe den Kenner an. Dieses Meisterwerk ist die Arbeit des Ingenieurs Imfeld.»

Also wird die Seiler-Sammlung etwa ab der Jahrhundertwende in den Mansardenzimmern der früheren Confiserie als kleines Museum interessierten Gästen zugänglich gewesen sein.

Im Jahre 1944 wurde die Alpine Vereinigung Zermatt (Centre alpin de Zermatt) gegründet, deren erster Präsident C. Egmont d'Arcis war.

Karl Lehner, ein grosser Förderer des Museums, umschrieb es so: «Das Museum, in dem noch viel Altes und Geheimnisvolles zu sehen ist, will dir neben dem Neuen unserer Zeit das Alte einer interessanten Vergangenheit in Erinnerung rufen.»

Am 23. August 1958 wurde das Alpine Museum im Seilergarten eröffnet. Der Präsident der damaligen «Alpinen Vereinigung Zermatt», Egmont d'Arcis, erwähnte in seiner Ansprache zur Eröffnungsfeier die wichtigsten Förderer: Dr. Eduard Seiler, Walter Schmid, Dr. Hans-Fritz von Tscharner, Karl Lehner und den Architekten Henri de Kalbermatten.

Da eine Erweiterung beim alten Museum nicht infrage kam, musste nach neuen Möglichkeiten Ausschau gehalten werden. Dank Ivo Biner, dem die Geschichte von Zermatt sehr am Herzen lag, und seiner Familie konnte die Stiftung das Haus Les Marmottes günstig erwerben. Zu Beginn des Jahres 2004 eröffnete sich jedoch die Möglichkeit, das neue Museum unter Tag in den Räumlichkeiten des ehemaligen Casinos neben der Kirche einzurichten.

Am 18. Dez. 2006 war es so weit. Willy Hofstetter, den man ohne Weiteres als «Vater» des Matterhorn Museums bezeichnen kann, konnte symbolisch die Schlüssel für den Neubau in Empfang nehmen.

Eine gelungene Inszenierung lässt den Besucher eintauchen in eine Welt von «Zermatt um 1850». Sie lädt zu einem Rundgang durch die Zermatter Geschichte ein.

Die Erlebniswelt Zermatlantis – als archäologische Ausgrabungsstätte inszeniert – besteht aus 14 Häusern. Jedes Haus ist einem besonderen Thema zugeordnet. Sachlich wird über die zahlreichen Objekte informiert, aber neben der Wissensvermittlung kommt auch der emotionale Aspekt nicht zu kurz.

Auf anschauliche Weise wird über Triumph und Tragödie der Erstbesteigung des Matterhorns am 14. Juli 1965 berichtet. Herzstück der Exponate ist ganz klar das gerissene Seil der Erstbesteigung. Ohne dieses Relikt des Dramas gesehen zu haben, ist ein Besuch in Zermatt nicht komplett. Auch die Reliquien der Erstbesteiger gehören – unter vielen anderen – zu den sehenswerten Objekten.

Das neue Museum bietet auch Einblick in die Entwicklung vom einfachen Bauerndorf von damals bis zum heutigen Weltkurort.

Man kann ruhig behaupten: «Das neue Matterhorn Museum / Zermatlantis ist ein Begegnungsort lebendiger Kultur, der sich durch seine Erlebnisqualität auszeichnet.»

Zermatlantis – hier taucht man in die
Bergwelt vergangener Jahrhunderte ein.

Skiclub Zermatt – ein Dorfleben verändert sich

Olympiasieger und Weltmeister aus Zermatt

- Alfred Aufdenblatten, Olympiasieger 1924 (Seite 86 Buch «100 Jahre Skiclub Zermatt»)
- Anton Julen, Olympiasieger 1924 (Seite 88 Buch «100 Jahre Skiclub Zermatt»)
- Alfons Julen, Olympiasieger 1924 (Seite 89–90 Buch «100 Jahre Skiclub Zermatt»)
- Max Julen, Olympiasieger 1984 (Seite 221–232 Buch «100 Jahre Skiclub Zermatt»)

Nach der Durchführung des ersten Skikurses für Bergführer in Zermatt im Jahr 1902 war es nur eine Frage der Zeit, bis im Matterhorndorf der Skiklub gegründet wurde. Im Dezember 1908 war es dann so weit. Der Klub wies rund 50 Mitglieder auf. Was noch fehlte, war das richtige Skifahren.

Auf dem Gletscher – Winter und Sommer

Bereits im Januar 1909 wurde für die Klubmitglieder ein erster Skikurs mit einem Skilehrer organisiert. Nach den ersten «Schultagen» in Dorfnähe wurden bereits Touren nach Schwarzsee, Gornergrat oder Blauherd in Angriff genommen. Die Fahrkünste der Skiklubmitglieder wurden besser und besser. So ist es nicht verwunderlich, dass neben dem ersten Klubrennen im Jahr 1923 beschlossen wurde, jährlich ein Sommerrennen auf dem Theodulgletscher zu veranstalten.

Obschon das Renngelände auf dem Gletscher jeweils zu Fuss erreicht werden musste, stiess dieses internationale Rennen auf reges Interesse. So wurde in den Folgejahren sowohl in der Schweiz als auch auf der italienischen Seite gestartet. Durch diese Rennen entstand eine grosse Verbundenheit zwischen den Valtournenchern und den Zermattern.

Das Renn- und Trainingsgelände in der Region des Theodulgletschers war geboren. Schon früh wurden mit dem richtigen «Riecher» die heutigen Skipisten bestimmt. Nur dass heute die Skifahrer einfach und bequem mit Bahnen und Liften die Pisten erreichen können.

In den Folgejahren erreichte der Skiclub Zermatt immer mehr und mehr an Anerkennung und Aufmerksamkeit. So war es nicht erstaunlich, dass einige Mitglieder aus dem Skiclub Zermatt schon bald einmal an namhaften nationalen und internationalen Rennen teilnahmen und erfolgreich waren – so auch bei den ersten Olympischen Winterspielen aller Zeiten 1924 in Chamonix.

Spektakel beim Gornergrat-Derby

Neben den Glanzresultaten in den nordischen Bewerben folgten auch Erfolge im alpinen Bereich, wie zum Beispiel in der Abfahrt, im Slalom oder in der Kombination. In den 20er- und 30er-Jahren waren u.a. Otto Furrer und Hugo Lehner sehr erfolgreich. Viele Zermatter Rennläufer errangen auch in den Folgejahren viele nationale und internationale Spitzenleistungen.

Das Gornergrat-Derby, welches zwischen den Jahren 1946 und 1967 durchgeführt wurde, die Blauherdabfahrt sowie der Riesenslalom auf der Blauherdstrecke dürfen an dieser Stelle nicht vergessen werden. Der Riesenslalom wurde später durch einen Spezialslalom ersetzt. Mit diesen hintereinander durchgeführten Rennen dauerte der Anlass ganze drei Tage: Freitag, Samstag und Sonntag.

Der Slalomhang von den Bodmen hinunter zum Brantschenhaus sowie die Nachtspringen auf der Kay- oder der Steinmattschanze mit Lichteffekten waren ebenfalls weitere grosse Spektakel in Zermatt. Diese wurden durch namhafte internationale, nationale, aber auch einheimische Fahrerinnen und Fahrer dominiert.

Die vielen Zuschauer am Pistenrand oder auf den Dächern der «Gädini», die ganzen Teilnehmer aus den verschiedenen Ländern sowie die einmalige Atmosphäre inmitten der wunderschönen Bergwelt von Zermatt machten diese Austragungen für Jung und Alt zu jeweils unvergesslichen und sehr beliebten Sportanlässen.

Kein Weltcuprennen in Zermatt

Die Einführung des Weltcups 1967 bedeutete zugleich das Aus für das Gornergrat-Derby sowie die Blauherdabfahrt. Trotz der vielen sportlichen Leistungen in all den Jahren erhielt Zermatt kein Weltcuprennen zugeteilt.

Und wer weiss, vielleicht wird schon bald einmal wieder eine Fahrerin oder ein Fahrer aus Zermatt international für Furore sorgen. Und vielleicht wird die Durchführung eines Weltcuprennens in Zermatt doch noch irgendwann Tatsache – lassen wir uns also überraschen.

Ein begeistertes Dorf in Weltcupstimmung.

Die neue Monte-Rosa-Hütte – ein Bergkristall

Kennzahlen der Hütte

Erbaut: 2009
Anzahl Betten: 120
Koordinaten: 629.146 / 089.553

Lage
Die Hütte steht am Fusse des Monte-Rosa-Massivs, am Orte «Plattje». Auf der linken Seite findet man die Zwillinge (Castor und Pollux), das Breithorn sowie gleich gegenüber die majestätische Wand des Matterhorns. Die Hütte ist ein idealer Startpunkt zu den vielen Gipfeln im Monte-Rosa-Gebiet.

Zugang im Winter
- 5 h von Zermatt über den Gornergletscher
- 4 h von Furi
- 1 h 30 ab Bergstation Stockhorn
- 2 h 30 ab Gornergletscher nach Abfahrt Schwarztor oder Trockener Steg

Zugang im Sommer
- 5 h von Zermatt über den Gornergletscher
- 4 h+ von Furi
- 4 h+ von der Bahnstation Rotenboden der Gornergratbahn

Die ETH Zürich und der Schweizer Alpen-Club SAC haben gemeinsam das Konzept der neuen Monte-Rosa-Hütte entwickelt. An der Berghütte lassen sich wegweisende neue Technologien in Entwurf, Berechnung und Fertigung von Bauten exemplarisch darstellen – mit dem Ziel, hervorragende und innovative Architektur zu realisieren. An exponierter Lage auf 2883 m ü. M., inmitten einer unberührten und spektakulären Landschaft, eingebettet zwischen Gorner-, Grenz- und Monte-Rosa-Gletscher, wird ein Meilenstein für das hochalpine Bauen gesetzt.

Die Umsetzung

Zum Bauplatz der Hütte führt keine Strasse hin und er ist an kein Leitungsnetz angeschlossen. Die Transporte für den Bau der neuen Monte-Rosa-Hütte sind ein optimierter Ablauf, dessen erste Abschnitte über Schienen und Strassen laufen. Der letzte Streckenteil über den Gletscher zum Bauplatz wird per Helikopter bewältigt.

Beim Bau der alten Monte Rosa-Hütte im Jahr 1895 trugen Maulesel die Bauteile über den Gletscher – dies wäre heute nur schon wegen der Zeit, die ein solcher Bauprozess für alle Beteiligten in Anspruch nehmen würde, finanziell nicht tragbar. Die Variante einer temporären Seilbahn zur Baustelle wurde geprüft und aus Kostengründen verworfen.

Zentraler Bestandteil der Transportlogistik ist der Montagebau in Holz, der mit 200 Tonnen den grössten Konstruktions- und Gewichtsanteil am Gebäude einnimmt. Diesbezüglich wurden zahlreiche Szenarien in Bezug auf Elementgrösse, Montage und Kosten überprüft und berechnet. Bei der Modulbauweise (Raumzellen) wäre zwar die Montagezeit kurz, dafür müssten teure und nicht immer verfügbare Grosshelikopter eingesetzt werden. Im Elementbau (Wand- und Deckenelemente) sind die Teile kleiner, leichter und mit den stets verfügbaren Kleinhelikoptern versetzbar. Die Wahl dieser zweiten Variante erlaubte es, die Hütte innerhalb des Kostenrahmens und doch in angemessener Zeit aufzubauen.

Aktuelles zur neuen Monte-Rosa-Hütte SAC

Die neue Monte-Rosa-Hütte erfreut sich nach wie vor einer sehr grossen Nachfrage. Eine Nachfrage, welche die Planungsdaten bei Weitem übertraf. In der Folge war die Kläranlage unterdimensioniert. Es gelang, mit einem angepassten Betriebsmodus die Geruchsbildung zu unterdrücken.

Im Juni 2011 wurde die Kläranlage ausgebaut mit dem Ziel, deren Kapazität zu verdoppeln. Die entsprechenden Arbeiten wurden in Zusammenarbeit mit der Eawag, einem Forschungsinstitut im ETH-Bereich, und der Firma terraLink gmbh durchgeführt. In der Folge musste auch die Stromversorgung mittels Fotovoltaik angepasst werden. Der SAC und die ETH Zürich unternehmen alles, um einen Besuch auf der neuen Hütte zu einem unvergesslichen Erlebnis werden zu lassen.

Erste Betriebserfahrungen

Nach der Winterpause wurde die neue Monte-Rosa-Hütte SAC am 10. März 2010 in Betrieb genommen. Die Anzahl der Übernachtungen überstieg bei Weitem die Annahmen. So übernachteten beispielsweise im April 2010 im Durchschnitt 90 Personen pro Tag im «Bergkristall». Das Echo der Gäste ist positiv. Die andere Seite der Medaille: Die noch nicht optimierte Haustechnik wird stark in Anspruch genommen, was schon zu Ausfällen führte. Nun werden die Systeme so schnell als möglich optimiert und wo nötig Anpassungen vorgenommen. So wird etwa die Kläranlage auf die höhere Abwassermenge und – damit verbunden – die Energieversorgung auf den höheren Strombedarf eingestellt.

Die neue Monte-Rosa-Hütte – von der typischen
Walliser Bergarchitektur zum modernen Bergkristall.

Nach dem Krieg – Aufbruch, Fortschritt, Sicherheit

Othmar Julen (*1912)
Ehem. Gemeindepräsident

Theo Welschen (*1908)
Ehem. Gemeinderat und Ratsschreiber

Architekt Perraudin befürwortete mit Enthusiasmus, das Dorf Zermatt dem Autoverkehr zu öffnen. Präsident Julen verteidigte vehement die Idee der künftigen Autofreiheit des Kurortes. Präsident Julen erklärte Perraudin daraufhin, dass sein Mandat beendet sei, da er sich nicht von seiner Idee abbringen lasse.

Auszug aus dem Gespräch:

Perraudin: «Monsieur le président, vous avez tort.»

Julen erwiderte: «Monsieur Perraudin, vous avez tort.»

Perraudin : «Monseur le président, vous avez tort.»

Julen : «Monsieur Perraudin, vous avez tort.»

Ein nach dem Zweiten Weltkrieg neu gewählter Gemeinderat unter der Führung von Gemeindepräsident Othmar Julen (Präsident von 1945 bis 1957) erzeugte eine grosse Aufbruchsstimmung in Zermatt.

Schule – Basis für den Fortschritt

Ein Fundament für die zukünftige Entwicklung war die Ausbildung der Jugend. Im Jahr 1946 konnten die erste Sekundarschule und Haushaltungsschule eröffnet werden. 1956 wurde mit dem Bau von zwei modernen Schulhäusern mit einer geräumigen Turnhalle begonnen.

Einheitliches Dorfbild als Ziel

Das kantonale Baugesetz von 1924 liess den Gemeinden einen gewissen Spielraum. Um die künftige Bauentwicklung von Zermatt in geordnete Bahnen zu lenken, wurde ein neues Gemeindebaureglement erlassen. Dieses trat am 4. Dezember 1945 in Kraft. Es enthielt Vorschriften über Dachtraufen, Feuerpolizei, Gebäudehöhe, sowie Natursteinplatten für die Dächer. Äusserst wichtig für das heute noch geltende Ortsbild von Zermatt war der Grundsatzentscheid für die Dachform als Walliser Satteldach und das Verbot von Flachdächern.

Funktionierendes Strassennetz und Autofreiheit

Artikel 22 des Baureglements sah einen Strassenbebauungsplan vor. Am 6. Mai 1946 wurde mit dem Architekten Perraudin aus Sitten einen Vertrag für die Erarbeitung eines Strassenkonzeptes abgeschlossen. Es wurden wichtige Verkehrsadern geplant. So etwa die sogenannte «neue Strasse» (heute Hofmattstrasse), Bodmenstrasse, Obere Mattenstrasse, Untere Mattenstrasse, Steinmattstrasse (der damalige breite Ausbau wurde teils heftig kritisiert), Schlumattstrasse, Staldenstrasse und Schälpmattstrasse (heute noch nicht realisiert). Dies bildete die Grundvoraussetzung für eine geordnete bauliche Entwicklung des Dorfes.

Architekt Perraudin hatte in seinem Strassen- und Verkehrskonzept die Öffnung für den Autoverkehr innerorts vorgesehen. Eine gegenteilige Meinung vertrat damals der Gemeindepräsident, welcher auf die zukünftige Bedeutung der Autofreiheit des Kurortes hinwies und dies als Grundsatz erhob. So wurde im Jahr 1946 beschlossen, dass Zermatt autofrei bleiben sollte. Bereits am 12. Juli 1947 bewilligte der Gemeinderat die drei ersten Elektrofahrzeuge.

Sicherheit für die Bahn und das Dorf

Im Jahr 1928 nahm die Visp-Zermatt Bahn den Winterbetrieb auf. 1945 wurde Zermatt mehrfach durch haushohe Lawinen von der Umwelt abgeschlossen. In einer Konferenz zwischen Bund, Kanton und Gemeinde wurde ein von der Gemeinde Zermatt für die Bahn verlangtes Lawinenverbauungsprogramm von 1 800 000 Franken beschlossen. Die Lawinenverbauungen auf «Schweifenen» sollten in Zukunft nicht nur die Bahn, sondern auch Teile des Dorfes schützen.

Strom und Wasserkraft

Nach dem Lawinenwinter 1945 und mehreren Stromunterbrüchen wurden die Studien für das Wasserkraftwerk «Zentrale Wiesti» vorangetrieben, welches im Jahr 1949 den Betrieb aufnahm und die Stromversorgung für Wohnungen und Hotelbetriebe, wie für die Bergbahnen sicherte. Der 2. Weltkrieg hatte gesamtschweizerisch einen Energiemangel aufgedeckt. 1945 lancierte der Bund ein Projekt für Grosskraftwerke. In den Jahren 1948 und 1954 schloss die Gemeinde Zermatt mit der EOS (Westschweizerische Kraftwerke) – Grand Dixence, vorbildliche und zukunftsweisende Konzessionsverträge ab, in welcher neben einer Entschädigung auch Restwassermengen im Interesse des Tourismus, Garantien für Brunnen, Trinkwasser und Bewässerung, gratis Energie, Rücksicht auf Landschaft und Sehenswürdigkeiten sowie Arbeit für die einheimische Bevölkerung ausbedungen wurden.

Wegweisende Entscheidungen nach dem
Zweiten Weltkrieg führten das einstige
Bergdorf zur internationalen Topdestination.

Skischule Zermatt – Die Rotjacken

Skischulleiter

Hugo Lehner	1929–1932
Otto Furrer	1932–1952
August Julen	1951–1986
Gottlieb Perren	1952–1963
Robert Biner	1963–1977
Peter-Anton Biner	1977–1979
Simon Biner	1979–1987
Thomas Abgottspon	1986–1990
Christian Welschen	1987–1991
Arno Perren	1991–1994
Roland Chanton	1994–1995
Bernhard Graven	1995–2001
Roman Perren	1991–2011
Ralph Schmidhalter	2001–
Alexander Taugwalder	2011–2014

Heiri Julen war 1990–1991 als Stellvertreter von Thomas Abgottspon tätig.

Im Walliser Jubiläumsjahr 2015 wird die Schweizer Skischule Zermatt 86 Jahre alt. Ein Grund, einen Blick auf die Anfänge und die turbulenten Jahre zu werfen. Nicht nur der Start war schwierig. Die Gilde der Rotjacken hatte in den acht Jahrzehnten verschiedene Krisen zu bewältigen.

Aus den Anfängen der Schweizer Skischule Zermatt

Die Gründung der Schweizer Skischule wurde von Zermatter Skisport-Pionieren von langer Hand vorbereitet. Ein erster Schritt war 1920 die Verpflichtung von Adolf Schaller als Servicemann in ein St. Moritzer Hotel. Zwei Jahre später erwarb Schaller das Bünder Skilehrer-Diplom. Felix und Elias Julen, Hermann Schaller, Gottfried und Wilhelm Perren und Leo Lehner liessen sich ebenfalls zu Skilehrern ausbilden. Im Wallis gab es damals noch keine Berufsskilehrer und somit auch keinen Verband.

Erst 1929 wurde in Zermatt die Schweizer Skischule gegründet. Zu den Promotoren gehörten Hugo Lehner, Simon und Anton Julen. Als erster Skischulleiter zeichnete Hugo Lehner. Eine lange Karriere als Skischulleiter legte Bergführer und Skilehrer Otto Furrer hin, der von 1932 bis zu seinem tödlichen Absturz 1951 am Matterhorn die Skischule mit Erfolg führte.

Staatsratsentscheid und Einheitstechnik

Nur eine Woche nach seinem Tod am Matterhorn kam es in Zermatt zur Gründung einer Skilehrer-Genossenschaft. Grund für die Differenzen war die wohl politisch begründete, unkorrekte Arbeitsverteilung an die jungen Skilehrer. Diese fackelten nicht lange: Innert acht Tagen gründeten sie mit dem Skilehrerbüro in einem Gemüseladen eine neue Skischule und lehrten die neue Skitechnik. Der Erfolg war frappant, der Zulauf stark, der Neid über die neue Konkurrenz war im Dorf gross. Entsprechend geharnischt die gegenseitigen Reaktionen.

Mit über 100 Unterschriften plädierten 1957 Gäste für die Anerkennung der neuen Skischule beim Walliser Staatsrat. Auf Vorschlag von Staatsrat Oskar Schnyder wurde eine Einigung zwischen den beiden Skischulen mit den Leitern August Julen und Gottlieb Perren erreicht. Man wurde einsichtig, setzte gemeinsam auf die moderne Unterrichtstechnik und gab sich für die Auftritte ein Einheitstenü: Die rote Jacke mit den weissen Streifen setzte sich später schweizweit durch. Das Rad der Zeit steht nicht still. Heute unterrichten im Weltkurort Zermatt in sechs Skischulen mehr als 300 Schneesportlehrer ihre internationalen Gäste.

Zwei Weltmeister

Unter der neuen Bergführer- und Skilehrerkommission mit dem Sittener Präfekten Maurice d'Allèves erfuhr das Walliser Skischulwesen in den folgenden Jahren einen grossen Umbruch und eine professionelle Aufwertung. Die Zermatter Skilehrer demonstrierten an der Skischulleitertagung ihre neue Technik und stellten damit das bisherige Unterrichtswesen auf den Kopf. Die Schneesportschule gilt damit als Vorreiter für die nun europaweit unterrichtete Technik. Wie erfolgreich die Zermatter Schneesportlehrer sind, zeigen auch die beiden Weltmeistertitel von Karl Eggen und Alex Taugwalder in den letzten Jahren.

Ob Telemark oder Carving – die Begeisterung
schwingt mit.

August Julen – Vom Schafhirt zum Skipionier

August Julen (*1922)

Im Februar 1946 schneite es in Zermatt sehr stark. Severin Julen, Vater von August, musste seine Schafe auf Schweigmatten füttern. Der Weg im tiefen Schnee zu seinem abgelegenen Stall war ihm zu mühsam. Sein Sohn August meldete sich freiwillig und holte seine Skier, wollte er doch die Arbeit mit seiner Leidenschaft verbinden.

1946 – Der Zermatter Wintertourismus im Aufwind

Erster Zufall: Mit den alten Holzskiern und der «Hirter»-Kleidung ging er zur Gornergratbahn. Diese Zahnradbahn fuhr damals im Winter nur bis Riffelboden. Stallhirt August traf dort auf einen Amerikaner, der sich mit dem Bahnhofsvorstand nicht verständigen konnte. Wie August beabsichtigte auch der Amerikaner an diesem Tag eine Fahrt im tiefverscheiten Gornergratgebiet zu geniessen. Die Bekleidung des jungen Zermatters störte den Amerikaner namens Dana überhaupt nicht. Ganz im Gegenteil: Dana freute sich, einen Begleiter gefunden zu haben. Gemeinsam legten die beiden ihre Spuren in den Pulverschnee bis nach Schweigmatten. August verrichtete seine Hirter-Arbeit im Schafstall. Als Mister Dana durch die kleine Stalltür blickte, meinte er schelmisch: «I am a farmer too.» Ein Farmer mit 400 Kühen. So was hat Kleinbauer August noch nie gehört und er begann sofort in etwas grösseren Dimensionen zu denken.

Dana war Direktor des amerikanischen Amateur-Skiclubs und mit der ganzen Elite Amerikas befreundet. Die zwei «Farmer» waren dann zwei Wochen im damals noch bescheidenen Zermatter Skigebiet miteinander unterwegs. Der USA-Skidirektor wollte aber noch andere Schweizer Kurorte kennenlernen, um in den nächsten Jahren mit seiner Familie die Winterferien in den schönsten Skidestination verbringen zu können.

Zweiter Zufall: Zwei Jahre später trifft August Julen seinen damaligen Skigast Dana rein zufällig in Gstaad. Die beiden planen, nächsten Winter gemeinsam Ski zu laufen. So lernte Julen sämtliche Wintersportorte in der Schweiz persönlich kennen.

Gstaad, St. Moritz, Lenzerheide und vor allem Davos, wo man weltweit den ersten Bügelskilift erstellte, wurden zu den Lieblingsorten der beiden Skipioniere. All diese Destinationen lagen aber tiefer als Zermatt. Aus diesem Grund bevorzugten viele Touristen ihre Ferien in der höher gelegenen Destination Zermatt zu beenden.

Dana ermutigte August, eine Verbindung vom Stockhorngebiet zur Sunnegga zu bauen. Zu der Zeit gelangte man von der Eya, im Talboden von Findeln, nur zu Fuss auf die Sunnegga... Dana bot Zermatt sogar finanzielle Unterstützung an. Die Zermatter aber entschieden sich mit Ausnahme der Gornergratbahn schon früh und weitsichtig, die Bergbahnen mit einheimischem Kapital zu realisieren. Interessant, was aus einer Skiabfahrt mit zwei «Farmern» resultierte: Mit dem damaligen Gemeindepräsidenten Othmar Julen an der Spitze gleiste eine Handvoll junger Zermatter den Ausbau ihrer Skigebiete selbst auf.

«Weltmeisterschaft» in Zermatt

Während des Zweiten Weltkrieges lag der internationale Sportbetrieb schwer im Argen. Oberst Henri Guisan, Sohn von General Guisan und Zentralpräsident des Schweizer Skiverbandes, ist es zu verdanken, dass im skisportlichen Sektor die völkerverbindenden Bande wieder neu geknüpft wurden. Einer der Gründe, weshalb gerade Zermatt für eine internationale Skiwoche gewählt wurde, lag darin, dass Zermatt aufgrund langjähriger Erfahrung schneesicher war und über genügend geöffnete Hotels verfügte. Über hundert Spitzenathleten zogen mit wehenden Fahnen ins Skistadion «Obere Matten» ein. In der Pfarrkirche gedachte man der gefallenen Kriegskameraden und General Henri Guisan erklärte die Wettkämpfe als eröffnet. Die grosse internationale Skigemeinschaft traf sich nach den erfolgreich durchgeführten Disziplinen zu Preisverteilung und Schlussfeier. Die in- und ausländische Presse war voll des Lobes über die gelungene Veranstaltung.

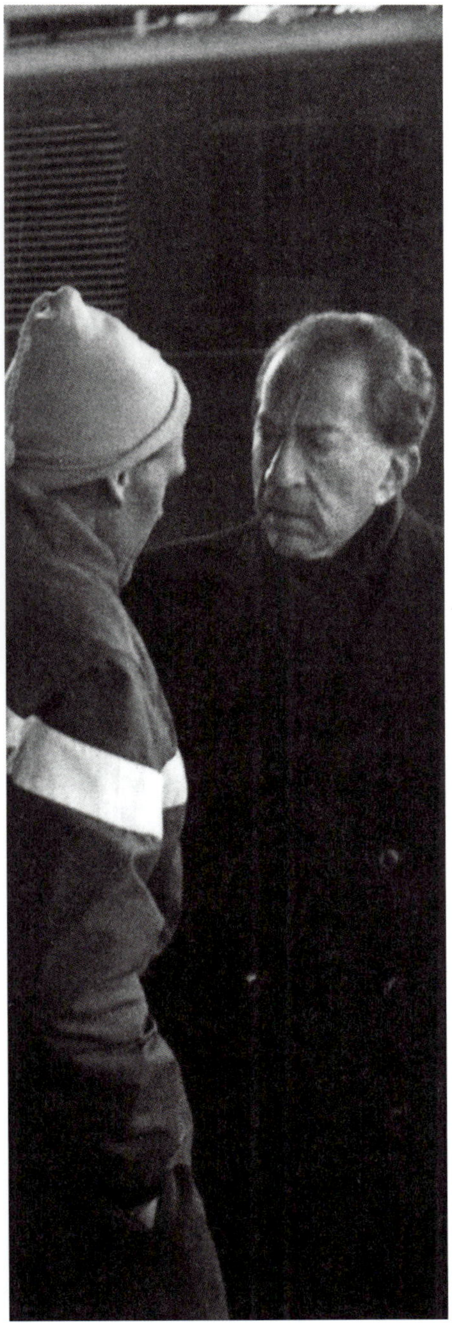

Der Pioniergeist einzelner Bürger und eine starke Dorfgemeinschaft machten Zermatt zum attraktiven Wintersportort.

Hermann Geiger – Erster Gletscherpilot

Hermann Geiger (*1914)

Primarschule in Sitten, Lehre als Automechaniker

18-jährig baut er 1934 sein erstes Segelflugzeug des Typs Hols Teufel. Nach 1800 Arbeitsstunden unternimmt er mit dem Segler vom Flugplatz Sitten aus dessen Jungfernflug.

1946: Platzchef des Flugplatzes Sitten

1951: Mithilfe einer Cessna, ausgerüstet mit einem Gepäckladeraum, wirft er die Post und Medikamente für die in Zermatt blockierten Touristen ab.

10. Mai 1952: Erste Gletscherlandung mit der Piper Cub auf dem Kandergletscher

1957: Mit dem Helikopter Bell J 47, finanziert durch den Verband Schweizerischer Konsumvereine, werden die Bergrettungen erweitert.

1963: Er rettete vom Typhus befallene Personen in Zermatt, indem er direkt auf dem Dach der Klinik Julen landet.

26.8.1966: Hermann Geiger verunglückt in Sitten tödlich.

Nichts kann uns dieses Gefühl von Frieden geben, wie es ein Alpenflug zu geben vermag. Unter einem Himmel so klar wie eine Quelle, die sich über unsere Felsen ergiesst. Auf dieser Erde ist der Mensch immer zum Kampf bereit; dort oben, in diesem Raum, ist er allein, sich selbst überlassen, ganz klein. Erde und Himmel sind sein!

Gletscherpilot und Flugpionier Hermann Geiger

«Meinerseits hatte ich das Glück, im Schatten und im Kielwasser eines, seinem einzigen Sohn gegenüber, sehr aufmerksamen Vaters aufzuwachsen. Obwohl er durch die zahlreichen, ihm beim Aero Club aufgetragenen Obliegenheiten sehr beschäftigt war, fand Papa immer Zeit, sich um mich zu kümmern. Meine eigenen Projekte interessierten ihn. Er half mir, meine Modellflugzeuge zu bauen. Um mein Interesse an der Mechanik zu wecken, spielten wir gemeinsam mit meiner Dampfeisenbahn, die er mir geschenkt hatte.

Früh übt sich

Im Alter von 8 Jahren half ich ihm auf dem Flugplatz bei Transportarbeiten, beim Reinigen der Flugzeuge und dem Auftanken. Wenn ein Platz frei war, nahm er mich immer mit an Bord. Dies war seine Art, sich bei mir zu bedanken. Folglich hatte ich schon früh Gelegenheit, wunderschöne Alpenflüge zu erleben. An einem Frühlingssonntag, ich war 10-jährig, sagte er mir: ‹Komm mit, ich muss Transporte von Skifahrern unternehmen.› Wir flogen mit dem Super Cub vom Flugplatz Sitten in Richtung Zermatt, wo er im Schnee auf Riffelberg landete. Ich stieg aus und half ihm in kurzen Hosen und Sandaletten beim Verlad von Fahrern und Skiern, welche er zur Testa Grigia flog. Nach eineinhalb Stunden bei Temperaturen nahe am Gefrierpunkt war ich beinahe zu einem Eiszapfen gefroren. Einige Skifahrer liehen mir ihren Anorak, um mich aufzuwärmen. Während dem ganzen Rückflug nach Sitten klapperte ich mit den Zähnen – das Ganze blieb aber dennoch eine schöne Erinnerung.

Mit 17 in die Flugstunden

An meinem 17. Geburtstag bot er mir an, die Pilotenschulung zu beginnen. An einem gemeinsamen freien Nachmittag unternahmen wir in Doppelsteuerung drei Pistenumrundungen. Nach der Landung sprang mein Vater aus dem Flugzeug und erklärte mir zu meiner grössten Zufriedenheit: ‹Du bist für das alleinige Aufsteigen bereit!› Bei diesen Worten empfand ich eine starke Rührung. Mein Herz begann immer schneller zu schlagen, der Schweiss tropfte von der Stirne, mein Mund wurde trocken und ich musste einige Grimassen schneiden, damit mein Vater meine Nervosität nicht bemerkte. Als ich seine Augen sah, kehrte mein Mut zurück. Ich begriff, dass die Stunde, Rechenschaft abzulegen, geschlagen hatte.

Ruhig führte ich die verschiedenen Anflugmanöver aus: Erfassung der Pistenachse, Steuerknüppel nach vorn, Motor in den Leerlauf und behutsames Aufsetzen am Boden.

Nachdem das Flugzeug abgestellt war, lief ich zu meinem Lehrer, der mir den Befehl gab, sofort wieder aufzusteigen. Ich begriff, dass ich es geschafft hatte. Erst nachdem ich über das wunderschöne Rhonetal wieder aufgestiegen war, ergriff mich eine unaussprechliche Freude, Tränen kullerten über meine Wangen. Die zweite Landung erfolgte nach den Wünschen meines ‹Professors›. Mit seinem breiten Lächeln drückte er mir die Hand und sagte: ‹Eines Tages wirst du mich überholen!› Diesen Nachmittag werde ich nie vergessen.

Eines Tages besuchten Beat und Stephan Perren meinen Vater in Sitten. Sie holten sich Ratschläge für die Eröffnung einer Helikopterbasis in Zermatt. Ein Jahr nach seinem Tod wurde das Unternehmen Air Zermatt gegründet.»

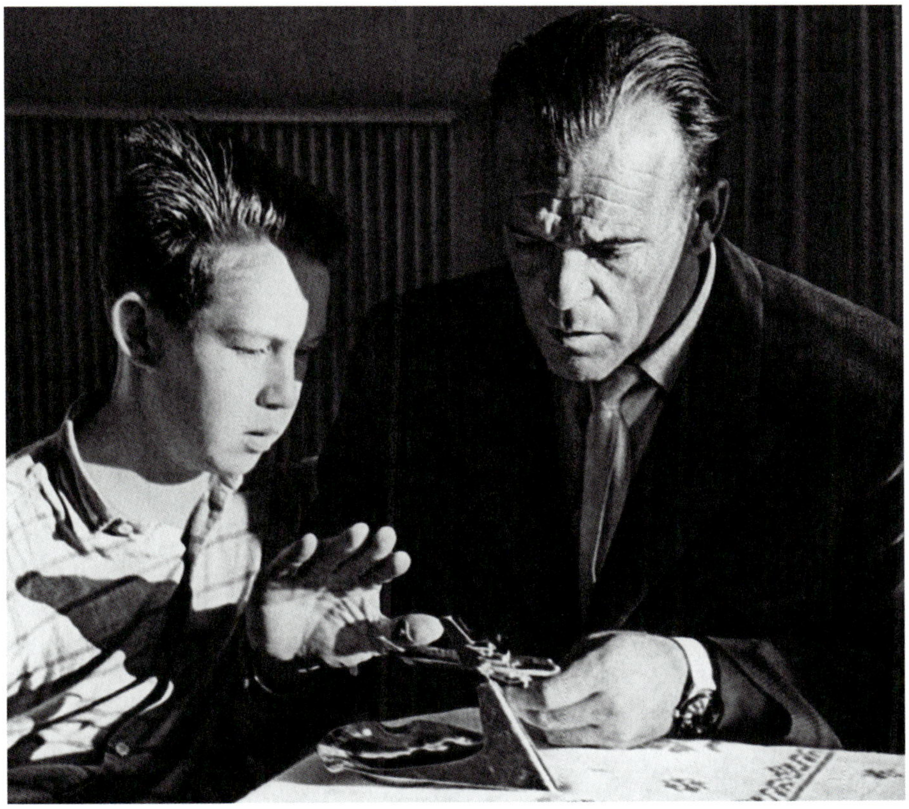

Hermann Geiger – Rettungspionier,
Freund und Helfer.

Grande Dixence – Ein Mythos im Herzen der Alpen

Fakten zur Staumauer

- 1950: Gründung Grande Dixence SA
- Baukosten: 1,7 Milliarden Franken
- Produktion: 2200 GWh
- Baukosten Cleuson-Dixence: 1,2 Milliarden Franken
- Region inneres Mattertal liefert 62 % Wasser
- 1,8 GWh Gratisenergie jährlich für die Gemeinde Zermatt
- 2,5–3 Mio. Franken Wasserzins jährlich für die Gemeinde Zermatt
- 2002: Die Grande Dixence beteiligt sich zu 45 % am EWZ

Es ist eine jahrtausendealte, stürmische und leidenschaftliche Liebesgeschichte zwischen den Leuten dieses Landes und dem Wasser. Der Strom, der die Wasser von 295 Nebenflüssen aufnahm, suchte und fand seinen Weg in dieser engen Rinne, dem Rhonetal. Aktiv, launenhaft und unberechenbar, drückte er mit seinen Schlammablagerungen und seinem Zorn der ganzen Vergangenheit des Wallis den Stempel auf. Es war ein Kampf gegen das Wasser. Den Kampf für das Wasser zeigt die Geschichte der zweihundert Wasserfuhren, bei uns Suonen genannt. Durch diese Suonen holten unsere Vorfahren das kostbare Nass von den Gletschern und bewässerten damit Roggenfelder, Weiden und Rebberge – ein beeindruckendes, ausgeklügeltes System.

Das Wasser der Katastrophen, der Tränen, der Zwistigkeiten und der Versöhnung, das Wasser der Fruchtbarkeit, ja des Lebens.

Der energetische Schatz des Wallis ruht also in den Gletschern. Jahrhundertelang konservieren diese die Schneefälle des Winters in ihrem oberen Teil und geben sie erst dann wieder her, wenn die entsprechende Gletschermasse bis in jene Schmelzzone vorgestossen ist. Die Grundidee des Konzeptes der Grande Dixence besteht darin, aus diesem natürlichen Mechanismus den grösstmöglichen Nutzen zu ziehen. Die gespeicherte Energie ist die begehrteste, weil sie an die Nachfrage angepasst werden kann. Damit die Verbrauchsspitzen abgedeckt werden können, ist sie die unerlässliche Ergänzung zur klassisch-thermischen und zur Kernenergie, welche ihrerseits gleichmässige Bandenergie liefern. Die Anlagen der Grande Dixence sind ein typisches Beispiel dieses Ergänzungsprinzips. Dank einem Stausee von 400 Millionen Kubikmeter Wasser stellen sie ein Fünftel der in der Schweiz speicherbaren Energie.

Von der Mischabelgruppe bis zum Mont Blanc du Cheillon, von Zermatt bis Arolla führen 75 Wasserfassungen jene Wassermenge von 400 Millionen Kubikmeter durch über 100 Kilometer Zuleitungsstollen in den Grande-Dixence-Stausee. Das ist ein origineller Aspekt. Der andere ist das Prinzip «Pumpen-Turbinieren». Ein beträchtlicher Teil (rund zwei Drittel) des zugeleiteten Wassers wird auf einem tieferen Niveau als das Hauptbecken gefasst. Es ging also darum, dieses Wasser auf die Kote 2400, jener des grossen Stausees, zu heben. Zu dem Zeitpunkt, da die Energie am verfügbarsten, also auch am billigsten ist, verwendet man jährlich 300 Millionen kWh dazu, das Staubecken auf diese Weise zu füllen. Das Turbinieren ist im Konzept auf eine maximale Produktion ausgelegt. Die Wasser des Hauptsammelbeckens werden zuerst ins Nachbartal nach Fionnay geleitet, dort ein erstes Mal turbiniert, dann führt ein gepanzerter Druckschacht ins Elektrizitätswerk von Nendaz. Von da wird das Wasser in die Rhone, in den natürlichen Kreislauf zurückgegeben.

Früher haben die Wasser aus dem Monte-Rosa-Gebiet die Rhone durch die Vispe erreicht. Heute durchqueren sie auf einer Höhe von ca. 2400 Meter über Meer mehrere Täler und gelangen schliesslich in das grosse Staubecken im Val Hérémence. Die Grande Dixence konnte durch die Staubecken Stafel und Zmutt sowie vor allem durch die Pumpwerke Stafel und Zmutt schon manche Überschwemmung in Zermatt verhindern. Die Wassermengen werden zweimal turbiniert und liefern 4,2 Kilowattstunden pro Kubikmeter Wasser. Viel Strom an den Verkaufsspitzen zu produzieren, das ist die Philosophie, auf der das Konzept der Grande Dixence besteht. Mit dem vermehrten Aufkommen von Wind- und Solarenergie spielt heute die Grande Dixence mit ihrer Flexibilität ebenfalls eine wichtige Rolle in der Netzregelung, sozusagen als Kompensator, falls diese neuen Energien nicht zur Verfügung stehen.

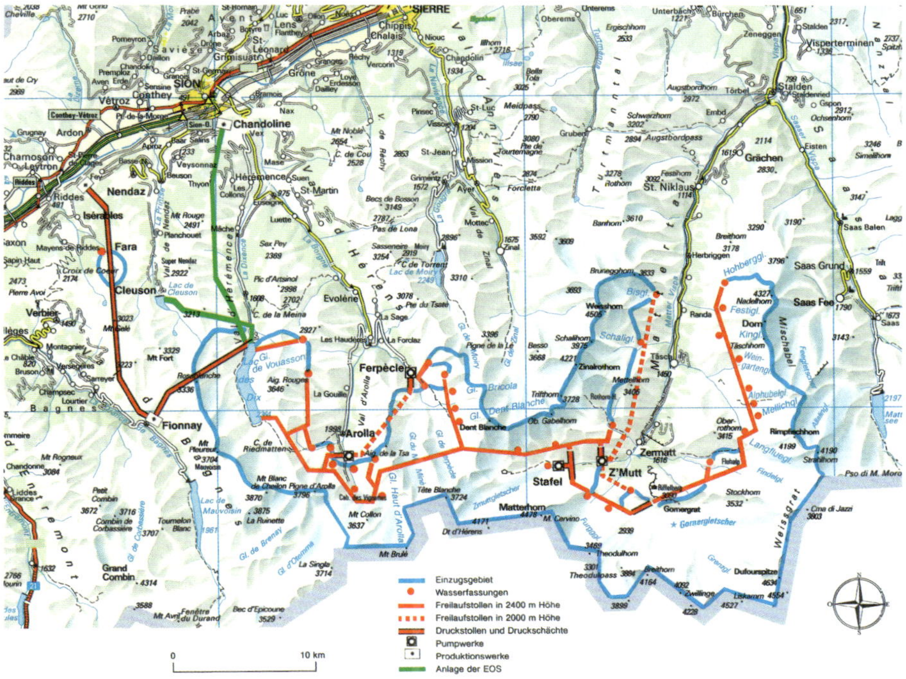

Grand Dixence – Jahrhundertwerk mit dem Mattertal als Hauptlieferant des Wassers.

Perren Gottlieb – Ein Leader

Gottlieb Perren (*1926)

- Bergführerschule 1948
- 490-mal Matterhorn
- 30-mal Zmuttgrat
- Liskamm Nordwand
- Marinelli Couloir
- Über 40-mal Haute Route Saas-Fee – Chamonix

«Gody war für mich ein Leader. Meine Erinnerungen als Bergführeraspirant am Matterhorn an ihn: Gody, immer fein rasiert, trug schon in den 70er-Jahren eine hellgrüne dünne Jacke, wie wir sie heute von Adidas haben. Oft, als das Matterhorn frisch verschneit war, legte Gody die erste Spur und wir Jungen folgten ehrfürchtig seiner Spur.

Mit einem Glas Weisswein in der Hütte haben wir uns dann revanchiert; natürlich auch zu unserem Vergnügen.

Über seine Jugendzeit, über Zeiten, als sein Vater Rettungschef war, über die älteren Bergführerkameraden hat Gody nüchtern und im Klartext gesprochen. Die ältere Garde hat die jungen Führer während dieser Zeit nie zu grossen und schweren Touren animiert, im Gegenteil; sie hat ihnen davon abgeraten. Gody hat daraus Lehren gezogen und diese in seinem Leben umgesetzt. Er war ein Motivator und hat sich gefreut, wenn wir Jungen etwas Neues oder schwierigere Touren gewagt haben. In der ‹Horuhitta› hatten wir Bergführer eine Tafel, auf der wir unsere Vakanzen eintragen konnten. Die Aspiranten standen ganz unten auf der Liste. An einem Nachmittag hatte es für mich keinen Gast mehr und ich wollte nach Hause gehen. Da kam Gody zu mir und übergab mir seinen Gast. Seine Begründung; ‹Du kannst das Geld jetzt besser gebrauchen als ich.› Das hat mich fasziniert. In seinem Geschäft La Cabane habe ich viele schöne Stunden erlebt. Gody debattierte gerne über seine Sportartikel; Verkauf war zweitrangig. Bergführerlatein war ihm wichtiger und oft mussten sich potenzielle Kunden gedulden. Als ich einmal ein Paar neue Steigeisen brauchte, gab Gody mir welche aus der Miete. Seine Begründung: ‹Ich fahre die nächsten Tage nach Chamonix. Dort werde ich dir die neuesten von Grivel besorgen.› Gody war für mich wie ein Vater in den Bergen.

In den letzten Jahren durfte ich manchmal in seinem Haus la Cordée arbeiten. Da fanden wir uns gelegentlich in alten Gesprächen wieder. Viele Erinnerungen wurden wach.

Gody erzählte, dass er sich mit seinem Bruder Bernhard jeweils im Herbst wochenlang auf der Rothornhütte aufhielt und sie sich auf dem Triftgletscher auf die Skirennsaison vorbereiteten. Esswaren und aus Holz vom Wald angefertigte Slalomstangen wurden auf dem Rücken 1600 Höhenmeter hochgetragen. Das galt als Konditionstraining. Er erzählte auch vom tragischen Camionunfall seines geliebten Bruders, von der Skischule, dem Unglück am Täschhorn von Max Julen, dem Bergfüherverein, der Klein Matterhornbahn, der Air Zermatt. Einfach von allem, woran er beteiligt war. An Weihnachten 2013 war ich zum letzten Mal bei Gody. Bei einem Glas Pinot gris habe ich das gespürt, was seine Frau Marielle in seiner Todesanzeige zum Ausdruck brachte:

‹Am Ende eines Lebens bleiben nur drei Dinge von Bedeutung: Wie sehr man geliebt, wie viel Wohlwollen man anderen Menschen entgegengebracht hat und mit welchem Mut, welcher inneren Gelassenheit man all das loslassen konnte, was nicht für einen bestimmt war.›.»

Gody Perren – der Zmuttgrat
war seine Lieblingstour.

Bernhard Perren – Sieg oder Krankenhaus

Bernhard Perren (*1928)

Seine sportlichen Erfolge:

1947: Erster Abfahrt Schweizer Junioren-Meisterschaft Wengen
Erster Abfahrt Junioren. Sestrière

1950: Zweiter Abfahrt Lauberhorn
Gornergratderby 1. Abfahrt Blauherd
Erster Riesenslalom
Vierter WM Aspen

1951: Gornergratderby
Erster Abfahrt Blauherd
Erster Riesenslalom
Erster Abfahrt SM Adelboden
Erster Riesenslalom SM Adelboden

1953: Zweiter Abfahrt Lauberhorn
Erster Riesenslalom Wengen
Erster Abfahrt Kitzbühl
Erster Abfahrt Garmisch
Erster Abfahrt Sestriere

Schon in jungen Jahren war er ein sehr guter Skifahrer und schaffte es mit 19 Jahren in die Schweizer Ski-Nationalmannschaft. Er durfte während seiner fünfjährigen Karriere als Skirennfahrer grosse Erfolge feiern.

Das Jahr 1953 wurde zu seinem erfolgreichsten. Beim Lauberhornrennen in Wengen durfte er seinen Sieg im Riesenslalom feiern. In den Disziplinen Abfahrt und Slalom fuhr er auf den zweiten Rang. In Kitzbühel in Österreich gewann Benny als erster Schweizer beim Hahnenkammrennen die Abfahrt auf der «Streif». In Sestriere und Garmisch siegte Benny bei zwei weiteren wichtigen Abfahrten. Auf der Kreuzeckpiste in Garmisch konnte er den Streckenrekord sogar um 14,3 Sekunden verbessern. Benny gab seinen Brettern die Sporen. Mit Bravour, als handle es sich um die einfachste Sache der Welt, arbeitete er sich durch das gefährliche Gewirr von Buckeln, Wellen und Gräben. Mit angehaltenem Atem verfolgten die Zuschauer das riskante Schauspiel und schickten Stossgebete zum Himmel. Denn Bennys Devise lautete: Sieg oder Krankenhaus.

Im Winter des Jahres 1954 wurde Benny nach einem Sturz beim Lauberhornrennen in der Klinik von Dr. Gentinetta am Knöchel operiert. Mathilde Lauber war für das Frühstück der Patienten verantwortlich. Sie kannte Benny nur vom Radio und den Zeitungen. Als sie in sein Zimmer kam und sah, dass der bekannte Skirennfahrer dort im Bett lag, liess die 20-Jährige das Tablett fallen. Dies war die erste Begegnung der beiden.

Benny war ein begehrter Bergführer. So schrieb Fred, ein amerikanischer Gast, Folgendes: Benny, nicht sehr gross, aber sehr stark und freundlich, ein Bergführer mit einem feinen Sinn für Humor. Als Fred ihn zum ersten Mal sah, mochte er ihn nach eigenen Angaben sofort und wusste, dass dieser Mann sein Bergführer wird.

Der dritte Mann im Berg

Bennys grosses Talent als Bergsteiger wurde nicht nur von den Gästen gelobt, sondern auch in einem Film eingesetzt. Im Film «Der dritte Mann im Berg», der 1958 von den Walt Disney Productions in Zermatt gedreht wurde, doubelte Benny den Hauptdarsteller.

Am 31. August 1960 zog Benny morgens um 3.00 Uhr los, um mit der Amerikanerin Sylvia Coe die Südwand des Obergabelhorns zu besteigen. Gegen 7.00 Uhr kam er wegen des schlechten Wetters und der dadurch zu erwartenden schlechten Bedingungen am Berg nach Hause zurück. Es war zu gefährlich, diese Tour an dem Tag durchzuführen. Robi Fux, ein Fahrer des Unternehmens «Pemugra», kam an diesem Tag von seiner Hochzeitsreise zurück. Benny bot ihm an, die Transportfahrt am Abend für ihn zu übernehmen. An diesem Tag schaute er noch bei seinen Eltern vorbei, um ihnen zu sagen, dass er die Tour abgebrochen habe und am Abend noch mit dem Camion eine Fahrt machen werde.

Bevor er sein Daheim verlies, nahm er seine Frau in den Arm und wirbelte sie herum. Diese sagte zu ihm, er solle doch nicht so tun, als käme er nicht mehr zurück! Um 21.30 Uhr kam der Anruf, der alles veränderte: «Benny ist verunglückt. Der Camion hatte einen grossen Stein auf der Strasse gestreift. Er fiel den Hang hinunter.»

Beny Perren – Eindrücke einer
verrückten Rennkarriere.

Anekdoten – Legendäre Esel und Vortrittsregeln

Hermann Biner (*1938)

Sepp Julen (*1923)

Felix Julen (*1883)

Hermann Biner und sein legendärer Esel

Der alteingesessene Hotelier vom Furri, Hermann Biner, hielt sich einen Esel namens Trixi. Diesen packte eines Tages die Wanderlust. Zielsicher peilte er via Säumerweg die Gandegghütte an, welche er beim Eindunkeln erreichte. Ein Nachtlager war schnell gefunden und bald schon wiegte sich Trixi in süssen Träumen. Die Glückseligkeit war nicht von langer Dauer. Frühe Bergsteiger versammelten sich vor der Hütte und trafen Vorbereitungen für die Tour zum Breithorn. Trixi äugte argwöhnisch unter halb geschlossenen Lidern hervor. Von Natur aus nicht nur störrisch, sondern auch neugierig, schloss sich Trixi den Bergsteigern an, überquerte den Theodulgletscher und erreichte, dank bester Kondition, den Frühstücksplatz beim Schrund unter dem Breithorn. Ein anwesender Bergführer erkannte den seltsamen Touristen und benachrichtigte Hermann Biner. Dieser traf bald einmal am Schauplatz ein und führte seine Trixi, am Führerseil gesichert, zur Bergstation der Klein Matterhornbahn. Z' Hannu Gregi – seines Zeichens Kabinenbegleiter – staunte nicht schlecht. Diese Art von Passagier war ihm neu. Schnell entschlossen hängte er Trixi eine Fahrkarte um den Hals. Sein Kommentar: « Hier fährt niemand ohne Ticket!» Trixi betrat die Kabine, stellte sich brav ans Fenster und bewunderte die hehre Bergwelt. Auf dem Furi endete die genüssliche Fahrt abrupt. Hermann und Trixi stiegen aus und traten den Heimweg Richtung Hotel und Stall an. Dort wurde das «Paar» von Hermanns Ehefrau empfangen und vor ein Ultimatum gestellt. Hermann musste sich entscheiden: Frau oder Esel? Mit dem Esel wurde Hermann nie wieder gesehen.

Sepp Julen als Skilehrer und Tourenführer

Die «Rote Skischule» boomte. Krampfhaft wurde nach Skilehrern Ausschau gehalten. Sepp Julen, Kondukteur bei der SBB, ohne Skilehrer- und Bergführerausweis, stellte sich der Herausforderung und übernahm die Führung einer Gruppe für die Tour vom Rotenboden via Testa Grigia nach Cervinia. Nach optimalem Start setzte urplötzlich eine Wetterverschlechterung ein. Alle Bergführer drehten um. Sepp allerdings liess sich von dem einmal eingeschlagenen Weg nicht mehr abbringen. Unbeirrt folgte er in dichtem Nebel der vermeintlich richtigen Route. Doch die Minuten reihten sich zu Stunden, die Kräfte der Berggänger liessen nach, kein Laut drang durch die weisse Wand und die Testa Grigia schien ihren Standort gewechselt zu haben. Zu allem Unglück stürzte Sepp einige Meter in die Tiefe. Als sich kurz darauf der Nebel lichtete, entpuppte sich die vermeintliche Gletscherspalte als Schneeverwehung . Sepp lag in freiem Gelände und sein Standort gab den Blick auf den Schwarzsee frei. Nun war alles klar. Über das Hirli fuhr man zum Schwarze Tschugge, wo Sepp die Gruppe aufteilte. Die besseren Fahrer verabschiedeten sich Richtung Zermatt. Sepp betreute die Schwächeren und erreichte mit ihnen um 11.00 Uhr das Dorf. Irgendetwas musste schiefgelaufen sein. Die guten Fahrer waren noch nicht eingetroffen. Sofort wurde eine Suchaktion eingeleitet. Die Unglücklichen wurden in den Feuerhölzern aufgespürt, wo sie sich im Gestrüpp verfangen hatten. Fazit der Geschichte: Ende gut – alles gut!

Felix Julen

Felix Julen war mit einem Gast auf dem Theodulgletscher unterwegs. Der Gast stürzte in eine Gletscherspalte. Felix warf dem Unseligen das Seil zu, damit der sich aus der Spalte hocharbeiten konnte. Doch Felix staunte nicht schlecht. Ein ihm Unbekannter entstieg der Spalte. Sein Gast hatte dem anderen, der schon länger in der Kälte sass, den Vortritt gelassen.

Ein anderes Mal fiel ein Gast am Gabelhorn in eine Gletscherspalte. Felix schaffte es nicht alleine, den Gast zu bergen und musste im Dorf Hilfe holen. Sein Gast, der wegen der langen Wartezeit nicht mehr an eine Rettung glaubte, schrieb inzwischen sein Testament und war dann ganz erstaunt, als doch noch Hilfe kam.

Hotel Alex – Trendsetter

Alex Perren (*1933)

Alex Perren wurde im Jahr 1933 geboren. Sein Urgrossvater mütterlicherseits war Peter Taugwalder, der erste Bergführer, der das Matterhorn zusammen mit Edward Whymper bestiegen hatte. Taugwalder gab seine Liebe zu den Bergen und sein Talent fürs Bergsteigen an seinen Urenkel weiter. Es überrascht daher nicht, dass Alex im Alter von gerade einmal 19 Jahren der Jüngste aus Zermatt war, der sich als Skilehrer und Bergführer etablieren konnte. Damit wurde sein Traum Wirklichkeit. Er konnte nun Gäste auf sein geliebtes Matterhorn und auf die anderen Viertausender-Gipfel führen.

Bergunfall ändert sein Leben

Als im Dorf bekannt wurde, dass Alex Perren am Obergabelhorn verunfallt war, machten sich noch abends bei heftigem Schneefall seine Bergsteigerfreunde Thomas Biner, Gottlieb Perren, Josef Biner, Adolf Schaller, Josef Petrig und Herbert Graven auf den Weg. Diese Seilschaft fand Alex Perren völlig unterkühlt auf. Beni Perren, Heinrich Taugwalder und Josef Fux stiessen dann auch noch zum Rettungstrupp. Diese mutigen Männer nahmen komplett übermüdet den beschwerlichen Rückweg auf sich. Nach insgesamt 38 Stunden war die Seilschaft wieder heil im Dorf zurück. Alexanders linkes Bein war nicht mehr zu retten und musste amputiert werden. Seinen geliebten Beruf als Bergführer musste er aufgeben. Den Mut hat Alex Perren aber nie verloren – seine zweite Karriere als Hotelier war nicht minder spannend und ebenso erfolgreich.

Als Alex Perren im Jahre 1960 mit dem Aushub für sein Hotel begann, fand man ein Grab mit einem intakten Skelett auf seinem Grundstück. Das Skelett ist heute im Museum Zermattlantis ausgestellt.

Im Jahr 1962 trat die in Salzburg geborene Gisela als Sekretärin im Hotel Alex ihre Stelle an. Die grosse Liebe brachte sie zusammen und sie heirateten im Jahr 1964. Während der nächsten Jahrzehnte setzten die charismatische und charmante Gisela und der bodenständige Alex als hingebungsvolle Gastgeber Marksteine in der Zermatter Hotelszene. So wurde z. B. früher das Frühstück traditionell am Tisch serviert. Ein Gast machte Alex darauf aufmerksam, dass in den Vereinigten Staaten das Frühstück nicht serviert wird. Die Hotels präsentieren das Frühstück an einem Buffet und die Gäste können sich selber bedienen. Am nächsten Morgen wurde im Hotel Alex das erste Frühstücksbuffet aufgebaut. Das missfiel aber dem Kurverein. Der damalige Kurdirektor Constant Cachin teilte Alex mit, dass das Frühstück durch Kellner zu servieren sei. Worauf er die Mitgliedschaft im Kurverein sofort kündigte – der Erfolg gab ihm recht. Zwei Jahre später gab es in allen Hotels in Zermatt nur noch Frühstücksbuffets!

Das innovative Hotelierpaar hat in Zermatt viele Trends gesetzt und das «Alex» wurde zum In-Place am Fusse des weltberühmten Matterhorns. So waren sie die Ersten in Zermatt, die ein Hallenschwimmbad bauten – und es ist heute noch eines der schönsten Schwimmbäder. Ganz generell legten sie ein Schwergewicht auf das Sportangebot für ihre Gäste – Squash- und Indoor Tennis Court sind einzigartig in Zermatt.

Im Jahr 2005 übergaben Gisela und Alex die Führung des Hauses an die nächste Generation. Christina Perren und ihr Gatte René Hürlimann sowie die Geschwister Sonja und Markus engagieren sich in der Fortsetzung der Familientradition.

Ihr Motto lautet: Gastfreundschaft ist Freundschaft und Freundschaft verpflichtet.

Alex Perren – stets einen Schritt voraus,
am Berg wie auch im Hotel.

Typhus – Epidemie in Zermatt

Marie-France Vouilloz Burnier

Doktorin der Erziehungswissenschaften, freischaffende Historikerin, Spezialistin für die Geschichte des Gesundheitswesens, der medizinischen Berufe und der Walliser Frauen. Autorin von «1963 – Typhus in Zermatt. Eine regionale Epidemie mit internationalen Folgen». Visp, Rotten Verlag, 2010.

Der Krankheitsverlauf

10. März 1963: Ausrufung der Typhusepidemie in Zermatt

16. März 1963: Öffnung eines Notspitals in den Räumlichkeiten der Primarschule

21. März 1963: Ankunft der Armee, Betreuung der Kranken und Desinfizierung des Kurortes

25.–27. März 1963: Schliessung der Hotels und Pensionen, Stillstand der Bergbahnen

23. April 1963: Abzug der Armee

«Hoffen wir, dass dieses Kapitel der Geschichte von Zermatt nun endgültig geschlossen werden kann und dass es fortan nur noch der Wissenschaft und dem Kampf gegen die Epidemien dienen wird.»
Werner Kämpfen, 10. März 1966

Am 10. März 1963 – auf dem Höhepunkt der Wintersaison – informiert der Zermatter Arzt Dr. Gentinetta das kantonale Gesundheitsamt darüber, dass er bei mehreren seiner Patienten Typhussymptome festgestellt habe. Sein Kollege Dr. Julen bestätigt diese Diagnose.

Typhus abdominalis (gemeinhin als Typhus bekannt) bricht drei Wochen nach der Aufnahme von Wasser, das mit Bakterien aus der Familie der Salmonellen verseucht ist, aus. Die ersten Symptome sind anhaltendes hohes Fieber, das Auftreten von Roseolen (Rötungen der Haut) und starker Durchfall.

Das kantonale Gesundheitsamt ergreift sofortige Massnahmen: Evakuierung der Keimträger, Isolierung der Kranken im Notspital und Desinfizierung der Wohnungen. Die zu Hilfe gerufene Armee organisiert den ärztlichen Dienst im Spital, macht neue Fälle ausfindig, kümmert sich um die Desinfizierung der Gemeinde und führt in ihrem Labor für bakteriologische Analysen (B-Laboratorium) epidemiologische und diagnostische Analysen durch. Die Gemeindebehörden treffen ebenfalls unmittelbare Massnahmen: Die Trinkwasserqualität wird analysiert, das Wasser aus dem Zmuttbach wird nicht mehr in das Versorgungsnetz eingeleitet, die Chlorierungsanlage wird überprüft und das Wassernetz wird einer Expertise unterzogen. Trotz dieser Massnahmen sterben drei der 450 erkrankten Personen.

Der Ausbruch der Epidemie ist auf mehrere Gründe zurückzuführen: Die Trinkwasserquellen wurden durch Fäkalien verunreinigt, sukzessive Unterbrüche bei der Wasseraufbereitung führten zu einer Verschmutzung des Chlorierungsraums, die Trink- und Abwasserleitungen wiesen mehrere Schwachstellen auf, die nur schwer zu reparieren waren, weil es keinen Katasterplan des Leitungsnetzes gab.

Die Folgen dieser Epidemie schlagen sich sowohl auf kommunaler als auch auf kantonaler und eidgenössischer Ebene nieder.

Für Zermatt war es grundlegend, Massnahmen zum Schutz der Wasserfassungen sowie zur Überprüfung der Wasserzuleitung und der Chlorierung der Trinkwasserreservoirs zu ergreifen. Hinzu kamen das Erstellen eines Katasters der Kanalisation, die Reinigung der Bäche, die Schaffung eines Abwasserreinigungssystems, der Bau einer Kehrichtverbrennungsanlage und die Organisation einer regelmässigen Trinkwasserkontrolle.

Der Kanton traf wichtige Massnahmen, um das Amt für Gesundheitswesen auszubauen: Erhöhung des Personalbestands beim Kantonslaboratorium, um das Trinkwasser besser überwachen zu können, Schaffung eines kantonalen bakteriologischen Labors (das heutige Zentralinstitut der Walliser Spitäler), Vergrösserung des Amtes für Gesundheitswesen und Schaffung eines Gesundheitspräventionsprogramms.

Das neue Bundesgesetz über die Bekämpfung übertragbarer Krankheiten trat im Dezember 1970 in Kraft. Es war deutlich von den Lehren beeinflusst, die sich aus der Epidemie von Zermatt ziehen liessen. Durch dieses Gesetz wurde das Schweizerische Salmonellenzentrum geschaffen. Zudem legte es den Grundstein für eine Koordination zwischen der Human-, der Veterinärmedizin und der Lebensmittelkontrolle.

Auch dem Tourismus kamen die positiven Auswirkungen dieses unglücklichen Ereignisses zugute. Es wurde eine Vermittlungsaktion zugunsten der Opfer auf die Beine gestellt und die Schweizerische Verkehrszentrale setzte sich dafür ein, dass den Angestellten angemessene Räumlichkeiten zur Verfügung gestellt wurden, dass die Gäste informiert und die zur Vermietung bestimmten Wohnungen genauestens auf ihre Hygiene überprüft wurden.

Die Epidemie von 1963 in Zermatt machte der Gemeinde, dem Kanton und dem Bund bewusst, dass der irreversible Übergang von der Landwirtschaft zur modernen Wirtschaft von den Orten, die sich dem Tourismus zuwandten, grundlegende Anpassungen verlangte.

Typhus-Epidemie 1963 – die Wintersaison
findet ein vorzeitiges Ende.

Perren Beat – Ratrac in der Gletscherspalte

Beat Perren (*1929)

Nichts macht kleinen Jungen mehr Spass, als Dinge explodieren zu lassen. Das galt auch für Beat H. Perren. Der Spass an Explosionen hat Beat sein Leben lang begleitet. Denken wir an die kleine Fabrik zur Herstellung von eigenen Pharmaprodukten, an den Robotergreifarm in seiner Apotheke, die Air Zermatt, die Rettungsentwicklungsphasen mit seinem Freund Bruno Jelk, die Medizinversorgung in Zermatt, die Revolutionierung der Müllentsorgung und nicht zu vergessen die Fotografie.

Beats Spass an Explosionen war nachhaltig für Zermatt.

Die Gründung des Oberwalliser Flugunternehmens Air Zermatt im Jahre 1968 ist für den Mitgründer, langjährigen omnipräsenten und dynamischen VR-Präsidenten und zeitweiligen Direktor Beat H. Perren Geschichte. Nicht, dass der Inhaber eines Flugbrevets die turbulenten Jahre mit Hoch und Tiefs vergessen hätte: «In die Air Zermatt habe ich weit mehr investiert, als ich je daran verdient habe», gab Beat H. Perren schon vor Jahren im «Zermatt Magazin» zu Protokoll. Auch 45 Jahre später ist die Flotte der Air Zermatt wie einst den Erfordernissen des Marktes angepasst und damit im harten Verdrängungswettbewerb konkurrenzfähig.

Beat Perren – Apotheker, Buchautor und Fotograf, erinnert sich nicht an die vielen Stunden auf der Heli-Basis, die persönlich geleiteten Rettungseinsätze an Bord, an das Vorgehen- und Überdenken der Unternehmensstrategie und die Mittelbeschaffung, sondern an einen denkwürdigen Rettungseinsatz: Ein für eine Rettung aufgebotenes Pistenfahrzeug verschwand am Breithorn in einer Gletscherspalte.

Jahrzehnte sind es her, als drei Österreicher von der Gandegghütte aus das Breithorn besteigen wollten. Der Schlussmann lief unangeseilt 200 Meter hinter seinen Bergkameraden her. Plötzlich verschwand dieser 34 Meter tief in einem Gletscherschrund. Was tun? Ein Alpinist blieb am Unglücksort, der andere avisierte auf der Testa Grigia die Rettungskolonne. Auf den Skiern führte der Alarmierende den Ratrac mit den Helfern in Richtung Unfallort. Plötzlich verschwand das Pistenfahrzeug samt der fünfköpfigen Besatzung 22 Meter tief in einer Gletscherspalte. Diese war so breit, dass ein Einfamilienhaus gut und gerne darin Platz gefunden hätte. Als der erste Rettungsheli am Unfallort des verschwundenen Bergsteigers eintraf, wies der verbliebene, aufgeregte Alpinist den Helikopter in einem wahren Freudentanz ein und verschwand vor den Augen der Retter ebenfalls in der Gletscherspalte. Beide konnten später nur noch tot geborgen werden.

Die Crew des zweiten Rettungshelis mit Beat Perren an Bord bemerkte die abgebrochenen Raupenspuren und nahm die Bergungsarbeit der Besatzung auf. Mithilfe der damals legendären Bergführer Alfons Lerjen, Felix Julen und Hermann Petrig konnten die verunfallten Retter – zwei schwer und drei mittelschwer verletzt – geborgen und in Spitalpflege geflogen werden.

Das Pistenfahrzeug konnte nicht gehoben werden. Erst 20 Jahre später wurde der deformierte Ratrac 200 Meter tiefer am Ende des Theodulgletschers von der Luftseilbahn aus gesichtet. Auf Wunsch der Gemeinde wurde die Maschine entsorgt. Pikant: Die spätere Frau von Beat Perren, Luisa, damals Restaurantangestellte auf Testa Griga, trug die Betriebseinnahmen bei der Rettungsaktion im Rucksack auf dem Pistenfahrzeug mit sich. Der Rucksack blieb unauffindbar. Angestellte des Bahnunternehmens machten sich nachts auf die Suche nach dem Geld, konnten den Rucksack aber nicht orten. Erst später aufgebotenen Bergführern gelang es, die Finanzen zu bergen und die nassen Lire-Noten auf einer Wäscheleine zu trocken.

Beat Perren – Fliegerei, Rettungswesen und Fotografie als Passion.

Benedikt Schnyder – Die verschwundene Hütte

Benedikt Schnyder (*1942)

An der ETH studierte er Glaziologie und schloss sein Studium 1970 erfolgreich ab.

Seine beruflichen Tätigkeiten im inneren Mattertal waren:

- Gletscherbezogene Fragen beim Kraftwerkbau Grande Dixence
- Eisabsturzgefahr bei der Nordflanke des Weisshorns oberhalb von Randa
- Massenbilanz des Hohwenggletschers
- Schwebestoffuntersuchungen (Gletscher Milsch)
- Wartung meteorologische Stationen im Raum Zermatt
- Machbarkeitsstudie Gletscherpalast Klein Matterhorn
- Machbarkeitsstudie Sesselbahn Furggsattelexpress
- Unesco-Studie in Nepal 1988 bei der Zermatter Lhotse-Expedition

Um es vorwegzunehmen: Glaziologie hat nichts mit Haarwuchsproblemen zu tun! Das Wort ist abgeleitet vom lateinischen «glacies», also Eis. Die Eis- und Gletscherkunde ist die Wissenschaft oder Lehre von der Entstehung, Form, Wirkung und Verbreitung des Eises und der Gletscher.

Ein Lieblingsgebiet für den Oberwalliser Glaziologen Benedikt Schnyder war der Hohwenggletscher. Seine ETH-Diplomarbeit schrieb der Saas-Feer mit Zermatter Wurzeln über diese Gletscherregion.

Schutzhütte auf Metallskiern

1972 baute die Direktion der Grande Dixence unterhalb des Col Durant eine Schutzhütte auf vier Stahlrohren mit Mettallskiern. Zweck der Übung: Die Skier sollten es ermöglichen, dass die Hütte mit dem Gletscher fliessen, oder besser gesagt mitgleiten kann. Bis 1978 wurde die Hütte nach den regelmässigen Messungen an den Metallrohren jährlich ca. sechs Meter hochgehoben. Metallkonstrukteur war Remo Sarbach aus St. Niklaus.

Im Frühjahr 1978 flog Benedikt Schnyder mit Gabriel Willisch und Jules Biner mit einem Heli der Air Zermatt auf das obere Plateau des Hohwenggletschers. Die üblichen Frühjahrsmessungen standen an. Bereits beim Anflug stellten die drei fest, dass die Hütte nicht mehr sichtbar war. Ein Alupegel, welcher nur einige Zentimeter über der Schneeoberfläche herausragte, deutete auf den Standort des Mittelpegels hin. Da die Hütte in unmittelbarer Nähe war, fanden die Experten den Dachgiebel mittels Sondieren bald einmal. Sie beschlossen, mit zwei Lawinenschaufeln die Eingangsseite der Hütte freizulegen. Das nahm bei den Schneeverhältnissen (windverfrachtete und abgelagerte, relativ harte Schichten) einige Zeit in Anspruch.

Durch den ausgegrabenen Kanal gelangte die Equipe schlussendlich in die Hütte. Schnyder erinnert sich: «Wir waren uns schnell darüber einig, die Nacht in der Hütte zu verbringen. Nach dem Abendessen (je zwei Fertigmenüs pro Person) legten wir uns zum Schlafen auf die Matratzen.» Mitten in der Nacht weckte Jules Biner seine Kollegen mit der verzweifelten Bemerkung: «Ich kann hier kaum atmen.» Der Grund war klar ersichtlich: Während der Nacht wehte der Triebschnee die Öffnung zur Hütte zu und unterbrach die Sauerstoffzufuhr.

Durch die Warnung von Jules hellwach geworden, schaufelte das Team mit grosser Mühe unverzüglich den fast vertikalen Schacht zur Oberfläche frei. Der Schnee wurde in der Hütte zwischengelagert. Glücklicherweise drehte die Eingangstür nach innen, sonst wären die unfreiwilligen Hüttenbewohner von den Schneemassen eingeschlossen worden. «Schülo» rettete uns das Leben», erinnert sich Schnyder und ergänzt: «Im Wissen, dass es die letzte Nacht von Menschen in dieser Behausung war, kritzelten wir mit einem Filzstift noch wehmütig unsere Namen auf die Innenwände.» Die Hütte bleibt wohl im ewigen Eis vergraben.

Schnee als unwillkommener Gast in der Messstation.

Der Yeti-Club – Absicherung der Bergführer

Urs Eschle (*1929)

Bernhard Graven (*1959)

Aus der Perspektive des Gastes ist der Bergführer ein Mensch, der seine besonderen Fähigkeiten und ganze Kraft einsetzt, um seinen Seilgefährten tiefe Freude und bleibende Erlebnisse aus der Bergwelt zu vermitteln.

Von der Idee zur Tat

Das Berufsrisiko eines Bergführers ist beträchtlich; die Unfallversicherungen enorm teuer. Statt dem Touren-Tarif ein Trinkgeld als Prämiensubvention beizufügen, kam in Gesprächen immer wieder der Gedanke auf, eine Kollektiv-Unfallversicherung für alle Zermatter Bergführer ins Leben zu rufen. Die Grundidee war geboren; es brauchte aber ein besonderes Ereignis, um das Projekt zu verwirklichen.

Der Name dafür ergab sich zufällig durch meinen langjährigen Bergführer und späteren Wildhüter Ludwig Imboden (Lucky). Dieser hatte sein Haus in Zermatt auf den Namen Yeti getauft.

Auslöser der Klubgründung war der tragische Unfall von Hermann Perren im Sommer 1990 am Matterhorn. Nach dem Mitte-August-Umzug setzte sich die Bergführermusik mit ihren Freunden auf der «Seilerwiese» zusammen. Der tödliche Bergunfall war Gegenstand vieler Gespräche. So auch zwischen Bernhard Graven, meinem Sommer-Bergführer und dem damaligen Gemeindepräsidenten und Ständerat Daniel Lauber. Die beiden Macher nahmen die Klubgründung ernsthaft an die Hand. Der Berner Notar Nicklaus Witschi, ein Gast von Beni Graven, entwarf die Statuten. Daniel Lauber seinerseits suchte und fand Zermatter Persönlichkeiten, die bereit waren, dem Gründungskomitee beizutreten.

Am 19. November 1990 trafen sich Gemeindepräsident Daniel Lauber, Burgerpräsident Erwin Aufdenblatten, Gabriel Taugwalder, Protokollführer Bernhard Graven und als Vorsitzender Urs Eschle (Verfasser dieser Zeilen) zur Klubgründung im Matterhorndorf.

Mit fünf Unterschriften und gefeiert mit einem guten Glas Wein war der Klub als Verein im Sinne von Art. 60 ff des Schweiz. Zivilgesetzbuches aus der Taufe gehoben.

Aller Anfang ist schwer

Zuerst mussten nun die Bergführer von der Idee überzeugt werden. Einige verstanden die Idee falsch und hielten uns für Versicherungsverkäufer. Nach zwölf Monaten zählte der Club gerade mal 14 Mitglieder. Bei Weitem nicht genug, um die Jahresprämie von damals etwa 40 000 Franken für die Unfallversicherung zu decken. Die in den Statuten auf 100 beschränkte Mitgliederzahl wurde erst im Jahre 2000 erreicht. Um genügend Mittel zu beschaffen, wurden auch die Lebensgefährten von Mitgliedern zugelassen.

Der Yeti-Club trägt viel zum guten Verhältnis zwischen den Bergführern und deren Gästen bei. Zweimal im Jahr versammeln sich die Yetis (so nennen wir uns) mit den Bergführern zu einem Sommer- und einem Winter-Treffen. Diese Tradition wurde von Hermann-Josef Biner im Jahre 1991 lanciert und verzeichnet einen grossen Erfolg. Für einige Yetis wurde Zermatt zur zweiten Heimat. Im Sommer 2010 feierten wir das 20-Jahr-Jubiläum. Als bleibendes Andenken schufen wir in Zusammenarbeit mit den Bergbahnen das Lumorama. Das sind die blauen Lichter am Horizont, deren Farbe man mittels Telefon in acht Varianten ändern kann. Eine kleine Attraktion, ein Plus für unser geliebtes Zermatt.

- Sechs Familien von tödlich verunglückten Bergführern konnten vom Yeti-Club unterstützt werden
- paritätisch finanzierte Pensionskasse und Rechtshilfe im In- und Ausland
- um dem Klub Nachhaltigkeit zu garantieren, wurde eine Jugendkategorie gegründet
- die Prämienverpflichtungen des Yeti-Club bis 2045 überschreiten die Millionengrenze. Die Mitgliedschaft im Klub hat sich auf fast 200 Personen erhöht.

Erwin Aufdenblatten, ehemaliger Burgerpräsident, der seinen Vater in den Bergen verlor, Daniel Lauber, Alt-Ständerat der Bergbevölkerung und Gabriel Taugwalder, Hotelier mit Genen eines Alexander Taugwalders, bilden das Fundament des Yeti-Clubs.

Shelter – Basecamp am Fusse des Matterhorns

Wie bereits beschrieben, hausten die ersten Menschen beim «Schwarzen Tschugge» oberhalb von Zermatt, von den Archäologen Abri (Schutzhütte) genannt. 10 000 Jahre später, d. h. 2014, entsteht 300 Höhenmeter oberhalb dieser legendären Fundstelle das moderne Base Camp mit seinen 25 Shelters (Schutzhütten)

Bei der Konzeption des Base Camp Matterhorn galt die Prämisse «reduce, reduce, recycle». In der Umsetzung hiess das, konsequente Fokussierung auf die Bedürfnisse der Gäste, Sicherstellung eines reibungslosen Ablaufs und insbesondere eine intensive Auseinandersetzung mit Rückbau und Weiterverwendung der Shelters. Die Architekten Selina Walder und Georg Nickisch aus Flims wurden mit der Planung des Base Camp Matterhorn beauftragt.

Vom Prinzip her ist es den Basiscamps im Himalaja nachempfunden. Das heisst, auf einem gewissen Platz gibt es Schlaf- sowie Verpflegungs- und Aufenthaltszelte. Es gibt aber einen grossen Unterschied zu den Camps im Himalaja.

Bei den Zelten, die im Himalaja zum Einsatz kommen, handelt es sich grundsätzlich um normale Zelte. Wir dagegen haben «Zelte» aus Aluminium. Diese Zelte sind zwar schwer und darum war der Aufbau des Camps auch nicht ganz leicht; der grosse Vorteil liegt aber in der Nachhaltigkeit.

Wir wollen mit dem Camp möglichst keine Spuren am Berg hinterlassen. Das Camp entsteht, wird betrieben und verschwindet dann wieder. Deshalb auch der Name «Pop-up-Hotel». Das bedeutet, dass die Alu-Zelte später weiterverwendet werden. Ein paar davon werden anschliessend bei Ausstellungen rund um den Globus zum Einsatz kommen, ein paar in Zermatt und der Rest wird verkauft. Wir möchten so wenig wie möglich wegwerfen, das ist der nachhaltige Gedanke dahinter.

Die grösste Herausforderung lag darin, dass wir das Hirli vor Baubeginn nur schneebedeckt sahen, da die Idee für das Basecamp im Winter 2014 entstand. Die Fundation und die Verankerung haben wir somit erst nach der Schneeschmelze, unmittelbar vor Baubeginn, geplant. Die Elemente aus Aluminium mussten sich für den Bahntransport von Visp auf den Riffelboden eignen und durften die Tragkraft des Helikopters nicht übersteigen. Zudem mussten sie mit einfachen Werkzeugen schnell montierbar sein. Innerhalb von zwei Wochen waren 29 Häuschen, zwei Aufenthaltsräume, ein Waschraum und eine Küche betriebsbereit. Die Bauten sind über die Fundation geerdet und auf Wind von mehr als 150 Kilometer pro Stunde ausgelegt.

Der Hüttenwart der Hörnlihütte, Kurt Lauber, freute sich über die Alternative: «Die Hörnlihütte war diesen Sommer wegen Umbauarbeiten geschlossen. Nach wie vor herrschte am Fusse des Matterhorns Wassermangel. Darum gab es im Base Camp Matterhorn auch keine Duschmöglichkeit. Tagesausflügler waren herzlich willkommen. Sie wurden auf dem Hirli nach bewährter Hütten-Manier verpflegt. Die Alpinisten erhielten in den grossen Infrastruktur-Shelters Frühstück und Nachtessen. Ein Erlebnis, das bereits der Vergangenheit angehört.»

Das Basecamp ist Geschichte – für nur 300 Personen
bleibt es ein unvergesslicher Aufenthaltsort.

Christoph Bürgin – «Wir hatten nicht immer Sonntag»

Christoph Bürgin (*1957)

Gemeindepräsidenten von Zermatt

1909–1912:	Heinrich Lauber
1913–1916:	Hieronimus Julen
1917–1924:	Stanislaus Kronig
1925–1944:	Joseph Aufdenblatten
1945–1956:	Othmar Julen
1957–1960:	Dr. Theodor Biner
1961–1972:	Dr. Joseph Aufdenblatten
1973–1976:	Dr. Siegfried Julen
1977–1990:	Daniel Lauber
1991–2004:	Robert Guntern
2005–	Christoph Bürgin

Gemeindepräsident Christoph Bürgin spricht Klartext

«In Zermatt geboren und aufgewachsen, habe ich meinen Geburtsort als kleines, überschaubares Dorf in Erinnerung. Unsere Freizeitbeschäftigung als Kinder war vielfältig. Sie bestand aus Fussball, Skilaufen, Eishockey- oder Tennisspielen, aber auch aus Schneeballschlachten im Winter. Das alles nicht irgendwo am Rande von Zermatt, sondern auf dem Kirchplatz. Später als Jugendliche engagierten wir uns in Vereinen wie beispielsweise der Musikgesellschaft oder der Jungmannschaft.

In den letzten Jahren entwickelte sich Zermatt zu einer der bedeutendsten Tourismusdestinationen. Zermatt wurde ein ‹Brand› und ich bin stolz, so einem Dorf als Gemeindepräsident vorstehen zu dürfen. Zweifelsohne keine leichte Aufgabe. Eine ganz wichtige Voraussetzung, um in diesem Amt bestehen zu können, ist die Liebe und Faszination zu diesem Dorf und das Verständnis seiner Bewohner.

Am gleichen Strick ziehen

Die Zusammenarbeit zwischen den verschiedenen Leistungsträgern insbesondere mit der Burgergemeinde ist für mich matchentscheidend. Das war nicht immer so. Im Jahre 1969 trennten sich die Verwaltungen der bis anhin zusammengehörenden Burger- und Munizipalgemeinde. Einer der Gründe war sicherlich, dass die Burgergemeinde ihre grossen Vermögenswerte selber verwalten wollte. Zwischen den beiden Gemeinden gab es dann immer wieder Meinungsverschiedenheiten über verschiedene Besitzansprüche, z. B. über Gletscher und Berge. Ein Bundesgerichtsentscheid löste dieses Problem, es wurde anschliessend vom damaligen Gemeinde- und Burgerpräsidenten aufgearbeitet, ausdiskutiert und anschliessend den beiden Räten dargelegt. Das damals zuweilen doch recht angespannte Verhältnis zwischen beiden Gemeinden hat sich schlagartig verbessert und kann heute als sehr gut und konstruktiv betrachtet werden. Bei irgendwelchen Problemen reicht heute meist ein Telefongespräch zwischen beiden Präsidenten aus. Allen ist klar, dass Zermatt nur vorwärtsgeht, wenn alle am gleichen Strick ziehen. Persönlich bin ich über diese Situation zum Wohle von Zermatt sehr glücklich.

Bezahlbarer Wohnraum für Ortsansässige

Zermatt ist als Tourismusort grundsätzlich organisch und gesund gewachsen. Jedoch wuchs Zermatt in den 90er-Jahren und Anfang der Jahrtausendwende zu schnell. Aufgrund der Zinsen und Krisen an der Börse flüchteten viele in den Immobilienmarkt. Der Druck auf Zweitwohnungen stieg stark an und liess die Preise explodieren. Diese Tendenz führte dazu, dass die Preise auf dem Wohnungsmarkt in die Höhe schnellten und die Mietzinse dadurch für viele Einheimische und Mitarbeiter nicht mehr finanzierbar wurden. Dieses Problem hat der Gemeinderat erkannt. Im Rahmen eines Modellvorhabens des Bundes wird im Zeitrahmen von 2014 bis 2017 nach Möglichkeiten gesucht, wie bezahlbarer Wohnraum für Ortsansässige geschaffen werden könnte.

Es wird unsere Aufgabe sein, das Tempo in den nächsten Jahren zu reduzieren und die ganze Sache in Zermatt gemächlicher anzugehen. Raumplanerische Massnahmen ergreifen und umsetzen. Nur so haben wir die Gewähr, dass Zermatt das bleibt, was es eigentlich immer war, nämlich ein wunderschönes Dorf, umringt von vielen Bergen, gesegnet mit einer fantastischen Natur, am Ende eines Tales. Hoffentlich hinterlassen wir unseren Kindern und Kindeskindern ein Zermatt, auf welches auch sie stolz sein können.»

Die Gemeinde Zermatt steht vor
grossen Herausforderungen.

Xaver Imfeld (*1853)

1859: 1. Projekt Bahn aufs Matterhorn

1892: Bewilligung Bahn aufs Matterhorn Projekt Imfeld

1896: Die Bahn auf den Matterhorngipfel musste zugunsten der Zahnradbahn auf Gornergrat aufgegeben werden.

1906: Abgeändertes Projekt einer unterirdischen Standseilbahn aufs Matterhorn Projekt Gollioz/Imfeld

Projekte zur Erschliessung des Matterhorngipfels mit einer Bahnanlage gab es gleich mehrere. Aus verschiedensten Gründen waren sie nicht zu realisieren. Zum Glück blieben die Träume der Visionäre Schäume. Damalige wie heutige Generationen hätten uns diesen Irrsinn nie verziehen.

Der Gipfel des Matterhorns war schon vor der Erstbesteigung ein erstrebenswertes Ziel auch für die Bahnpioniere. Wie der «Gazette du Valais» vom 20. Oktober 1859 (Walliser Kantonsarchiv: MW-Sitten J 26) zu entnehmen ist, bestand bereits damals ein Projekt zur Erschliessung des Matterhorngipfels. Von Zermatt bis zum Fuss des Matterhorns sollte eine 22,5 Kilometer lange Strasse führen, von dort aus gab es zwei Alternativen, eine oberirdische über die am meisten sonnenbeschienene Flanke und eine unterirdische durch einen spiralförmigen Tunnel im Innern des Berges mit einer Länge von rund 35 Kilometer und verschiedenen Glasfenstern. Die erste Variante wurde als unrealisierbar verworfen, für die zweite schätzte man Kosten von rund 900 000 Franken und mit einer Bauzeit von vier Jahren. Sie sollte durch eine Gesellschaft finanziert werden, für welche Aktien à 50 Franken vorgesehen waren.

Allgemein bekannt ist dann das Projekt von Xaver Imfeld, Schwiegersohn von Alexander Seiler, welches dem Konzessionsgesuch von Leo Heer-Bétrix vom 22. August 1890 zugrunde lag und durch den Schweizerischen Bundesrat am 20. Juni 1892 bewilligt wurde. Es führte über Zum See in einer Zahnradbahn auf den Gornergrat und in einer Zahnradbahn über die Station Schafberg mit einer Haltestelle auf Schwarzsee, einem sogenannten Wärterposten am Hörnli bis zur Station Whympershütte und dann mit einer unterirdischen Drahtseilbahn bis zum Gipfel des Matterhorns. Der Initiant erlebte die Konzessionserteilung nicht mehr, und Xaver Imfeld musste seinen Anteil aus gesundheitlichen Gründen an August Haag abtreten. Die Konzession des Bundesrates verfiel und bei der Verlängerung 1896 musste die Bahn auf den Matterhorngipfel zugunsten der Zahnradbahn auf Gornergrat aufgegeben werden.

Angriff aus dem Süden

Im Aufbruch der 50er-Jahre hat die italienische Gesellschaft Cervino S.p.A. auch eine Anlage von Furggen direkt aufs Matterhorn geplant. Dieses Projekt musste allerdings wegen der Einwände aus Umweltkreisen und der grossen Opposition aus Zermatt aufgegeben werden. Die Gesellschaft Cervino plante darauf vom Furgghorn eine Luftseilbahn über Hörnli, Schwarzsee, Hermetjen nach Zermatt. Dafür hinterlegte der in Sitten lebende Rechtanwalt Emil Taugwalder aus Zermatt am 2. April 1951 beim Eidg. Post- und Eisenbahndepartement ein Konzessionsgesuch. Die Projektkosten waren damals mit 6,2 Millionen Franken. veranschlagt. Als Advokat Taugwalder jedoch realisierte, dass dieses Projekt in Zermatt keine Chancen hatte, reduzierte er gemäss Konzessionsgesuch von 1951 das Projekt vom Furgggrat über Hermetjen nach Zermatt. Eine Zwischenstation Hermetjen wurde in Zermatt als wenig sinnvoll angesehen. Die Burgergemeinde Zermatt lehnte daher dieses Projekt ab. Dies umso mehr, als nach Aussagen des betrauten Ingenieurs offenbar das eigentliche Ziel der Gesellschaft Cervino die Verlängerung einer Bahn vom Furgggrat aufs Matterhorn war. Das Konzessionsgesuch von Emil Taugwalder unterlag jenem der Burgergemeinde gemäss Entscheid des Eidg. Post- und Eisenbahndepartements vom 19. Dezember 1952. Auch ein Wiedererwägungsgesuch von Rechtsanwalt Taugwalder wurde vom Bundesrat am 19. Juli 1955 abgewiesen.

Schon vor der Erstbesteigung des Matterhorns gab es Visionen, die später umgesetzt wurden (bspw. Mittelstation Moos, das heutige Furi).

Auf dem Riffel – Gornergratbahn

1898: Eröffnung Gornergratbahn

1956: Luftseilbahn Gornergrat–Hohtälli

1558: Luftseilbahn Hohtälli–Stockhorn

1964: Skilift Triftji–Rote Nase

1975: Skilift Gifthittli

1986: Pendelbahn Hohtälli–Rote Nase

1998: Pendelbahn Gant–Hohtälli

2003: Sesselbahn Riffelberg–Gifthittli

Das auf Gornergrat beschränkte Konzessionsgesuch für eine elektrisch betriebene Zahnradbahn von Zermatt auf den Gornergrat wurde schliesslich im Dezember 1895 bewilligt. Die Aktiengesellschaft der Gornergrat Bahn wurde am 11. Juni 1896 gegründet, die Bahn konnte am 20. August 1898 eröffnet werden. Für den Betrieb dieser Bahn wurde im Oktober 1895 die zweite Wasserrechtskonzession im Wallis für ein Kraftwerk am Findelbach für drei Turbinen zu 250 PS erteilt. Die erste Wasserkraftkonzession im Wallis wurde übrigens 1893 der Gemeinde Zermatt für den Betrieb eines Kraftwerkes am Triftbach mit zwei Maschinengruppen von 50 PS erteilt.

Gornergrat

Die Bergstation Gornergrat lag zwischen 1898 und 1910 noch 113 Meter tiefer als heute, das alte Trassee ist heute noch sichtbar. Den Weg bis zum Gornergratgipfel und zum 1894 erstellten Hotel-Restaurant Belvédère sollten die Gäste möglichst mithilfe von Sesselträgern in einer Sänfte zurücklegen. 1910 wurde übrigens dieses alte Hotel auf dem Gipfel abgerissen und durch ein neues, etwas tiefer gelegenes Hotel ersetzt. Dieses wiederum wurde 2005 ausgehöhlt und innen total neu gestaltet.

Bis 1927 verkehrte die Gornergratbahn, wie übrigens auch die Visp-Zermatt-Bahn, nur im Sommer, üblicherweise von Juni bis September. Vom 21. Dezember 1928 bis 28. Februar 1929 verkehrten täglich zwei Sportzüge bis Riffelalp und später bis Riffelboden. 1924 haben die Zermatter Alfred Aufdenblatten (geb. 1897), Anton Julen (geb. 1898) und Alphons Julen (geb. 1899) die Winterolympiade im Militär-Patrouillenlauf gewonnen und sorgten dadurch für einen Aufschwung im Wintertourismus. Durch den Bau einer 150 Meter langen Schneeschutzwand und einer 800 Meter langen Schutzgalerie am Riffelbord mittels eines Arbeitsbeschaffungsprogrammes des Bundes während des Zweiten Weltkrieges und mittels Subventionen von Kanton und Gemeinde konnten die Züge im Winter 1938/39 zeitweise und ab 1942 regelmässig bis Riffelberg geführt werden. Ab März 1942 dann bis Gornergrat.

Die Burgergemeinde Zermatt beschloss am 1. Juni 1952 mit 200 gegen 36 Stimmen der Gornergrat Bahn den Boden für den Bau einer Luftseilbahn Gornergrat–Hotälli–Stockhorn abzutreten, so dass diese am 26. November 1952 beim Eidg. Post- und Eisenbahndepartement ein Konzessionsgesuch für den Bau dieser Luftseilbahnen mit einer Kapazität von je 40 Personen einreichen konnte und diese denn auch am 18. August 1954 erhielt. Die erste Sektion nach Hohtälli wurde am 9. August 1956 für den Bautransport freigegeben, die zweite von Hohtälli bis Stockhorn am 23. Oktober 1958. Der Betrieb dieser beiden Bahnen wurde 2007 eingestellt.

Die Gornergrat Bahn erhielt am 4. Juni 1964 die Konzession für einen Skilift Triftji-Rote Nase, welcher im gleichen Jahr den Betrieb aufnahm. 1975 wurde ein Skilift von Riffelberg bis unterhalb Gornergrat, der sog. Gifthittlilift erstellt, der 2003 durch eine 6er-Sesselbahn ersetzt wurde. Die Pendelbahn Hohtälli – Rote Nase wurde 1986 eröffnet und die Pendelbahn Gant–Hohtälli am 18. Dezember 1998. Diese Pendelbahn mit einer Kapazität von 100 Personen weist mit über 100 Meter den höchsten Masten Europas auf.

Die Gornergratbahn – heute führen rollstuhlgängige Niederflurwagen die Touristen auf einen der schönsten Flecken im Mattertal.

Breuil Cervinia – Innovation wird geadelt

1936: Cervinia nach Plan-Maison Projekt Canté lora Tolino

1939: Plan Maison auf die Testa Grigia. Die zur Zeit höchstgelegenste Bahnanlage der Welt

1939: Treibschlittenbetrieb von Gandegg zum Theodul (1. Sommerskibetrieb), Winterlifte von Cervinia

1946: 1. Kilometer-Lanciato-Rennen Höchstgeschwindigkeit 195,98 km/h

1957–1978: Stationäre Skilifte

1980: Sommerskibetrieb der Matterhornbahnen

Cervinia, auch Breuil genannt, was «kleine Sommer-Kolonie» oder «sumpfiger Boden» bedeutet, erhielt 1934 seine erste Strasse. Im gleichen Jahr, am 25. April 1934, rief man die Società Anonyma Cervino, heute Cervino S.p.A., ins Leben.

Gründer waren die Ingenieure Dino und Aldo Lora Totino, Adolfo Trabaldo Togna, Federico Mariani, Luigi Bich, Domenico Attilio Berti und Felice Fossati. Ing. Dino Lora Totino, der Sohn eines wohlhabenden Turiner Wollfabrikanten von Trivero, verlor schon als Kind seinen Vater. Der studierte Elektroingenieur wirkte hauptsächlich in der Textilindustrie, war aber auch erfolgreich in verschiedenen Seilbahnprojekten tätig, so auch in Courmayeur, war zudem Initiant des Strassentunnels durch den Mont Blanc. Vom italienischen König erhielt er den erblichen Adelstitel «conte (Graf) di Cervinia». Am 7. September 1935 wurde die Cervino in eine Aktiengesellschaft umgewandelt. Daran waren Adolfo Trabaldo Tongua, Giuseppe Rivetti, Ulisse Lesna und Ing. Dino Lora Totino beteiligt. Im Jahr 1936 wurde die Skischule in Cervinia gegründet. Bahn und Skischule trugen nach dem Zweiten Weltkrieg wesentlich zum Erfolg und zur Beliebtheit von Cervinia als Skistation des Jetsets mit internationalen Stars und vielen Prominenten bei.

Aktienhandel im Freundeskreis

Im Juni 1942 erfolgte eine Kapitalerhöhung der Gesellschaft, so dass fortan Graf Dino Lora Totino 8350 Aktien, Adolfo Trabaldo Tonga 4400 Aktien, Silvio Turati 1200 Aktien, Ambrogio Turati 1200 Aktien, Giuseppe Rivetti 1000 Aktien, Aldo Lora Totino 650 Aktien und De Capitani D'Arzago 200 Aktien, jeweils auf den Namen lautend, innehatten. Graf Dino Lora Totino verkaufte seinen Aktienanteil an der Gesellschaft im Juni 1958 an die Banco di Sicilia. Das Bankinstitut verkaufte sie zwei Tage später an Luigi Cravetto und dessen Ehefrau Maria Trabaldo Tongua, eine Tochter von Adolfo Trabaldo Tongua. Der Bruder von Maria Trabaldo Tongua, Pietro Trabaldo Tonga heiratete übrigens Mariolina Turati, welche ihrerseits eine Tochter von Ambrogio Turati und eine Nichte von Silvio Turati war, beide Mitbegründer der Gesellschaft.

Geplant, aber nie realisiert

Von Testa Grigia gab es das Projekt einer Verbindungsbahn über Gandegg nach Riffelberg. Die Burgerversammlung von Zermatt stimmte diesem Projekt in der Urversammlung vom 18. Dezember 1938 zu. Die Bewilligung war allerdings auf drei Jahre beschränkt. Gleichzeitig wurde ein Schlittenbetrieb von Gandegg bis Testa Grigia genehmigt. In Cervinia waren zwei solcher Anlagen bereits in Betrieb. Eine von Campetto bis Giomen und die andere bis zum Theodulpass. Dort sind heute noch Teile des Trassees zu sehen. Der Treibschlittenbetrieb von Gandegg zum Theodul wurde im Sommer 1939 aufgenommen. Alte Zermatter bestätigen, dass sie die Holzmasten dieses Schlittenbetriebes auf dem Gletscher noch gesehen haben; sie erinnern sich aber nicht mehr, wie der Schlitten ausgesehen hat. Der Schlittenbetrieb war in den Monaten Juli und August untersagt, damit den einheimischen Bergführern dadurch keine Konkurrenz erwachse.

Wegen des Krieges kam das Projekt Testa Grigia–Riffelberg nicht zur Realisierung. Es fehlte insbesondere an der Finanzierung. Die Burgerversammlung beschloss dann am 6. Oktober 1946, die Frist für dieses Projekt nicht mehr zu verlängern.

Mit Breuil-Cervinia und Zermatt schliessen sich zwei internationale Tourismusorte zusammen.

Innere Wälder – Schwarzseebahnen

Othmar Julen (*1912)

1956: Zermatt–Furi

1957: Furi–Schwarzsee

1960: Garten-Skilift

1962: Pendelbahn Furgg–Schwarzsee

1962: Hörnli-Skilift

1964: Zermatt–Furi, 80-Personen-Pendelbahn

1965: Furi–Furgg, 80-Personen-Pendelbahn

1965: Furrg–Trockener Steg, 100-Personen-Pendelbahn

1965: Theodul-Skilift

1982: Zermatt–Furi, 6-Pers.-Gondelbahn

1982: Furi–Trockener Steg, 125 Personen-Pendelbahn

1980: Eröffnung Skilifte Plateau Rosa

1991: Furgg–Theodul, 4er-Gletschersesselbahn

2002: Matterhorn-Express, Zermatt–Schwarzsee

2009: Matterhorn-Express, Schwarzsee–Trockener Steg

2015: Hörnli-Sesselbahn

Nachdem die Erschliessung des Schwarzseegebietes von Cervinia her schon länger geplant war und die Initianten dieser Verbindungsbahn ihr Projekt gemäss Eingabe beim Eidg. Verkehrs- und Energiedepartement auf die Anlage Zermatt–Schwarzsee–Furgghorn beschränkt hatten, beschloss die Burgerversammlung von Zermatt am 1. Juni 1952 mit 216:18 Stimmen, selbst eine Luftseilbahn nach Schwarzsee zu bauen.

Erschliessung Innere Wälder

Schon am 7. Juni 1952 reichte dann die Gemeinde Zermatt ein Konzessionsgesuch für den Bau einer Luftsteilbahn von Zermatt über Furi nach Schwarzsee ein. Diesem Gesuch wurde in direkter Konkurrenz zum Konzessionsgesuch von Emil Taugwalder mit Erteilung der Konzession durch das Eidg. Post- und Eisenbahndepartement am 19. Dezember 1952 entsprochen. Die Grande Dixence S.A. war am Bau der Luftseilbahn interessiert und leistete an die Gemeinde Zermatt für den Bau dieser Luftseilbahn und der Zufahrtsstrasse zur Talstation einen namhaften Beitrag. Dieser erleichterte die Finanzierung des Aktienkapitals der neuen Gesellschaft Luftseilbahn Zermatt-Schwarzsee AG wesentlich. Die erste Sektion der Pendelbahn Zermatt–Furi mit Kabinen von je 40 Personen wurde am 29. August 1956 eröffnet, die zweite Sektion von Furi nach Schwarzsee mit einem Zwischeneinstieg am Schafberg am 18. Juli 1957.

Die Burgerversammlung von Zermatt erteilte am 19. Juli 1959 ihre Zustimmung zum Bau eines Skiliftes in den Garten. Die Verbindungsbahn von Furgg nach Schwarzsee bestand ursprünglich in einer Pendelbahn mit einer Kabine, die im Februar 1962 eröffnet wurde und 1991 durch eine Gruppenumlaufbahn mit je fünf Kabinen ersetzt wurde. Diese Gruppenumlaufbahn wurde 2009 durch die zweite Etappe des Matterhorn-Express ersetzt.

Durch die Burgerversammlung von Zermatt erfolgten weitere Bodenabtretungen, für den Bau einer Luftseilbahn von Zermatt über Furgg nach Trockener Steg am 30. Juni 1961 und für den Bau des Hörnliskilifts am 8./9. Juli 1961. Die Pendelbahn Zermatt–Furi mit einer Kapazität von 80 Personen und die Pendelbahn Furgg–Trockener Steg mit einer Kapazität von 100 Personen (ersetzt 2009 ebenfalls durch die zweite Sektion des Matterhorn-Express) wurden im Sommer 1964, die Pendelbahn Furi–Furgg mit einer Kapazität von 80 Personen am 21. Februar 1965 in Betrieb genommen. 1965 wurde der Theodulskilift unterhalb von Trockener Steg bis auf den Felsen am Rand des Oberen Theodulgletschers errichtet. Dieser musste infolge des Gletscherrückganges 1990 abgebrochen und durch eine 4er-Sesselbahn Furgg–Sandiger Boden–Theodul ersetzt werden. Die obere Sektion dieser Sesselbahn musste 2010 infolge des Gletscherrückganges ebenfalls eingestellt werden.

Die Zeichen der Zeit erkannt

Da die Leistungsfähigkeit der Anlagen von Zermatt über Schwarzsee und Furgg nach Trockener Steg sich vor allem im Herbst und im Frühling als zu klein erwies, hinterlegte die Luftseilbahn Zermatt–Schwarzsee 1979 eine Konzession für den Bau einer Gondelbahn Zermatt–Furi und einer Pendelbahn mit zwei Kabinen für je 125 Personen von Furi nach Trockener Steg. Die Konzessionserteilung erfolgte am 28. August 1980, so dass die Pendelbahn Furi–Trockener Steg 1981/82 gebaut und am 13. November 1982, gleichzeitig mit der Gondelbahn Zermatt–Furi, eröffnet wurde. Letztere wurde 2002 durch den Matterhorn-Express ersetzt.

Die Schwarzseebahnen – das Matterhorn
rückt in greifbare Nähe.

Chiebord – Sunnegga und Findelbahn

Otto Furrer (*1903)

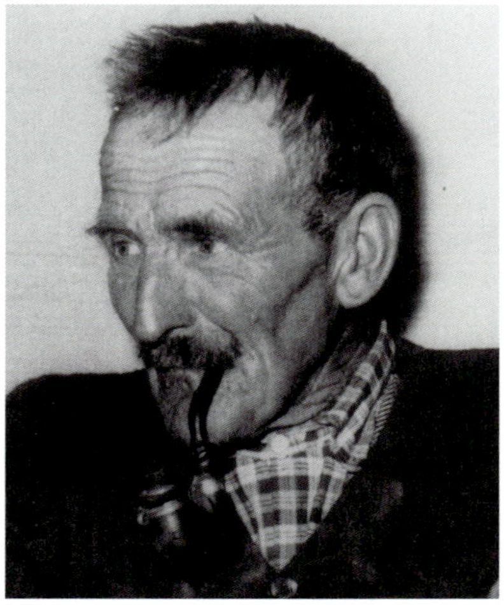

Severin Julen (*1885)

Siegfried Julen (*1914)

Die Einwohner- und Burgergemeinde Zermatt errichtete 1942 einen Ski- und Gehlift von Zermatt nach Sunnegga (Chiebord). Bereits 1946 beschlossen die Gemeinden, diesen Skilift durch eine Sesselbahn mit einer Stundenleistung von 300 Personen zu ersetzen. Der alte Skilift wurde 1948 von Sunnegga bis Blauherd verlegt. Die Sesselbahn bot mit ihren matterhornwärts gerichteten Sesseln einen grandiosen Ausblick durch den Arven- und Lärchenwald aufs Matterhorn.

Im Jahre 1951 plante die Gemeinde Zermatt auf Geheiss des damaligen Präsidenten Othmar Julen an der Weltausstellung in Mailand eine Occasions-Sesselbahn für Findeln–Sunnegga im Wert von 260 000 Franken zu erwerben. Dieses Vorhaben stiess im Dorf auf unerwartet hohe Opposition. Das Projekt wurde bei einer Abstimmung der Burgergemeinde am 25. November 1951 mit 129:78 Stimmen abgelehnt. 1955 stellte Severin Julen das Gesuch für den Bau einer Sesselbahn von Findeln nach Sunnegga. Die Gemeinde sollte die Möglichkeit erhalten, sich mit 45% daran zu beteiligen. Das Projekt wurde am 23. Januar 1955 mit 120:101 Stimmen und 3 Enthaltungen angenommen. Die Gemeinde zeichnete nur zwei Aktien, zahlte diese aber nicht ein. Auch ein Musiker des Hotels Walliserhof zeichnete fünf Aktien, sah aber von der Übernahme derselben wegen der grossen Opposition im Dorf ebenfalls ab. So blieb das ganze Projekt ausschliesslich in den Händen von Severin Julen und seiner Familie. Der ursprünglich zugesagte Kredit von der Walliser Kantonalbank wurde ebenfalls wegen zu grossen Risikos gekündigt. Severin Julen und seine ganze Familie musste nun ihr ganzes Vermögen für die Finanzierung einsetzen.

Schon das Ergebnis des ersten Betriebstages mit über 800 Franken (mehr als der Wert Severins bester Kuh im Stall) hat aber gezeigt, dass sich der Einsatz gelohnt hatte. Die Verbindung aus dem Gebiet Gornergrat–Hohtälli–Stockhorn wurde nun durch diese neue Anlage im Februar 1957 gewährleistet, ein Start für die heutige Zermatter Skiarena. Die Gemeinde Zermatt wollte dann 1965 die Bahn übernehmen und dieses Begehren auf dem Prozessweg durchsetzen, was misslang. Die Kapazität der alten Sesselbahn wurde 1960 auf 600 Pers./h erhöht. 1967 wurde der Skilift Eisfluh erstellt, der 2001 einer Sesselbahn weichen musste. Die Findelbahn wurde 1977 in einen 2er-Sessellift umgebaut und 2007 durch die neue Sesselbahn Sunnegga–Eya–Breitboden ersetzt.

1974 hat die Einwohnergemeinde auf Initiative ihres damaligen Präsidenten Dr. Siegfried Julen in einer Abstimmung vom 12./14. Dezember mit 605:510 Stimmen beschlossen, die längst nicht mehr genug leistungsfähige Anlage nach Sunnegga durch eine unterirdische Standseilbahn zu ersetzen. Gleichzeitig wurde das Projekt einer Gondelbahn nach Sunnegga verworfen. Zunächst wurde das Projekt mit einem Kostenaufwand von Fr. 12 Mio. budgetiert. Bei den folgenden Gemeinderatswahlen wurde das Projekt zum Politikum. 1976 wurde der Bau vom neu gewählten Gemeinderat eingestellt. Sogar von einem Zumauern des Tunnels war die Rede. Neu wurden die Kosten vom zuständigen Ingenieurbüro mit 15,5 Millionen Franken berechnet und die Arbeiten wurden aufgrund einer erneuten Urversammlung vom 4./6. März 1977 mit einem Resultat von 883:360 Stimmen fortgeführt. Der Sunnegga-Express wurde am 28. November 1980 mit einem Kostenaufwand von über 27 Millionen Franken eröffnet. Die Finanzierung des Aktienkapitals von 8,5 Millionen Franken erfolgte zu 55,36% durch die Einwohnergemeinde.

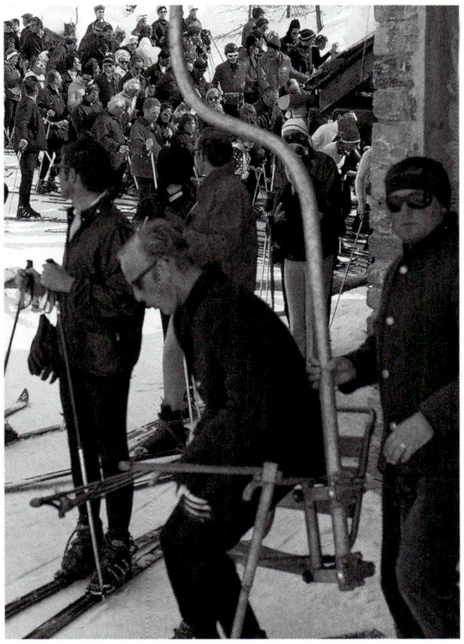

Aus der füheren Ortsbezeichnung «Chiebord»
entsteht der touristische Brand «Sunnegga».

Yvo Biner (*1926)

1965: Skilift Patrullave–Blauherd

1967: Gondelbahn Sunnegga–Blauherd

1967: Pendelbahn Blauherd–Unterrothorn

1968: Skilift Kumme

1971: Gondelbahn von Gant–Blauherd

1971: Skilift Gant–Platte

1980: Erneuerung Gondelbahn Sunnegga–Blauherd

1982: Sesselbahn Kumme

1989: Patrullarve 4er-Sesselbahn

1996: Neue Pendelbahn Blauherd–Rothorn

Auch die Erschliessung des Rothorns wurde zuerst von einer Gruppe Auswärtiger, diesmal unter dem Präsidium von Nationalrat Dr. Werner Kämpfen, dem Präsidenten der Vereinigung der Oberwalliser Verkehrsinteressenten, und Paul Guntern als Sekretär geplant. Vorhaben: Von der Steinmatte über den Steinmattschleif zum sog. Fliegerposten, durch das Findeltal bis Grünsee und von dort in einem Ypsilon aufs Unterrothorn und zum Hohtälligrat.

Einheimische gegen Auswärtige

Die Einwohner- und die Burgergemeinde sollten zu 51% an dieser Bahn beteiligt werden. Dieser Gruppe stand ein einheimisches Initiativkomitee gegenüber: die spätere Pro Zermatt AG. Diese Initianten reichten am 16. Juni 1961 beim Eidg. Post- und Verkehrsdepartement ein Konzessionsgesuch für den Bau einer Luftseilbahn von Sunnegga über Blauherd zum Unterrothorn ein. Die zwölf Gründeraktionäre der Pro Zermatt AG waren: Erwin Aufdenblatten, Yvo Biner, Ambros Julen, August Julen, Meinrad Julen, Othmar Julen, Dr. med. Siegfried Julen, Alex Perren, Leander Perren, Edmund Petrig, Adolf Schaller und Josef Schnidrig.

Gemäss dem Vorschlag des einheimischen Initiativkomitees sollte die Einwohner- und die Burgergemeinde zu 40% beteiligt sein. In einer denkwürdigen Abstimmung vom 16./17. Dezember 1961 fiel der Entscheid mit 142:180 bei 2 Enthaltungen und 1 ungültigen Stimme gegen die 51%-Beteiligung und gleichentags mit 177:117 Stimmen, 1 Enthaltung und 1 ungültigen Stimme für den einheimischen Gegenvorschlag. Die Gründung der Zermatter Rothorn-Bahn AG erfolgte am 9. Oktober 1964. Die Beteiligungen der Einwohner- und der Burgergemeinde zusammen betrugen schliesslich vor der Fusion 32,42%.

Wünsche der Gemeinde

Die Gemeinde Zermatt verlangte von den Initianten, dass gleichzeitig mit der geplanten Luftseilbahn eine zusätzliche Transportanlage zwischen Patrullarve und Sunnegga oder Patrullarve und Blauherd erstellt werden sollte. Das Initiativkomitee entschied sich für einen Skilift zwischen Patrullarve und Blauherd, der am 1. Dezember 1965 eröffnet wurde. Die Konzession für die Luftseilbahn aufs Unterrothorn wurde schliesslich am 26. Februar 1965 erteilt. Bemerkenswert ist dabei, dass die Initianten, alle Aktionäre der Pro Zermatt AG, für den notwendigen Bankkredit für die Erstellung dieser Anlagen eine Solidarbürgschaft eingehen mussten.

Am 26. März 1967 wurde die Gondelbahn Sunnegga–Blauherd und am 16. Juli 1967 die Pendelbahn Blauherd–Unterrothorn eröffnet. Die roten 4er-Gondeln der Anlage Sunnegga–Blauherd wurden 1980 durch die silbernen 6er-Gondeln ausgewechselt und die Gondelbahn 2005 durch eine Kombibahn (Gondeln und Sessel) ersetzt. Die Pendelbahn Blauherd–Rothorn musste 1996 einer neuen, leistungsstärkeren Anlage weichen. Dazwischen erstellte die Zermatter Rothorn-Bahn AG den Kummenskilift (Eröffnung am 15. Dezember 1968), eine Gondelbahn von Gant bis Blauherd (Eröffnung am 22. Januar 1971), den Plattenskilift von Gant Richtung Hohtälli (Eröffnung am 14. Februar 1971) und die Sesselbahn Kumme (Eröffnung am 18. Dezember 1982), welche den alten Kummenlift ersetzte.

Die Rothornbahn – das Gegenüber des Matterhorns.

Im ewigen Eis – Klein Matterhorn Bahn

Othmar Julen (*1912)

1939: Eröffnung Treibschlittenbetrieb von Gandegg zum Theodul, erbaut von der Cervino S.p.A.

1947 und ab 1960: regelmässige Durchführung des Km-Lanciato (kilomètre lancé) Die dabei erreichte Maximalgeschwindigkeit betrug 198.020 km/h

1957: Die Cervino S.p.A. installierte erstmals einzelne Skilifte von Cervinia aufs Plateau Rosa.

1957: Inbetriebnahme Gletscherbusbetrieb von Schwarzsee zur Testa Grigia. Das war die erste dauerhafte Verbindung zu Italien.

1979: Inbetriebnahme Klein Matterhorn Bahn

1980: Inbetriebnahme der Skilifte auf dem Gletscher

1926 darf ein damals 14-jähriger Sohn mit seinem Vater das Klein Matterhorn besteigen. Der Vater ist Landwirt, Bergführer und Skilehrer. Während Jahren unterrichtet er im Winter in St. Moritz und ist deshalb nicht zu Hause. Er trifft im Herbst alle Vorbereitungen (Holz, Stroh, und Lebensmittelvorräte) und verlässt die Familie ein paar Tage vor Weihnachten. Das ist eine sehr harte Zeit für das Familienleben. Geprägt von der Winterabwesenheit seines Vaters, denkt sich der Junge: In dieser Gletscherregion kann man wie in St. Moritz auch Skifahren.

Trotz Widerstand aufs Klein Matterhorn

Mehr als 40 Jahre später, 1968, wird dieser Sohn Burgerpräsident und realisiert seine Vision. Bereits am 5. August 1969 reichte die Luftseilbahn Zermatt–Schwarzsee AG ein Konzessionsgesuch für den Bau einer Pendelbahn aufs Klein Matterhorn ein, welches am 2. Dezember 1970 vom Eidg. Verkehrs- und Energiewirtschaftsdepartement gutgeheissen und dann auf eine Einsprache der Stiftung für Landschaftsschutz und Landschaftspflege vom Bundesrat am 17. Dezember 1973 bestätigt wurde. Anfang August 1976 wurde mit den Bauarbeiten begonnen und die neue Bahn konnte am 23. Dezember 1979 ihren Betrieb aufnehmen.

Nach der Eröffnung der Luftseilbahn aufs Klein Matterhorn 1979 ist dieser Gipfel lange Zeit nur von Skifahrern und Besuchern einer Aussichtsplattform genutzt worden. Die damalige Matterhornbahn AG wollte das Klein Matterhorn auch für den Ausflugstourismus attraktiver machen. Zunächst wurde 1999 der höchstgelegene Gletscherpalast der Welt eröffnet, der 15 Meter unter der Erdoberfläche durch einen Lift und einen 128 Meter langen Tunnel führt und auf einer Fläche von 990 m² Einblick in die Gletscherwelt gibt, in die Glaziologie einführt, viele Eisskulpturen und eindrückliche Gletscherspalten zeigt.

Für den Sommertourismus reicht heutzutage die Aussicht allein nicht mehr. Daher hat die Zermatt Bergbahnen AG weitere Alternativen gesucht, um den Gipfel des Klein Matterhorn für Gäste attraktiver zu gestalten. Im Jahre 2008 wurde am Südportal des Ausgangstunnels auf das Klein Matterhorn ein Minergie-P-Restaurant mit einer Bergsteigerunterkunft eröffnet. Die Neigung der Fassade ist so ausgerichtet, dass die daran angebrachte Fotovoltaikanlage eine möglichst hohe Leistung erreicht. Nicht nur die Stromversorgung ist im Restaurant Matterhorn Glacier Paradise besonders, speziell ist auch die Wasserbewirtschaftung. Der aufwendige Transport von Trinkwasser bis auf die Höhe des Klein Matterhorn zwingt zu einer sorgsamen Nutzung. Das Abwasser wird in einer mikrobiologischen Kläranlage gereinigt und das Grauwasser von Küche und Duschräumen für die Toilettenspülung wiederverwendet. Das Restaurant Matterhorn Glacier Paradise hat 2010 den Schweizerischen und den Europäischen Solarpreis erhalten (Arc Award).

Im Sommer 2014 wurde im sogenannten Breithornfenster, einer Auskragung des Tunnels mit Sicht auf das Breithorn, eine neue Cinema Lounge eingerichtet. Der Besucher erhält hier Einblick in die einheimische Natur, in Bergwelt, Fauna, Flora, Alpinismus, Skifahren, Freeriden etc. Dank der tatkräftigen Unterstützung von Einheimischen laufen hier eindrückliche Berg- und Tierfilme. Auch hochinteressante Aufnahmen der Air Zermatt und vom Swatch-Skier-Cup führen dem Besucher atemberaubende und interessante Zermatter Aspekte vor Augen.

Die Klein Matterhorn Bahn wird zur höchstgelegenen Bergbahnstation Europas auf 3883 m ü. M.

Fusion der Bergbahnen – Der Entscheid für kommende Generationen

Bau von Anlagen 2002–2014

Seit der Fusion hat die Zermatt Bergbahnen AG in Bahn- und Liftprojekte über Fr. 188 Mio. investiert. Insbesondere wurden folgende Anlagen realisiert:

- Matterhorn-Express Zermatt–Furi–Schwarzsee (2002)
- Kauf Trainerlift Riffelberg (2002)
- Kauf Findelbahn (2003)
- Furggsattel-Express (2003)
- Riffelberg–Gifthittli (2003)
- Kombibahn, Sunnegga–Blauherd (2005)
- Sta-Fé-Lifte (2005)
- Riffelberg-Express (2006)
- Sunnegga–Eya–Breitboden (2007)
- Skilift Stockhorn (2007)
- Personenlifte zum Gletscherpalast (2007)
- Crossliner Sunnegga–Leisee (2008)
- Snowmaker (temperaturunabhängige, stationäre Schneianlage, 2008)
- Minergie-P-Restaurant Matterhorn glacier paradise (2008)
- Matterhorn-Express Schwarzsee–Furgg–Trockener Steg (2009)
- Neubau Lift Aussichtplattform Klein Matterhorn (2011)
- Totalerneuerung Standseilbahn (2013)

Im Jahre 2000 beschloss die Gornergrat-Monte Rosa-Bahnen AG (GGB), sich von ihrer Ski Area zu trennen. Diesem Entschluss gingen langwierige Verhandlungen über den Verteilerschlüssel der Einnahmen des gemeinsamen Skiabonnements voraus. Bis dahin basierte nämlich der Verteilschlüssel auf einem festen Anteil und war nicht leistungsabhängig.

Wohlergehen nächster Generationen im Auge

Auf Vorschlag des damaligen Verwaltungsratspräsidenten der GGB René Bayard von Anfang 2001 entschieden am 11./17. April 2001 die Verwaltungsräte der Standseilbahn Zermatt-Sunnegga AG, der Zermatter Rothorn-Bahn AG und der Matterhornbahnen AG, eine Kooperation mit dem Ziel eine möglichen Fusion einzugehen. Der Steuerungsausschuss war sich schnell einig, dass diese Aufgabe nur mit externer, neutraler, lokalpolitisch und familiär unabhängiger Unterstützung gelöst werden konnte. Er wählte darum Dr. Ing. Roland Zegg von der Grischconsulta AG als Projekt-Coach. Für die Bewertung der einzelnen Gesellschaften wurden Alex Kummer von der BDO Visura und Dr. oec. Arnold Kappler beigezogen. Die in Zukunft mögliche Skigebietsplanung erarbeitete Paul Mathews von der «ecosign» aus Whistler. Diese umfassenden Vorbereitungsarbeiten sollten in möglichst kurzer Zeit abgeschlossen werden.

Einstimmiger Entscheid

Bereits am 10. Oktober 2001 fällten die Verwaltungsräte der beteiligten Gesellschaften alle einstimmig einen Fusionsentscheid und beschlossen am 21. Januar 2002 ihren Aktionären an einer ausserordentlichen Generalversammlung einen Fusionsvertrag vorzulegen.

Die Aktionäre aller drei Gesellschaften stimmten am 15. Februar 2002 mit grosser Mehrheit dieser Fusion und Sacheinlage der GGB zu. Die Zermatter Rothorn-Bahn AG mit 96,06% bei einer Beteiligung von 80%, die Standseilbahn Zermatt-Sunnegga AG mit 99,8% bei einer Beteiligung von 88,4% und die Matterhornbahnen AG mit 99,96% bei einer Beteiligung von 89%.

Am Aktienkapital der neuen Gesellschaft, der Zermatt Bergbahnen AG, von 31,40 Millionen Franken waren nach der Fusion die Einwohnergemeinde Zermatt mit 18,09%, die Gornergratbahn mit 21,78%, die Burgergemeinde Zermatt mit 23,32% und die Privaten mit 36,81% beteiligt. Entsprechend wurde die Verteilung der Verwaltungsratssitze geregelt. Im Weiteren sollten zwei Sitze durch externe Fachleute besetzt werden. Die Aufgabe dieser externen Verwaltungsräte ist es, ihr Fachwissen und die Sicht von aussen einzubringen, unabhängig von lokaler Politik oder von Familienclans.

Vertrauensbeweis und Ansporn

Die grosse Zustimmung aller Aktionäre zur Fusion bedeutet für die neue Gesellschaft einen Vertrauensbeweis und zugleich Ansporn, die vorgesehenen Erneuerungen von bestehenden Anlagen, Erstellung von Verbindungsbahnen der einzelnen Skigebiete sowie der dazugehörenden Pisten und Beschneiungsanlagen zu realisieren. Vorgesehen waren für die ersten vier Jahre nach der Fusion Investitionen von 80 Millionen Franken. Tatsächlich wurden dann aber in den letzten zwölf Jahren über 360 Millionen Franken. im Skigebiet investiert. Der weitsichtige Entscheid der Aktionäre ermöglichte damit die Erstellung einer Infrastruktur, welche von den Gästen geschätzt wird. Damit soll der einheimischen Bevölkerung Einkommen und wirtschaftliche Weiterentwicklung auch für die nächste Zukunft gewährleistet werden. Es bleibt die wichtigste Aufgabe der Zermatt Bergbahnen AG, die Erschliessung der Umgebung von Zermatt für den Tourismus so zu gestalten, dass auch die nächste Generation hier ihren Lebensunterhalt sichern kann und nicht wie einst die alten Walser auswandern muss.

Grosse Arbeit hinter den Kulissen, damit der Gast einen unvergesslichen Urlaub erleben kann.

Martin Julen – «Bin scho än bitz ä Wilda gsi»

Martin Julen (*1928)

Martin Julen gehörte in den Fünfzigerjahren zu den besten Skirennfahrern. Er gewann im gleichen Jahr in Adelboden und in Wengen am Lauberhorn. Wir erinnern uns an seine verrückten Momente. Martin ist mit seinen elf Geschwistern in Findeln aufgewachsen. Sein Vater arbeitete als Landwirt und war ein erfolgreicher Schafhändler. Das Sporttalent erhielt Martin mutterseits (Z'Riich Josisch). Martin besuchte die Handelsschule im Welschland und stieg ins Hotelfach ein. Er arbeitete als Kellner unter anderem auch auf dem Gornergrat. Seine Zimmerstunde nutzte er, um auf dem «Spiegelhang» hinter dem Hotel Slalom zu fahren. Alleine, selbst abgesteckt, gings zu Fuss hoch und immer schneller hinunter.

1951, 23-jährig – wurde er als Rennfahrer entdeckt. An den Schweizer Meisterschaften in Adelboden bestritt er sein erstes Rennen. Er kämpfte sich mit Startnummer 230 durch tiefe Gräben und siegte. Am selben Abend wurde er in die Nationalmannschaft aufgenommen. 1954 stand Martin an der Lauberhornabfahrt am Start. Er trug einen von ihm selbst gestrickten Norwegerpullover, Baumwollhosen und eine Wollmütze. Schnürschuhe und Holzski mit Langriemenbindung waren seine technische Ausrüstung. Vor ihm stürzten drei Österreicher an immer der gleichen Stelle, was dem Ort den Namen «Österreicherloch» bescherte. Diese Stelle fuhr Martin «im Stemmbogen» und wurde Dritter. Sehr zum Ärger der Österreicher, die ihn in späteren Rennen immer wieder mit Sprüchen aus dem Konzept bringen wollten. Doch Martin liess sich nicht einschüchtern. 1955 gewann er den Slalom in Adelboden und in Wengen.

Er gehörte nun zu den besten Rennläufern und wurde von den Reportern «Der fliegende Kellner» genannt. Diese schwärmten von seinem Fahrstil. In einem Zeitungsartikel stand: «Julen vereint französisches Draufgängertum und schweizerische Sachlickkeit.»

1955 lud ein amerikanischer Industrieller die besten europäischen Rennläufer in die USA ein. Martin durfte mit einem halben Dutzend Kollegen nach New York fliegen. «Mister Star», so nannte man den Industriellen, drückte jedem Teilnehmer 500 Dollar in die Hand (für Martin ein Riesenbetrag). Vier Wochen reisten die Europäer durch die USA und bestritten Rennen mit amerikanischen Konkurrenten. Bei einem Rennen bemerkte Martin, dass sein Ski viel zu hart war. Er suchte einen Schreiner, hobelte seine hölzernen Rennski selbst ab und gewann mit einem weicheren Ski den Slalom.

1956 bei den Olympischen Spielen war Martin Favorit im Slalom. Eine Siegerin vom Vortag hatte ihm eine Beruhigungspille empfohlen. Anscheinend mit einer falschen Wirkung. Martin schied bereits nach dem dritten Tor aus: «Ich war nicht ich.» Nach den verpatzten Olympischen Spielen in Cortina d'Ampezzo verabschiedete sich Martin vom Rennsport.

Martin heiratete seine Trudy, wurde Vater von sechs Kindern und eröffnete ein Sportgeschäft. Lange Jahre hatte er die Generalvertretung in der Schweiz der Skimarke Blizzard inne. Seine Talente teilte Martin an seine Kinder wie folgt auf: Der Älteste wurde Manager, der zweite Olympiasieger und der dritte Sporthändler. Seinen drei Töchtern hat er sicherlich das Stricken beigebracht.

Noch heute verfolgt Martin den Skirennsport mit grossem Interesse. Er bevorzugt aber immer noch, selbst auf seinen Brettern zu stehen. Er fährt locker und ohne Kraft. «Ich tanze, tanze mit der Natur.» Im Sommer ist er oft beim Golfspielen oder auf Wanderungen oberhalb von Zermatt anzutreffen.

Wie in den 50er-Jahren geht er heute noch seine eigenen Wege.

Martin Julen – bis ins hohe Alter
stets mit viel Kalkül unterwegs.

Othmar Kronig – Horu-Nordwand-Besteigung

Othmar Kronig (*1938)

1963: Bergführerschule

1965: Besteigung Matterhorn-Nordwand

Für die Nordwand-Besteigung sah das Fernsehen die damaligen Spitzenkletterer und renommierten Bergführer Michel Vaucher, Hilti von Allem und Michel Darbellay vor. Michel Vauchers Gattin Yvette, selbst eine routinierte Alpinistin, sah das allerdings anders. Sie war stinksauer, wollte sie doch als erste Frau mit entsprechender Publicity durch die Matterhorn-Nordwand. Michel Vaucher erteilte dem Fernsehen also in dieser Zusammensetzung einen Korb und bereitete die Durchsteigung der Wand mit seiner Frau persönlich vor.

Othmar Kronig nutzte die Gunst der Stunde

Der Zermatter Othmar Kronig, frisch diplomierter Bergführer, war für die Jubiläumstour als Träger für die Besteigung auf der Normalroute vorgesehen. Kronig kannte Michel Vaucher aus der Bergführerschule, wo sie als Seilschaft oft gemeinsam unterwegs waren und sich schätzen gelernt hatten. Vaucher brachte dem Zermatter die Feinheiten der Klettertechnik bei, Kronig lehrte Vaucher sauber Ski fahren.

Vor der Hörnlihütte traf Kronig vor dem Jubiläum auf das Ehepaar Vaucher, das sich anschickte, die Nordwand-Besteigung zu planen. Unerwartet lud Vaucher Kronig ein, ihn auf der Nordwandtour zu begleiten. Damit hatte der Zermatter nicht gerechnet und besprach das Angebot mit seinen einheimischen Führern, die geteilter Meinung waren. Bergführer-Kollege Werner Perren ermutigt Othmar, das Angebot anzunehmen mit den Worten: «Wenn du diese Gelegenheit jetzt nicht packst, dann wirst du die Nordwand nie mehr durchsteigen.» Kronig sagte zu. Frau Yvette Vaucher, eine erfahrene Bergsteigerin, sichtete noch die Ausrüstung für den neuen Seilgefährten. Während dieser Nacht tat Othmar, trotz grossen Vertrauens in die Fähigkeiten Vauchers, kein Auge zu. Um 1.30 Uhr wurde gestartet. Am Fusse der Wand wartete man angeseilt auf den Tagesanbruch. Im Eisfeld fanden sie bei Trittschnee ideale Aufstiegsverhältnisse vor. Michel Vaucher sicherte als Führer jede Seillänge sorgfältig. Im Quergang waren Steigeisenwechsel immer wieder an der Reihe. Der Vorkletterer hielt sich an die direkte Linie und wich selbst bei schwierigen Stellen nie aus. Gegen 21.00 Uhr errichtete die Dreierseilschaft 70 Meter unter dem Gipfel ein Biwak. Othmar zündete den Gaskocher an. Um seine blauen Flammen herum sah er die Lichter von und rund um Zermatt wie in einem Heiligenschein. Es war ein grosser Moment und eine bleibende Erinnerung für den jungen Zermatter Bergführer.

Am 14. Juli 1965, Punkt 9.00 Uhr, standen die drei Nordwandbezwinger im dichten Nebel auf dem Gipfel: Michel mit einem weiteren alpinen Erfolg im Palmarlès, Yvette als erste Nordwand-Besteigerin und Othmar als der grosse und geachtete lokale Newcomer.

Im Abstieg übernahm dann Kronig die Führung der Seilschaft. Es war ja sein Hausberg und die Normalroute kannte er wie seine eigene Hosentasche. Auf der Achsel wartete Bergführerkollege Sepp Graven mit warmem Tee auf die Alpinisten. Das TV-Team war inzwischen bis zur Solvayhütte aufgestiegen. Yvette Vaucher stand als Erstbezwingerin der Nordwand im Mittelpunkt. Othmar Kronig seinerseits nahm die herzlichen Gratulationen seiner neidlosen Bergführerfreunde freudig entgegen. In der Hörnlihütte angekommen, verkroch sich Othmar in die Hüttenküche und freute sich in seinem Herzen ob seines persönlichen bergsteigerischen Erfolges. In aller Ruhe gönnte er sich den wohlverdienten «Bergführer-Grog».

Othmar Kronig – ein Zufall führte zu seiner
Nordwand-Besteigung.

Bettina Sulliger-Perren – Bergführerin im Männerjob

Bettina Sulliger-Perren (*1969)

«Schön und unbeschwert waren die Jahre als Amateur-Alpinistin. Von meinem berg- und naturbegeisterten Vater auf den Geschmack gebracht, waren wir abenteuerlustig, ehrgeizig und niemand kümmerte sich wirklich um uns junge Berggämsen. So reisten meine Freundin Nicole und ich einmal kurz entschlossen ins Bergell, weil uns ein Bild vom Piz Badile in die Hände gefallen war.

Am Abend riefen wir zu Hause an, um unseren Eltern zu berichten, dass wir wohlauf waren. Leider konnten wir uns nicht mehr an den Namen der Hütte erinnern, in der wir übernachteten. Wen wunderts, dass unsere Eltern nach diesem Anruf erst recht beunruhigt waren, weil sie nicht einmal genau wussten, wo wir steckten. Einige schlaflose Nächte hatten wir ihnen wahrscheinlich schon bereitet. Meine Agenda zierte zu jener Zeit ein Zitat von Albert Camus: ‹La grandeur de l'homme est dans sa décision d'être plus fort que sa condition.›

Zwischen Bewunderung und Skepsis

Ich entschied mich, die Bergführerausbildung in Angriff zu nehmen. Wenn ich einen Seilpartner für eine ‹unkonventionelle› Trainingstour suchte, war mein lieber Freund Urs meist zur Stelle. Während der Ausbildungskurse verhielt ich mich zurückhaltend und war bemüht, weder positiv noch negativ aufzufallen. Diese Haltung schien gut anzukommen, denn meine Kurskollegen und die Ausbildner behandelten mich fair und kameradschaftlich.

Im Herbst 1995 durfte ich stolz das Bergführerabzeichen auf meiner Jacke befestigen. Ein grosses Ziel war erreicht, ich war endlich Bergführerin! Das sorglose Bergvagabundenleben hatte jedoch ein Ende: Plötzlich stand ich im Rampenlicht! Ich wurde das Gefühl nicht los, dass mir nun ständig auf die Finger geschaut wurde.

Der Berufsalltag erwies sich als hart und nicht besonders frauenfreundlich: Der Rucksack wiegt ebenso viel wie jener der männlichen Kollegen, das entsprechende Gewichtsverhältnis ist somit ungünstig. Mehr Sicherungen müssen angebracht werden, da ich leider noch kein Rezept gefunden habe, um stolpernde 80 kg mit dem kleinen Finger zu halten. Der Kunde steht im Fokus: Wege und Mittel müssen gefunden und angewendet werden, um ihn und mich sicher auf einen Gipfel und zurück zu bringen. Ausserdem ist ‹die Bergführerin› immer noch nicht etabliert. Der Gesichtsausdruck vermittelter Gäste, die beim Treffpunkt entsetzt feststellen, dass ihr gebuchter Bergführer eine Frau ist, lässt manchmal keine Freude aufkommen. Begegnet man zum Beispiel in der Hütte gleich einem ganzen Rudel Bier trinkender ‹Testosteron-Junkies›, lassen die entsprechenden Sprüche nicht lange auf sich warten.

Daneben gibt es jene, die mich wie eine Heldin aus einem Science-Fiction-Film betrachten und die meine angeblichen Fähigkeiten himmelhoch preisen. Das ist mir meist etwas peinlich und ich würde mich am liebsten auf der Stelle unsichtbar machen…

19 Jahre sind seit dem Erhalt des Bergführerdiploms vergangen. Das Verhältnis zur Bergwelt und zu meinem Bergführerberuf ist nun ruhiger und besonnener geworden. Bewunderung und Skepsis sind bedeutungslos geworden. Immer wieder haben mich Gedanken über Sinn und Unsinn des Bergsteigens beschäftigt. Wieder nehme ich mir Albert Camus zu Hilfe: ‹Le sens de la vie supprimé, il reste encore la vie.› Ich erlaube mir folgende Interpretation: ‹Dem Sinn des Bergsteigens beraubt, bleibt immer noch das Bergsteigen.›

Heute starte ich zur nächsten Bergtour.»

Die sorglosen Bergvagabunden Rony und Bettina auf dem Riffelhorn. Von Bettinas Nordwand-Besteigung erfuhren die Eltern erst nach ihrer Heimkehr.

Michael Lerjen – Ein Meer aus Träumen

Michael Lerjen-Demjen (*1985)

Michael wuchs in einer Familie mit grosser Bergsteiger-Tradition auf. Schon als Junge zogen ihn die Berg-Geschichten seines Grossvaters in den Bann. Mit 10 Jahren stand er erstmals auf dem Matterhorn. Seither gehört seine ganze Leidenschaft den Bergen!

Touren und Erstbesteigungen in aller Welt:

2004: Nanga Parbat ohne Sauerstoff Himalaja

2006: Gashebrum-Ost-Erstbegehung ohne Gipfel Himalaja

2007: Erstbegehung am Fitz Roy, Patagonien, No Brain No Pain

2009: Erstbegehung Jasemba Himalaja

2011: Erste Tagesbesteigung Bonatti 7:21 Stunden. Alpen: Alle 4000er der Alpen

Zweiter Mensch, der die Torre-Gruppe ohne Maestris-Haken bestieg

2012: Erstbegehung Fitz Roy, Patagonien «Un mar de suenos»

Schweizer Vizemeister im Demonstrationsfahren

«Wir überwanden die Angst, glaubten an uns und harmonierten als Team.»

Mit der Erstbegehung der «Mar de suenos»-Route am Fitz Roy in Patagonien erfüllte sich für Michael Lerjen und Jorge Ackermann ein Traum. «Wir überwanden die Angst, glaubten an uns und harmonierten als Team. Ohne dieses blinde Vertrauen wäre diese Erstbegehung nie möglich gewesen. Jede freie Minute steckten wir in die ‹Un mar de suenos›-Linie am Fitz Roy. ‹Un mar de suenos›, ein Meer der Träume!

36 Stunden nonstop unterwegs

Als wir den Gipfel erreichten und uns die Tränen herunterliefen, klickten keine Kameras. Keine stehenden Ovationen für die zwei Jungs, die viel wagten, alles gaben und Erfolg hatten. Zum Geniessen blieb keine Zeit. Der Gipfelerfolg – wir wussten es aus unserer langjährigen Bergerfahrung – war erst die halbe Miete. Neue Energie und totale Konzentration waren gefragt. Der Abstieg führte uns über eine nie wiederholte Route. Zum Feiern waren wir nach 36 Stunden nonstop in schwierigsten Verhältnissen mit hohen klettertechnischen Herausforderungen zu müde, zu ausgelaugt.

Als wir unseren dritten Versuch in dieser fast unbezwingbaren Wand unternahmen, wussten wir, dass es für uns beide der letzte sein würde. Oh Schreck: Unsere im Winter am Passo Superior deponierten Seile waren weg. Ebenso der Hammer und die Haken, die wir für diese anspruchsvolle Klettertour unbedingt benötigten, waren verschwunden. Die ausgekundschaftete Route war zudem weiss wie Schnee. Die Motivation wich der Verzweiflung, also stiegen wir erst mal ab.

Wir wussten aber um unsere Chance in diesem Jahr und erreichten am 13. November 2012 erneut den Passo Superior. Am 14. November um 3.00 Uhr starteten wir unser bergsteigerisches Vorhaben. Wir brachten den unteren Teil trotz technisch anspruchvoller Stellen zügig hinter uns. Nach zwölf Stunden reiner Kletterei erreichten wir Ledge of Hope. Es hatte leicht geschneit und der Wind fegte mit 100 km/h über unsere Köpfe. Kein anderes Team wagte sich an diesem Tag in die Wand. Auf dem schmalen Grat richteten wir uns ein und schliefen halb im Klettergurt hängend.

Am 15. November ging es im alpinen Neuland früh los. Durch schwieriges «Aiden» und ein Pendel arbeiteten wir uns in der steilen Wand Meter um Meter mühsam hoch. Als wir um 1.00 Uhr in unserem zweiten Biwak einschliefen, lag ein Hauch von Euphorie in der Luft! Doch wir wussten, dass uns noch ein weiter Weg zum Gipfel und ein noch mühsamerer Abstieg bevorstand.

Frühe Tagwache am dritten Tag (16. November). Wir kamen gut vorwärts. Nach einigen Seillängen fanden wir die bekannte «Ferrari-Route». Sie schien der einzig logische Weg zum Gipfel. Genau das war unser einziger Fehler. Wir unterschätzten die letzten Meter! Wissend, dass diese Route keine Wiederholung kennt, liessen wir viel Material zurück und entschieden uns, über die Ferrari-Route abzuseilen! Die nächsten sechs Längen in der ganzen Route die nie zuvor ein Mensch geklettert hat und die nie wiedeholt wurden, forderten uns alles ab. Dann verliessen wir die Ferrari-Route. Damit nahmen wir das Risiko, über dünnes Eis und einige heikle Mix-Passagen hinaufzusteigen, in Kauf. Für unseren mutigen Entscheid wurden wir belohnt. Am 16. November 2012, um 17.30 Uhr, standen wir auf dem Gipfel des berühmt-berüchtigten Fitz Roy.»

Michael Lerjen – träumt von den
schönsten und schwierigsten Routen
und meistert sie auch.

Samuel Anthamatten – Jasemba

Samuel Anthamatten (*1986)

Der Jasemba
offiziell eigentlich als Pasang Lhamu Chuli bezeichnet, ist ein 7350 Meter hoher Berg an der chinesisch-nepalesischen Grenze im Himalaja. Er befindet sich im Solo-Khumbu-Gebiet und ist der Hauptgipfel des Nangpai-Gosum-Massivs, eines Ausläufers des Achttausenders Cho Oyu. Erstbestiegen wurde er am 12. Oktober 1986 im Rahmen einer japanischen Expedition.

«Mit unserer Erstbegehung der Südwand wurde der Gipfel auch zum ersten Mal im Alpinstil bestiegen. ‹Hook or Crook› (VI, 1550 m, 90°, M5) taufen wir die neue Linie am Jasemba.»

Romolo Nottaris, Alpinist und Gründer von Newrock, begeisterte die drei jungen Zermatter Alpinisten Simon Anthamatten, Samuel Anthamatten und Michi Lerjen mit spektakulären Aufnahmen der majestätischen Pyramide, des Jasemba.

Der Jasemba im Himalaja

Alle drei bisherigen Besteigungen führten über die weniger steile Nordseite oder über die südöstlichen Schneegrate. Ziel der Zermatter war es, den Gipfel über die sichere, aber schwierige Rippe in der Mitte dieser fast 2000 Meter hohen Südwand zu erreichen. Eine objektiv sichere Rippe? Vieles ist für das erfahrende Trio, das am 30. September 2009 ins alpine Abenteuer einsteigt, ungewiss. Die Schneerippe mit den riesigen Schneepilzen sieht zwar kompliziert, aber bezwingbar aus. Es gilt, den Berg ohne Sauerstoff, Fixseile und Höhenträger im Alpinstil zu besteigen.

Die drei Zermatter erinnern sich: «Nach zwei Tagen Kathmandu und einiger Bürokratie sind wir froh, nach Lukla zu fliegen. Wir sind gespannt, den Jasemba endlich in natura zu erblicken, denn erst dann können wir genau feststellen, was uns wirklich bevorsteht.»

Einfach ein Traumberg

«Im Basislager angekommen, sind wir begeistert vom Anblick des Jasemba – ein wahrer Traumberg!

Die geplante Route sieht – jedenfalls von hier unten – machbar aus. Entschieden wird, über die Aufstiegsroute wieder abzusteigen. Alle anderen Optionen sind der Lawinengefahr oder den mächtigen, verwächteten Schneegraten ausgesetzt. Wir nutzen somit auch den Vorteil, dass wir unser Zelt und das Biwakmaterial nicht bis auf den Gipfel mittragen müssen.

Am 25. Oktober 2009 starten wir. Nach einem fünfstündigen Marsch über den zerrissenen Somnagletscher erreichen wir den Wandfuss auf 5800 Meter. Auch am nächsten Tag kommen wir zügig voran. Fast übermütig stellen wir unser Zelt auf einem Schneepilz auf 6500 Meter auf und übernachten angeseilt. Am nächsten Tag wird das Gelände sehr tückisch. Nach einer Tagesleistung von «nur» 400 Höhenmetern richten wir unseren Biwakplatz ziemlich erschöpft auf 6900 Meter ein. Eine horizontale Spalte in einem überhängenden Schneepilz birgt gerade genug Platz für das Zwei-Personen-Zelt. Wir wissen, dass uns das Schwierigste noch bevorsteht. Über Mixedgelände erreichen wir einen kleinen Kamin. Mit dieser letzten Seillänge umgehen wir die senkrechte Wand und erreichen das Schneefeld. Die Schlüsselstelle ist geschafft. Das Schneefeld zum Gipfel entpuppt sich als 70° steile Eiswand.

Am 29. Oktober 2009 um 14.30 Uhr stehen wir nach der Erstbegehung dieser Route auf dem Gipfel des 7350 Meter hohen Jasemba.

1600 Meter hohe Wand

Voll konzentriert nehmen wir den Abstieg in Angriff. Am Gipfelgrat vergraben wir ein Teleskopstocksegment. Dieses dient uns als Anker zum Abseilen. Mit einem flauen Gefühl im Magen seilen wir in die 1600 Meter hohe Wand ab. Die Sonne geht unter. Jetzt darf nichts schiefgehen. Die Schneeflanke können wir an Eissanduhren abseilen. Bei Einbruch der Nacht schaffen wir es zu unserem Lager auf 6900 Meter. Wir sind zu müde, um zu kochen und können wegen der Kälte kaum schlafen. Am nächsten Tag seilen wir nochmals 25-mal ab. Wir erreichen den Wandfuss und verfügen über fast kein Material mehr. Spät am Abend erreichen wir dann glücklich und zufrieden ob der hochalpinen Leistung mit einer Erstbegehung an einem Siebentausender das Basislager. Wir können es noch nicht glauben: Wir haben es geschafft!»

Der Jasemba – die Erstbegehung wurde wahr.

Martin Anthamatten – Die Berge, unser Heiligtum

Martin Anthamatten (*1984)

Durchgangszeiten PDG 2010

Zermatt Bahnhofplatz, Start: 2.30 Uhr
Stafel: 40 min
Schönbiel: 1:13 h
Tête Blanche: 2:15 h
Arolla: 2:48 h
Verbier: 5:52 h (Ankunft 8.22 Uhr)

Martin Anthamatten und die PDG

2006: 14:47 h

2008: 6:51 h, 3. Rang

2010: 5:52 h, 1. Rang mit Streckenrekord

2012: abgebrochen in Arolla, zwischenzeitlich 2. Rang

2014: zu zweit beendet, Florent stürzte vor Arolla

Die ersten Olympischen Winterspiele aller Zeiten fanden 1924 in Chamonix statt. Hier errangen die Zermatter Patroullienläufer Alfons Julen, Anton Julen und Alfred Aufdenblatten mit Offizier Denis Vaucher den ersten Rang. Die Zermatter waren auch in den Hochgebirgsrennen gefürchtete Athleten. So z.B. im Mezzalama-Lauf Testa Grigia–Gressoney.

1933 entschied die Tuppe Elias Julen, Gustav Julen und Hugo Lehner das Rennen für sich. Während der 50er-Jahren waren die Gebrüder Kronig mit von der Partie. So beim Trofeo Parravicini, und Alfred Kronig hätte beinahe 1956 bei den Weltmeisterschaften in Oslo Gold geholt. Leider hat er beim Schiessen auf die Scheibe seines Nachbarn gezielt und auch getroffen! Seit 2007 ist der junge Zermatter Martin Anthamatten Mitglied der Schweizer Skialpinismus-Nationalmannschaft, und Martin Anthamatten hat bereits vier Mal an den legendären Rennen teilgenommen. Die Ränge 4 bis 6 waren bisher die Platzierungen seines Teams. Da die Mezzalama quasi vor seiner Haustür stattfindet, ist er sehr motiviert, diesen traditionsreichen Skitourenwettkampf endlich einmal zu seinen Gunsten zu entscheiden.

Patrouille des Glaciers

«Die PDG war ein unerreichbarer Traum, der mich in den Bann zog und nicht mehr losliess. Tag für Tag und Jahr für Jahr gingen diese Tausenden von Schritten unermüdlich im gleichen hohen Tempo voran, bis der Körper mit dem Geist zu einer Einheit verschmolz. Denn das eine existiert nicht ohne das andere. Und eines Tages, nach Stunden harten Training, fiel in Zermatt der Startschuss, mein Startschuss. Ich war noch nie zuvor in meinem Leben so voller Anspannung und Energie, ich wusste nicht, ob ich vor Freude oder vor Ehrfurcht an der Startlinie weinen sollte. Dieses Gefühl war unbeschreiblich.

‹Jeden Meter, den ich und mein Team hinter uns lassen, ist einer näher an unserem Ziel, somit denken wir nicht, wie weit es noch geht, sondern, wie weit wir schon gekommen sind.›

Diese Gedanken trieben uns mit einem hohen Rhythmus voran, wobei wir bereits im Weiler Zmutt keine Lichter mehr hinter uns sahen. Die Verhältnisse waren perfekt und wir konnten unseren Vorsprung konstant ausbauen.

‹Das Team ist voller Energie und wird sich gemeinsam den Herausforderungen stellen, der Nacht, der Kälte, dem Wind, dem Sturm, der Höhe, dem leuchtenden Licht bei Tagesanbruch, der brennenden Hitze, dem Über-sich-Hinauswachsen im extremsten Mass.›

Während des ganzen Wettkampfs wechselten wir nur wenige Worte, wir verstehen uns blind. Unsere Bewegungen und Gesichtsausdrücke sagen mehr als tausend Worte.

‹Das Trio wird die unvermeidliche Müdigkeit überwinden, beflügelt von der magischen und ehrfürchtigen Atmosphäre, die auf dieser Strecke herrscht. Dieses Gemeinschaftsgefühl trägt uns bis zur Ziellinie in Verbier.›

Als wir im letzten kurzen Aufstieg zum Col de la Chaux sind, erahnen wir zum ersten Mal, dass wir die PDG am heutigen Tag mit einer Rekordzeit gewinnen können. Die letzten Meter vor der Ziellinie in Verbier waren unbeschreiblich, diese ganzen Leute, welche uns zuriefen. Dann der Zieleinlauf, es folgte ein striktes Programm – Dopingkontrolle, Interviews, Preisverleihung. Erst auf dem Rückweg mit dem Auto von Verbier Richtung Zermatt realisierte ich, was wir an diesem Tag geleistet haben.

‹Die Berge bleiben unser Heiligtum, wo wir unsere Leidenschaft ausleben können.›.»

Martin Anthamatten – dem Skialpinismus
und der Patrouille des Glaciers verfallen.

Andreas Steindl – Die Berge, mein Elixier des Lebens

Andreas Steindl (*1989)

Nach der Zimmermann-Lehre erwarb er das Bergführer- und Skilehrer-diplom. Er gehört seit 2012 der Schweizer Nationalmannschaft im Skibergsteigen an. 2011 konnte er sein Bergführerdiplom entgegennehmen.

Seine Erfolge:

2008: 3. und 4. im Eiskletter-Weltcup im Schwierigkeitsklettern

2009: Alaska verschiedene Begehungen

2011: Rekord Zermatt–Matterhorn in 2 h 57 min sowie Hütte–Gipfel–Hütte in 1 h 56 min.

2013: Weltmeister im Skibergsteigen in der Staffel sowie 5. im Sprint, 2. im Sprint-Weltcup – Zermatt–Saas-Fee über Alphubel, Täschhorn, Dom, Lenzspitze, Nadelhorn in 9 h 3 min

«Ich geniesse diesen Frieden und diese Vollkommenheit, welche ich nur in den Bergen verspüre.»

Andreas Steindl ist Sohn eines Bergführers. Aufgewachsen in Zermatt, erklomm er seinen ersten 4000er mit 14 Jahren, das Matterhorn. Er ist der jüngste Bergführer in Zermatt und versucht uns seine Freude und seine Emotionen, welche ihm die Berge schenken, näherzubringen.

Ein unvergesslicher Tag – Besteigung des Petit Dru

«Es ist Februar 2011 und die Verhältnisse in den Wänden der Alpen sind hervorragend. Doch was tun? Marcel, welchen ich während der Bergführerausbildung kennengelernt habe, kontaktierte mich und schlug vor, den Petit Dru, welcher oberhalb von Chamonix emporsteigt, in Angriff zu nehmen. Ich war sofort Feuer und Flamme für dieses Vorhaben.

Wir wollten über die Nordseite des Dru hochsteigen. Eine wunderschöne, abwechslungsreiche und anspruchsvolle Linie, welche in kombiniertem Gelände anfängt, dann über ein 200 Meter hohes, nahezu senkrechtes Felsband weiterverläuft und zum guten Schluss noch ein schönes steiles Eiscouloir für uns bereithält.

Am 5. Februar ist es dann so weit. Marcel und ich treffen uns mittags in Argentière, wo wir noch etwas essen und danach die Seilbahn zur Bergstation ‹Les Grands Montets› nehmen. Nun heisst es, mit unseren grossen und schweren Rucksäcken zum Wandfuss des Petit Dru zu gelangen. Wir schnallen unsere Skier an und können immer wieder ein Stück abfahren, dann heisst es wieder einmal abseilen oder etwas hochsteigen. Nach einigen Stunden erreichen wir den Wandfuss und sind überwältigt von dieser Kulisse.

Am geplanten Biwakplatz angelangt, finden wir sogar ein bestehendes Schneeloch, welches wohl schon anderen Alpinisten vor einigen Tagen Schutz gewährte. Welch atemberaubender Anblick, als die Sonne untergeht und wir unser Abendessen kochen. In völliger Stille und Zufriedenheit können wir diesen Augenblick geniessen und all unsere Luxusprobleme und Sorgen vergessen. Die Sonne geht unter und die Nacht bricht herein. Es wird ziemlich kalt, sodass wir unsere Rucksäcke packen und uns in unsere Schlafsäcke im Schneeloch begeben. Geschlafen wird jedoch nicht sehr viel. Es ist kalt, nicht sehr bequem und wir verspüren doch eine gewisse Anspannung, was uns am nächsten Tag erwarten mag.

Als um drei Uhr der Wecker klingelt, sind wir richtig froh, dass es endlich losgehen kann. Nach einem kleinen Frühstück und einer heissen Tasse Tee beschliessen wir, nicht zu viel Zeit zu verlieren und steigen im Schein unserer Stirnlampen die Wand hinauf. Wir kommen gut voran, da wir nur mit dem nötigsten Material unterwegs sind. Die ersten Seillängen erweisen sich als nicht sehr schwierig, jedoch ist das Anbringen von Zwischensicherungen selten möglich. Wir überschlagen, dass heisst wir wechseln uns immer ab, was die Führungsarbeit angeht und erreichen schnell die Schlüsselstelle. Die Morgendämmerung setzt langsam ein und hilft uns den richtigen Einstieg zu wählen. Vor uns steigt eine steile Felswand empor. Ich musste leer schlucken. Die nächsten 200 Meter verlangen einiges ab und wir müssen uns ziemlich anstrengen und uns überwinden, um dieses harte Stück Arbeit zu bewältigen. Nach ein paar anstrengenden Stunden erreichen wir das einfachere Eiscouloir und können wieder Gas geben. Unsere Freude am Klettern ist riesig und wir geniessen das letzte Stück, bevor wir die Scharte zwischen Grand und Petit Dru erreichen. Nach neun Stunden in Dunkelheit, Schatten und Kälte strahlt uns wieder die Sonne ins Gesicht und wirkt belebend. Die letzten 40 Höhenmeter zum 3733 m hohen Gipfel werden zum Genuss. Auf dem Gipfel angelangt, gibt es eine herzhafte Umarmung von Marcel. Die Glücksgefühle überwältigen uns. Ich geniesse für einen Augenblick diesen Frieden und diese Vollkommenheit, welche ich nur in den Bergen verspüre. Dies mit einem guten Freund teilen zu können, macht es noch schöner.

Doch auch dieser Augenblick kann nicht ewig anhalten und wir nehmen den Abstieg in Angriff. Nach etlichen Malen abseilen gelangen wir wieder zu unserem Biwak. Wieder die Skier unter den Füssen, fahren wir ab und erreichen in der Dunkelheit Chamonix. Sehr erschöpft und dehydriert, jedoch überglücklich und sehr zufrieden treten wir die Heimreise an, um vom nächsten Abenteuer träumen zu können.»

Andreas Steindl – Weltmeister, Sprinter
und Geniesser.

Fränzi Aufdenblatten – Mein zweites «Date» mit Gott

Fränzi Aufdenblatten (*1981)

1995: Erste bei der Schweizermeisterschaft JO RS Andermatt

1996: Erste bei der Schweizermeisterschaft JO RS Bettmeralp

1996: Erste beim OVO Grand Prix Stoss

1998: Erste beim Fis Riesenslalom Bettmeralp

2001: Erste im Europacup RS Al/Norwegen

Weltcup und Olympische Spiele:

- 1. Rang im Super-G in Val-d'Isère
- 3. Rang in der Abfahrt im Weltcup-Finale auf der Lenzerheide 2014, ihrem letzten Rennen
- Olympisches Diplom in Sotschi 2014

«Ich gebe zu, ich bin kein übermässig gläubiger Mensch. Vor allem im Zusammenhang mit dem Spitzensport empfand ich den Glauben an Gott stets irgendwie fehl am Platz. Stundenlang im Kraftraum schwitzen, Intervalls rennen, auf der Suche nach idealen Trainingsmöglichkeiten um die halbe Welt reisen… dann im Starthaus stehen und sich darauf verlassen, dass Gott ausgerechnet heute Zeit für mich hat. Wie genau sollte er denn helfen? Mir den schnellsten Weg ins Ziel zu zeigen? Oder lieber auf mich aufzupassen und mich heil ins Ziel zu bringen? Nein, auf das konnte und wollte ich mich ganz einfach nicht verlassen.

Wir Schweizer Skirennfahrer befanden uns 2005 in einem Tief. An den Weltmeisterschaften in Bormio gingen wir leer aus. Alinghi gewann den Americas Cup und die Schweiz war auf einmal mehr Segel- denn eine Skination. Es war keine einfache Zeit. Mit Sicherheit die schwerste meiner Karriere und wohl auch die schwerste in meinem bisherigen Leben.

Der Glaube funktioniert nicht auf Knopfdruck

In dieser Zeit unterhielt sich ein Zermatter Bergführer mit mir über den Glauben und seine Kraft. Für ihn war klar, dass mir in dieser unsicheren Zeit der Glaube Kraft schenken könnte und mir auch helfen würde, mit der harten Kritik besser umzugehen. Im Gegensatz zu mir war er überzeugt, dass der Glaube gerade im Spitzensport eine grosse Rolle einnimmt. Doch mit dem Glauben ist es so eine Sache: Leider funktioniert er nicht auf Knopfdruck. So sollten noch einige Jahre vergehen, ehe ich mein zweites ‹Date› mit Gott und dem Glauben hatte.

Weltcup-Finale 2014 auf der Lenzerheide. Mein letztes Weltcup-Rennen. Es sollte die verrückteste Woche meines Lebens werden. Eine der anspruchsvollsten Abfahrtsstrecken erwartete uns zum Weltcupfinale auf der Heid. In meinem Falle: noch einmal die ultimative Herausforderung zum Abschluss. Ich kämpfte – vor allem mit meinen Emotionen. «Danke Fränzi» hatte ein Streckenposten mit Sprühfarbe in den Schnee geschrieben. Noch fünf Minuten vor dem Start umarmte mich Nicole Hosp. Ich war den Tränen nahe; nicht zum ersten Mal in dieser Woche. Ich machte mir Sorgen, ob es nicht schlichtweg zu gefährlich sei, unter diesen Umständen noch eine Abfahrt zu fahren, mich möglicherweise in meinem letzten Rennen zu verletzen. Dann der Gedanke: Heute ist noch einmal alles möglich. Was für ein Privileg! Jemand bot mir in meiner letzten Weltcup-Abfahrt noch einmal die Chance zu zeigen, dass ich noch immer zu den Besten der Welt gehöre…

Und tatsächlich: Ich schaffte es noch einmal auf das Podest. Ich wurde Dritte Unglaublich! Schneebedingungen und Strecken passten heute zu meinem Rennstil. Ist das Glück oder eventuell doch Fügung? Keine Frage. Vieles hatte ich selber in der Hand. Meine Fahrt zum Beispiel. Ich fand die richtige Mischung zwischen Risiko und Taktik. Einige meiner grössten Konkurrentinnen schafften diesen entscheidenden Mix in diesem Rennen nicht.

Jedes Mal, wenn ich an diesen Tag zurückdenke, hallt nur ein Wort durch mein Herz: Dankbarkeit! Nicht allen Seriensiegerinnen ist ein solcher Abschluss vergönnt!

Vieles musste stimmen, damit ich in meinem letzten Rennen meinen für mich wohl grössten Erfolg feiern durfte. Nicht alles lag in meinen Händen. Daher bin ich überzeugt, dass ich mein zweites ‹Date› mit Gott an diesem 12. März 2014 auf der Lenzerheide hatte. Ich kann nicht genau sagen, wo und wie stark er seine Hände im Spiel hatte. Aber als ich an diesem Abend, nach einem wunderbaren letzten Weltcup-Rennen im Bett lag, hatte ich die Gewissheit, dass ein Allmächtiger der Meinung war, dass ich einen solch unbeschreiblichen Abgang verdient hatte. Jetzt weiss ich, dass dort oben jemand auf meiner Seite ist.»

Fränzi Aufdenblatten – eine Sportlerin, die mit ihrer herzlichen Ausstrahlung und Ehrlichkeit allen in Erinnerung bleiben wird.

André Georges – Vom Aspiranten-Kurs zur Bergheuet

André Georges (*1953)

1975: Alle vier Grate an der Dent Blanche in 16 Stunden

1986: Winterbegehung aller Zermatter Viertausender in 16 Tagen

1986: «Couronne Impériale» Dent Blanche–Weisshorn in 22,5 Stunden

1986: Dent Blanche Nordgrat und die Gogna in einem Tag

1988: 13 Oberländer Nordwände in zwölf Tagen

Neun Achttausender in verschiedenen Jahren

Der Zermatter Richard Biner besuchte 1973 den Bergführer-Aspiranten-Kurs. Zurück in Zermatt berichtete er von seinen eindrücklichen Erlebnissen von den Ecandies bis zu den Aiguilles Dorées… und von einem sagenhaften Unterwalliser Aspiranten.

Er erinnerte sich an folgende interessante Begebenheit: «Als die Aspiranten-Gruppe nachmittags, nach einem harten Ausbildungstag im Hochgebirge, in die Hütte zurückkehrte, stieg einer von ihnen sofort ins Tal hinab und half seiner Mutter beim Heuen. Erst gegen Mitternacht war er wieder in der Hütte, um am nächsten Tag rechtzeitig am Kurs teilnehmen zu können.» Wer war dieser Kerl? André Georges, 1953 in La Sage geboren und aufgewachsen. Schon sein Urgrossvater war ein bekannter Bergführer und Skifahrer, der sich sogar seine Skier selber herstellte.

Andrés Leidenschaft waren, nebst Pflichttouren als Bergführer, die grossen Begehungen.

Eine der eindrücklichsten Touren war die 16-tägige Winterbegehung aller Zermatter Viertausender zwischen Grächen und Zinal mit Erhard Loretan. Eine Tour, die sich auch im Film «Focus Matterhorn» als Leitfaden durchzieht. Zur Erinnerung:

Am 14. Februar 1986 um 9.30 Uhr starteten die beiden Topbergsteiger auf dem Riedgletscher. Bei Sturmböen bis zu 80 km/h bestiegen die gut harmonierenden Alpinisten am ersten Tag fünf Viertausender. Biwakiert wurde im Schlafsack auf dem Gipfel.

Die erste harte alpinistische Knacknuss war sicher der «Katerinagrat» am Nordend. Erhard Loretan, ein seiltänzerischer Athlet, kletterte den Grat ohne Rucksack vor. Georges, ein bärenstarker Bergler, folgte mit beiden Rucksäcken. Die Testa Grigia, für die beiden ein 5-Sterne-Hotel, war ein Ort der Erholung. Steigeisen schleifen, Schnurrbart schneiden, eine oder zwei Flaschen Rotwein waren Pflicht und Genuss!

Ein freudiges und bleibendes Erlebnis war für Erhard und André das Treffen mit Ulrich Inderbinen. 86-jährig, rüstig, munter und als Bergführer immer noch aktiv. «Er wollte uns einfach sehen und ermuntern», so der fast ehrfürchtige Kommentar der jungen Führer an die Adresse des legendären Bergführers und Vorbildes. Chapeau! Rettungsobmann Bruno Jelk lieh den Gratwanderern und Gipfelstürmern zwei Skier. Jeder auf einem «Lädi» erreichten sie das Hirli. Es folgte die Matterhorntraversierung. Beim Dent-d'Herens-Ostgrat wurde das Seil zum zweiten Mal gebraucht. Nach dem Biwak auf dem Rothorngrat fragte Loretan seinen Seilgefährten, wie es denn nun weitergehen würde. Andrés Antwort: «Die nächste Etappe ist superleicht; ein Spaziergang für Rekonvaleszente! Ich habe sie mit meiner Grossmutter im Eilzugstempo gemacht.» Na ja, es war dann aber alles andere als ein Spaziergang. Statt in geplanten fünf Stunden wühlten sie sich bei Nebel und Sturm zehn Stunden durch tiefen Schnee. «Mein lieber André», so Loretan, «du musst mir unbedingt mal deine Grossmutter vorstellen», der bissig-freundliche Kommentar.

Das Wetter war den beiden Alpinisten nicht gut gesinnt. Nur an sieben von 16 Tagen schien die Sonne; drei ganze Tage sassen sie in Biwaks fest. Die übrige Zeit waren sie bei Wind und Wetter unterwegs und trotzten den Unbilden der Natur.

Am 4. März ging das Abenteuer erfolgreich zu Ende. Es führte zwischen den beiden zu einer jahrelangen festen Freundschaft mit gegenseitigem Verständnis, ohne unnötiges Geschwätz, aber mit erprobter, eisenfester Motivation. Die ehemalige Tageszeitung «La Suisse» unterstützte das anspruchsvolle hochalpine Projekt medial. Der Leistung angepasst wurden die Schlagzeilen von Tag zu Tag grösser, was auch Neider auf den Plan rief. So sprach beispielsweise der damalige SAC-Präsident von Selbstdarstellerei, Angeberei und von Entheiligung des alpinen Altars. Schlusskommentar der beiden Bergführer: «Der Besuch von Ulrich Inderbinen bleibt uns nachhaltig in Erinnerung. Alles andere ist reines Geschwätz.»

André Georges – harter Kern und weiches Herz.

Köbi Julen – Eine schützende Hand

Köbi Julen (*1955)

Es gibt auch im Leben eines Bergführers Tage, an denen er sich vorkommt wie ein König, und dann: Innert Sekunden hält nur mehr der Herrgott die schützende Hand über ihn...

Bergführer Köbi Julen auf einer Pulverscheefahrt in die Todeszone

Ein solches Erlebnis hatte 1986 der heute 59-jährige Zermatter Bergführer und Skilehrer Jakob Julen, Film- und Buchautor «Focus Matterhorn». Seit Jahren führte er als diplomierter Schneesportlehrer seine Privatgäste mit grosser Sachkenntnis durch die Skiarena Zermatt. Da er als Einheimischer über reiche Erfahrung verfügte, konnte er seine Gäste mit einer Abfahrt durch jungfräuliche Neuschneehänge überraschen.

Auf einer Frühlings-Skitour fuhr er mit einem Ehepaar in knöcheltiefem Pulverschnee von der Kelle in Richtung Grünsee/Eya. Während es unter ihren Brettern staubte, hörte man selbst in über 300 Metern Entfernung das Kantenrattern der Pistenfahrer. Kein Vergleich zum Tiefschneevergnügen durch die Wälder auf der Gegenseite. «Man muss ja wissen, wo man Ski fährt», war ein berechtigter Gedanke Julens, der seiner langjährigen Kundschaft ein besonderes Vergnügen bieten wollte und sich dabei wie der Platzhirsch fühlte.

Aus welcher Überlegung auch immer, liess Köbi Julen seinem Gästepaar im unberührten Waldgelände den Vortritt. War es die Vorsehung oder einfach ein göttlicher Wink. «Plötzlich, ohne Vorwarnung und aus heiterem Himmel hörte ich einen ‹Chlapf›. Auf einer Breite von zwei- bis dreihundert Metern löste sich eine riesige Lawine», so Julen. «Meine Gäste retteten sich unter einen Baum; ich dagegen wurde von den Schneemassen erfasst und statt eines Pulverschnee-Erlebnisses absolvierte ich auf dem Lawinenzug eine Fahrt in die Todeszone», erinnert sich Julen an den Vorfall, als wärs erst gestern gewesen. Mit einem abgerissenen Ski kam Julen wie durch ein Wunder auf einer Kante zum Stehen, während die Schneemassen in Richtung Eya/Findelbach zu Tale stürzten.

Erste Reaktion: Die Gäste in Sicherheit. Grosse Erleichterung. Danach versuchte Julen die brenzlige Situation nüchtern zu analysieren. Als patentierter Skilehrer und Bergführer bei solchen Bedingungen einen so «geladenen» Hang zu befahren, war ein geballtes Risiko. Zweite Reaktion: Also erst mal leer schlucken, dann die verräterische Skilehrerjacke umdrehen, den zweiten Ski suchen und sich um das Wohl des schockierten Ehepaares kümmern.

Für Köbi Julen waren diese paar Sekunden in vieler Hinsicht eine göttliche Bewahrung, obwohl er Gott ein bisschen herausgefordert hatte. Mit der aufmerksamen Rettungsinstanz der Bahn hat er aber nicht gerechnet. Dieser war der Lawinenabbruch nicht entgangen und als im Findelbach ein Ski gefunden wurde, war die Verunsicherung, ob jemand verschüttet worden sei, gross. Über Funk hörte Julen mit, dass sich Bahndirektor Josi Burgener und Rettungschef Bruno Jelk über die Auslösung einer Suchaktion unterhielten. Nicht gerade mit stolzer Brust, aber aus tiefer Berufsethik schaltete sich Julen namenlos kurz ins Netz ein und gab etwas kleinlaut zu, dass seine Gäste in Sicherheit seien und der gefundene Ski ihm gehöre. Bruno Jelk hat dann über das Privatnetz mit Köbi die Aktion gestoppt, ohne die Funkab- und -mithörer. Bergführer unter sich...

Köbi Julen – Schrecksekunden und göttliche
Bewahrung im Tiefschnee.

Gerlinde Kaltenbrunner – Im Einklang mit den Höhen

Gerlinde Kaltenbrunner (*1970)

Sie ist ausgebildete Krankenschwester und lebt seit 2003 ausschliesslich vom Bergsteigen. Die Österreicherin ist bekannt als eine der besten Höhenbergsteigerinnen der Welt; mit dem Erreichen des Gipfels des K2 am 23. August 2011 ist sie die dritte Frau, der die Besteigung aller 14 Achttausender gelang und vor allem die erste, der dies ohne zusätzlich mitgeführten Sauerstoff aus der Flasche gelang.
«Am Berg fühle ich mich besonders verbunden mit gleichgesinnten Menschen, vor allem aber auch eingebunden in das ‹grosse Ganze›: Ich spüre die Göttlichkeit in ihrer ganzen Dimension.»

1994: Vorgipfel am Broad Peak

1998–2011: In insgesamt 23 Expeditionen gelingt Gerlinde die Besteigung aller 14 Achttausender als dritte Frau und als erste ohne zusätzlichen Flaschen-Sauerstoff.

2012: Im Film «Focus Matterhorn» ersetzt Gerlinde den verstorbenen Erhard Loretan, der mit André Georges 1986 die Zermatter Viertausender im Winter bestiegen hat.

Bergsteigen in jeder Form:
Neben dem Höhenbergsteigen ist Gerlinde Kaltenbrunner seit ihrer Jugend äusserst intensiv auf Fels-, Eis- und Skitouren, beim Klettern, Trekken und auf Bergsteigerreisen in der ganzen Welt unterwegs – ihre Leidenschaft kennt keine Grenzen.

«Dort oben, in den Bergen, fühle ich mich aufgehoben und aufgenommen.»

Überflüssig, Gerlinde Kaltenbrunner vorzustellen: Sie ist 2011 in die Alpingeschichte eingegangen als dritte Frau, die alle Achttausender bestiegen hat – obwohl sie den Wettlauf mit anderen Bergsteigerinnen nie suchte. Viel wichtiger ist ihr der Stil, den sie bei ihrem Klettern pflegt. Gerlinde geht in den Bergen auf. Sie braucht das Unterwegssein in der Natur wie die Luft zum Atmen.

Die Berge geben mir Kraft – und schenken mir Frieden und Stille

«Das Matterhorn hat mich in ganz jungen Jahren, wie wahrscheinlich jeden, der mit den Bergen verbunden ist, in seinem Erscheinungsbild schlicht fasziniert! Im Alter von etwa 22 stieg ich dann über den Zmuttgrat zu seinem Gipfel auf; das war damals für mich ein ganz besonderes, faszinierendes Erlebnis. Jahre später – ich weiss nicht mehr genau wann – durchkletterte ich mit einem Freund auch die Nordwand. Beste Verhältnisse, herrliche Tour, abends völlig kaputt auf der Hörnlihütte zurück…

Die Berge geben mir Kraft. Trotz grosser Anstrengung kommt in vielen Momenten enorme Energie von der Natur zu mir zurück. Da sind zum Beispiel die magischen Lichtspiele frühmorgens oder am späten Abend, nachts der oft unfassbare Sternenhimmel, besonders in Gegenden, wo es keine Lichtverschmutzung gibt und ich dadurch den Schatten meines Körpers nur durch das Licht der Sterne sehen kann: In solchen Augenblicken kehren tiefer Frieden und vollkommene Stille in mir ein.

Es gibt sehr viele Momente in den Bergen, die nach etlichen Jahren immer noch so präsent sind, als wäre es gestern gewesen; wenn ich meditiere, gehe ich oftmals wieder in solche tief bewegende, erfüllende und feierliche Momente hinein. Einer dieser Augenblicke war der, als ich mit David Göttler um etwa fünf Uhr morgens auf 6700 Meter an der Annapurna I einen der herrlichsten Sonnenaufgänge erleben durfte. Eine eisige Nacht lag hinter uns, und dann endlich der Sonnenaufgang, nur zu zweit, weit dort oben…

Damals war es ziemlich genau ein Jahr her, dass ich gerade einmal hundert Höhenmeter weiter unten, in meinem Zelt liegend, von einem Schneebrett erfasst wurde. Auf einen Schlag wurde ich mit meiner eigenen Vergänglichkeit konfrontiert. Und in unmittelbarer Nähe starben zwei Spanier unter den Schneemassen. Dies war bis dahin mein schlimmstes Erlebnis. Und nun, ein Jahr später, wenig weiter oben am gleichen Berg, meine allerschönsten, bewegendsten Augenblicke überhaupt!

Ein anderer grossartiger Moment, den ich für immer in mir tragen werde, war das Erreichen des höchsten Punktes am K2. Dies, nachdem ich an diesem Berg so viele Rückschläge erlebt hatte, so oft hatte umkehren müssen und vor allem einen meiner besten Bergsteigerfreunde durch einen Absturz unmittelbar neben mir verloren hatte. Und nun dies: Endlich dort oben ankommen zu dürfen, die letzten Schritte hin zum Gipfel… Alle traurigen und glücklichen Momente, die ich mit diesem Berg verbinde, waren geballt da. Lange, tiefe Minuten war ich allein dort oben. Dieses «einfach nur Sein» zuoberst am K2 ist eine meiner schönsten und tiefgreifendsten Erfahrungen in meinem ganzen Leben.

Zu Beginn waren die Berge für mich – jeder für sich – vor allem wunderschöne, mächtige, anziehende Giganten. Im Laufe der Jahre aber sind sie darüber hinaus zu meinen Lehrmeistern geworden. Die Berge haben mir geholfen, mein Weltbild zu begreifen. Sie haben mich über die vielen Jahre hinweg geprägt und geformt.»

Gerlinde Kaltenbrunner hat auch nach Rückschlägen nie aufgegeben und mit dem K2 als Tüpfelchen auf dem «i» ihr eindrückliches Palmarès komplettiert.

Simon Anthamatten – Kungyang Chhish East

Simon Anthamatten (*1983)

Kungyang Chhish East – Erstbesteigung

- Gipfelhöhe: 7400 m
- Wandhöhe: 2700 m
- Exposition der Wand: Südost
- Team: Simon Anthamatten (SUI), Matthias Auer (AUT), Hansjörg Auer (AUT)
- Erstbegehung: 14.7.–18.7.2013
- Versuche: 25.6.–28.6.2013 bis 7000 m durch Simon und Hansjörg
- 2.7.2013 bis 5600 m durch Simon und Hansjörg
- Zeit im Basislager: 12.6.–21.7.2013
- Zeit der Expedition: 5.6.–25.7.2013

Der Zermatter Bergführer und Extremalpinist Simon Anthamatten erinnert sich, als ob es gestern gewesen wäre, an diese Erstbesteigung: 2003 wurde ich zum ersten Mal auf den Kungyang Chhish East aufmerksam. Zehn Jahre ging es, bis ich das abgespeicherte Bild des Kungyang Chhish East wieder hervorgeholt habe.

«Ich sass in der gemütlichen Stube der Familie Auer im Ötztal. Neben mir Hansjörg Auer und am warmen Giltsteinofen Matthias Auer. Es gab Kaffee, Speck aus der eigenen Selche, Butter von der eigenen Milch und Honig. Hansjörg habe ich per Zufall im Yosemite und in Kalymnos getroffen. Matthias kannte ich vom Matterhorn.

Ein halbes Jahr später sitzen Hansjörg und ich im Flieger nach Islamabad. Matthias blieb zu Hause. Weil er fünf Millimeter seines Daumens mit einer Kreissäge abgeschnitten hat. Eine Woche später waren wir mit 30 Trägern Richtung Basislager unterwegs. Als wir vom Haupttal Richtung Basislager abbogen, erblickten wir zum ersten Mal den wolkenverhangenen Granitkoloss. Wir blieben stehen und Hansjörg meinte: ‹Ma! Isch das a Viech!›

Das Schönwetterfenster hielt immer noch an. Double oder Trouble. Double bedeutet in diesem Sinne der Gipfel. Vier Tage später waren wir in Trouble. In drei Tagen kletterten wir bis auf 6950 Meter. Eine 800 Meter hohe Schneeflanke führt zu einem gewaltigen Serac. Von dort aus erreichten wir in ca. 15 Längen unser erstes Biwak auf 5900 Meter. Am nächsten Tag stiegen wir in nochmals 15 Seillängen zum gewaltigen Felspfeiler hoch. Die nächsten 15 Längen kletterten wir im Mixedgelände, wie es in Chamonix anzutreffen ist (herrlicher Granit und griffiges Eis) gerade empor. Das Wetter war noch gut und wir hatten den Gipfel vor den Augen. Hundert Meter über uns ragte die Felsstufe aus dem Grat, an welcher House und Anderson umgedreht sind. Wir waren uns ziemlich sicher, dass wir morgen diesen Felsvorsprung knacken und uns weiter Richtung Gipfel empor arbeiten. 400 Meter unter dem Gipfel: Das Wetter schlägt um. Innerhalb weniger Minuten wurde uns bewusst, dass wir dem versäumten Gipfelerlebnis nicht nachtrauern durften. Der Abstieg und die Abseilmanöver erforderten unsere volle Konzentration.

Am 14. Juli starteten wir unseren letzten Versuch. Zu dritt: Der Daumen von Matthias Auer heilte schneller als gedacht und er reiste uns nach Pakistan nach.

Bereits bei unseren Akklimatisationstouren haben wir beobachtet, dass es eventuell eine Variante weiter rechts gibt, um diesen ungefähr 50 Meter hohen Felszahn zu umgehen. So war es dann glücklicherweise auch. Als wir dieses alpine Hindernis umgehen konnten, wussten wir: Ab jetzt sind wir auf Neuland unterwegs. Der Himmel war stahlblau. Aus dem umliegenden Nebelmeer stachen nur die mächtigsten Berge dieser Erde: Kanjut Sar, K2, Broad Peak, Gasherbrums, Latok, Ogre, Masherbrum, Nanga Parpat und Rakaposhi waren ersichtlich. Der Gipfelgrat war auf der linken Seite felsig und rechts verwächtet. Die Wächten wölbten sich oftmals über dreissig Meter über den Grat. Nach drei Längen erreichten wir einen kleinen Vorgipfel. Von diesem Punkt aus erkannten wir: Wir werden es zum Gipfel schaffen!

Um die Mittagsstunde standen wir alle auf dem Gipfel des bis dato unbestiegenen Kungyang Chhish East auf 7400 Meter. Freudentränen und Freudenschreie wechselten sich ab. Wir waren überwältigt von der Aussicht und davon, dass wir es wirklich geschafft haben.»

Simon Anthamatten – fühlt sich auch
auf 7000 m. ü. M wie zu Hause.

Stefan Roth – Rettung aus Sicht des Ortspfarrers

Stefan Roth (*1953)

Besuchte das Kollegium in Brig und Altdorf

1975–1980: Theologiestudium an der Universität von Fribourg

Pastoraljahr in Saas-Grund

1981: Priesterweihe und Primiz in Wiler

1981–1988: Vikar in Brig

1988–1995: Pfarrer in Saas-Fee

1995–2003: Regens des Priesterseminars Sitten in Givisiez FR

seit 2003: Pfarrer in Zermatt

Berge faszinieren seit Urzeiten. Berge ganz allgemein sind Orte, wo wir den Alltag, die Welt unter uns lassen können. Sie lenken unsere Aufmerksamkeit auf eine andere Dimension unseres Daseins. Das ist der Grund, warum die Berge in allen Religionen eine besondere Rolle spielen. Auf den Gipfeln der Berge fühlen sich die Menschen dem näher, was sie als letzten und tiefen Grund ihres Daseins erahnen. Ich denke, die Berge geben uns Walliserinnen und Wallisern ein Stück weit auch unsere Identität. Mit seinen topografischen Höhen und Tiefen spricht das Wallis das menschliche Herz und Gemüt an, bietet Zeichen und Symbole, die wegweisend sind auf dem Pfad unseres Lebens.

«Berge sind faszinierend. Berge fordern aber auch den Menschen heraus. Berge sind unbequem. Wer den Berg richtig erleben will, kommt so billig nicht davon. Wer in die Berge geht, muss mit einer gewissen Veränderung des Lebensstils vorliebnehmen. Das weiche Bett wird mit dem Matratzenlager vertauscht, das temperierte Schaumbad mit eisigem Wasser. Der Berg fordert Anstrengung, erfordert Schweiss und Verzicht.

So sehr der Berge auch lockt – es geht von ihm auch ein Drohen aus. Er birgt Gefahren in sich. Wer in die Berg geht, kann nicht jeder Gefahr ausweichen. Freilich können wir das auch sonst im Leben nicht.

Wenn ich hier nun eine Brücke schlage zu einem biblischen Text des neuen Testamentes, so sind zwar Ort und Umgebung verschieden, aber so wie mir scheint, gibt es viele Parallelen. Hören wir nun auf den Text aus dem Evangelium nach Matthäus:

Die Gewalten des Wassers sind ein Bild bedrohlicher Mächte, ja für Untergang und Tod. Und schnell tauchen Bilder auf von einem Tsunami oder grossen Überschwemmungen. Zwei Aspekte stehen hier im Vordergrund, die reale Gefährdung und der Glaube an die Wirkmächtigkeit Gottes. Auf diesem Hintergrund müssen wir diesen Text verstehen.

Die Jünger sind allein unterwegs, heftiger Sturm und hohe Wellen bedrohen sie. Sie geraten in Panik. Ihr Meister fehlt. Da kommt ihnen Jesus entgegen. Sie erkennen ihn nicht. Petrus zweifelt und sucht Bestätigung. Doch nicht einmal das Mut zusprechende Wort gibt ihm Vertrauen. Als er von Jesus wegblickt und sich zu sehr auf die Wellen konzentriert, sinkt er. Erst die rettende Hand, die sich dem Versinkenden entgegenstreckt, gibt ihm die Gewissheit, die er braucht. Sie entfacht jetzt in ihm die Leidenschaft für Jesus, so dass er ein Wagnis eingehen kann. Er erfährt Rettung.

So wird uns hier deutlich vor Augen geführt, dass wir uns Jesus anvertrauen dürfen. Es geht Jesus um das Leben, um die Rettung aus Not und Gefahr. Dabei ist aber wichtig, dass wir Rettung annehmen. Wir haben die Freiheit, Rettung sowohl im realen physischen wie auch im seelisch psychischen Bereich anzunehmen oder abzulehnen. Auch die Bergretter müssen gelegentlich solche Erfahrungen machen, dass ihre Hilfe abgelehnt wird. Selbst in höchster Gefahr. Aber auch Menschen in seelischer Not verschliessen sich gelegentlich der angebotenen Hilfe. Petrus ist uns Beispiel, die entgegengestreckte Hand Jesu zu ergreifen.

Hier am Berg darf ich mich dem erfahrenen Bergführer anvertrauen, kann an seinem Seil einen sicheren Weg gehen. Selbst in speziellen schwierigen Phasen darf ich auf Rettung von erfahrenen Rettungskräften vertrauen.

Dazu will uns in einem noch viel tieferen Sinn die Geschichte vom Seesturm erinnern. In allen Lebensstürmen gibt es einen letzten Halt, nämlich Jesus Christus, der uns bereits bei seiner Geburt als Retter angekündigt worden ist.

In unserem Leben müssen wir manchmal im übertragenen Sinn Berge besteigen. Dazu brauchen wir nicht zwingend Pickel, Seil und Haken, aber Offenheit, Respekt und Mut, um für Menschlichkeit einzustehen.

Zum Schluss wünsche ich uns, dass wir das Vertrauen in Jesus und in uns selbst haben, dass wir in unserem Alltag immer wieder die Herausforderungen am Berg meistern können und dass wir im Glauben die Berge in unserem Alltag bezwingen können.»

Pfarrer Stefan Roth – in den Bergen
mit Gott unterwegs.

Felicitas Feller – Rockin' Girl

Felicitas Feller (*1990)

Sie ist ausgebildete Kauffrau, arbeitet als Hüttenwartin (Hollandia und Wiwanni), nahm erfolgreich an Sport- und Eiskletterwettkämpfen teil, klettert bis 8a+ und M12, macht grosse alpine Touren und ist vor allem: durch und durch bergbegeistert!
«Berge sind gross und stark. Das überträgt sich auf den Menschen. Wenn ich nicht weiterweiss, gehe ich in die Berge. Plötzlich ist wieder alles klar. Dort fühle ich mich lebendig, frei wie ein Vogel!»
«Das Leben in den Bergen ist sehr intensiv. Berge geben einem ungeahnte Kraft, Träume, Selbstvertrauen und prägen den Charakter.»

Klettereien
2008–2013: Verschiedene Top-5-Platzierungen im Eiskletterweltcup

2012–2013: Variante du petit cœur und Allo Houston, beide 8a+, Rawyl

2013: The Joker, M11 (onsight); Super Gotham, M12, beide Eptingen

Viele grosse – klassische und moderne – Alpintouren wie SE-Grat am Bietschhorn, N-Wand der Äbeni Flue, N-Grat am Weisshorn, Le vent du dragon in der N-Wand der Aiguille du Midi, Tieregghorn ...

«In den Bergen lebe ich im Hier und Jetzt, fühle tiefer und finde zu mir selbst.»

Erst 23 Jahre alt, aber bereits eine erfahrene Allround-Alpinistin, die statt mit dem Leichtsinn der Jugend schon immer mit grossem Respekt in die Berge ging: Das ist Felicitas Feller aus Brig, Bergführertochter, Hüttenwartin und «Rockin' Girl» von überschäumender Energie. Aus ihren Worten sprudelt die Liebe zu den Bergen. Dort schätzt sie aber auch die stillen Stunden ganz besonders.

Die Berge haben mich eingenommen – und machen mich glücklich

«Wie andere Berge, etwa das Bietschhorn, kann ich das Naturphänomen Matterhorn tausendmal betrachten und komme doch nie aus dem Staunen heraus: Solche Gipfel verleihen einem schon beim Anblick positive Energie! So wunderschön die Bergwelt ist, so gnadenlos kann sie sein. Man darf sich nie überschätzen. In ihr fühle ich mich so klein, dass auch persönliche Probleme kleiner werden.

Früher hatten Schwierigkeitsgrade eine grosse Bedeutung für mich. Ich wollte unbedingt schwierige Routen klettern und nahm auch an vielen Wettkämpfen teil. Doch je mehr ich wollte, desto weniger klappte es. Ich musste von den Schwierigkeitsgraden weg: Das Wichtigste ist, dass man Spass hat! Ich verbrachte immer mehr Zeit beim Bergsteigen, weniger beim Sportklettern. So bin ich lockerer geworden. Das Mixedklettern hat für mich einen besonderen Reiz: Es ist brachial und doch ästhetisch. Und das Tradklettern, wo man die Sicherungen selber legen und seinen Weg finden muss, ist für mich das wahre Klettern.

Ganz besonders aber liebe ich lange, einsame Grate: Es gibt für mich nichts Schöneres, als solche Abenteuer mit den besten Freunden zu teilen. Sie verbinden tief. Wie mein Ausflug mit Sandra Stucky ans Tieregghorn, einen vergessenen Berg neben dem Bietschhorn: Seit fast einem Jahrzehnt stand kein Mensch mehr auf seinem Gipfel. Um drei Uhr morgens gingen wir los, nach einem langen Zustieg packten wir den Grat an: wild, ausgesetzt, verlassen und einzigartig – wir waren überwältigt!

Ich liebe auch meinen Job als Hüttenwartin. Sogar in anstrengenden Zeiten macht er mich sehr glücklich. Die Gäste geben viel zurück, und kein Tag gleicht dem anderen. Hollandia- und Wiwannihütte sind unsere Familienbetriebe. Meine Mutter arbeitet allerdings vor allem als Keramikerin, mein Vater als Bergführer. Er hat mich schon im Alter von vier Jahren auf einen Berg «geführt»: das Wiwanni, unseren Hausberg. Ich wuchs sozusagen zwischen Steinen, Bergwiesen und Graten auf. Das Klettern entdeckte ich mit 13 Jahren, zuvor galt meine Leidenschaft unseren Eseln. Die Freude am Bergsteigen kam noch später dazu. Meistens zog ich auf eigene Faust, mit vielen Tipps von meinem Vater, los. 2013 haben wir zusammen die Nordwand der Äbeni Flue durchstiegen: ein wunderschönes Erlebnis, das zusammenschweisst.

Für mich ist es aber auch wichtig, selbst in den Bergen Verantwortung zu übernehmen und Gelerntes umzusetzen. Auf unserer Website «Rockin' Girls» versuchen Denise Wenger, Sigi Fischer und ich andere zu ermutigen, als Frauenteam in die Berge zu gehen. So war ich im März 2014 mit Rahel Schelb an der Nordwand der Aiguille du Midi: Wir stiegen hochmotiviert in unsere Eistour ein – doch da war kein Eis! Unsere Linie bestand aus Pulverschnee und herrlichen Granitrissen. In der ganzen Route konnten wir nur eine einzige Eisschraube setzen. Oben angekommen, sind wir fast vor Stolz und Freude geplatzt.

Ja, die Berge haben mich richtig eingenommen, durch und durch. Sie geben mir Visionen, Ideen. Es ist für mich ein riesiges Privileg, in den Bergen leben zu dürfen – das macht mich zu einem glücklichen Menschen!»

Felicitas Feller – eine fröhliche und unbekümmerte
Hüttenwartin und Bergsteigerin.

Und zum Schluss – oder wie alles begann …

2012 wurden wir von Daniel Luggen (Zermatt Tourismus) angefragt, einen Film zum 150-Jahr-Jubiläum der Erstbesteigung des Matterhorns zu drehen. Ich denke, dass diesem Vertrauen in unser Team auch unser erfolgreicher Film «Treffpunkt Gipfelkreuz» aus dem Jahre 2010 zugrunde lag. Wir haben zugesagt und das Filmprojekt gestartet. Aber eigentlich liegen die Anfänge von Film und Buch «Focus Matterhorn» bereits länger zurück.

Dazu erzählt mein Freund Wilhelm Zurbrügg: «Es war im Juni 2006 und etwa um ein Uhr in der Früh, als mein Telefon klingelte. Jemand hatte sich verwählt und da ich nun einmal wach war, brach ich zu einer Wanderung in die sternenklare Nacht auf. Die vielen Impulse in jenen frühen Morgenstunden waren für mich die Geburtsstunde des Vereins Bergbibel (bergbibel.com), und knapp zwei Jahre später erschien die Bergbibel in ihrer ersten Auflage.»

Im Jahre 2009 trafen sich Wilhelm und ich dann im Gebetshaus «zur Matte». Er erzählte mir von der Entstehung der Bergbibel und seinen weiteren Plänen. Die Schönheit der Natur und insbesondere die unserer Bergwelt, welche die unverkennbare Handschrift unseres Schöpfers tragen, wollte er den Menschen näherbringen. Der Funke sprang sofort auf mich über und bereits im August 2010 feierte unser erster Bergfilm «Treffpunkt Gipfelkreuz – Zwischen Himmel und Erde» in Zermatt Premiere.

Durch die Recherchen und Dreharbeiten zum neuen Film «Focus Matterhorn» in den vergangenen drei Jahren erfuhr unser Team sehr viel Interessantes aus und rund um Zermatt und wir beschlossen, begleitend dieses Buch zu veröffentlichen. Es war eine intensive und spannende Arbeit, die mit vielen guten Begegnungen und emotionalen Gesprächen, aber manchmal auch mit Zweifeln und etwas Termindruck verbunden war. Ich möchte mich bei allen, die zum Gelingen dieses Buches beigetragen haben, ganz herzlich bedanken.

Liebe Leserin, lieber Leser

Wir alle, die an diesem Buch mitgearbeitet haben, sind stolz auf «unser Werk». Ich wünsche Ihnen allen Zeit und Musse, die vielen Geschichten zu lesen und darüber den einen oder anderen «Hengârt» oder «Abusizz» zu führen.

Köbi Julen
Zermatt, im März 2015

Sponsoren

Erst durch die grosszügige Unterstützung vieler überzeugter Institutionen und Unternehmen ist die Realisierung eines solchen Projektes möglich. Herzlichen Dank.

KULTUR SOZIAL STIFTUNG BURGERGEMEINDE ZERMATT

ZERMATT EINWOHNERGEMEINDE

EAGLE-Input ALPINSPORTMARKETING

ESTOPPEY-REBER AG

ZERMATT TOURISMUS | BERGBAHNEN ZERMATT | RAIFFEISENBANK MISCHABEL-MATTERHORN | ABUSIZZ.

BERGBIBEL Infos und Bestellmöglichkeit unter: **www.bergbibel.com**

Die Bergbibel
Buch

Treffpunkt Gipfelkreuz
DVD

Focus Matterhorn
DVD

Literaturnachweis

Um ein flüssiges und einfaches Lesen zu ermöglichen, wurde innerhalb der Artikel und Geschichten bewusst auf Fussnoten (Anmerkungen, Bemerkungen, Quellenangaben oder weiterführende Erklärungen) verzichtet. Nachfolgend werden verschiedenste Quellen aufgeführt, die den Autoren bei den Recherchen geholfen haben (ohne Gewähr auf Vollständigkeit).

Dr. Urs Leuzinger

- Alain Gallay (1986) Une hache néolithique bretonne sur le chemin du col du Théodule. Le Valais avant l'histoire. Sion, 90–91.
- Angelika Fleckinger (2009) Ötzi, der Mann aus dem Eis. Alles Wissenswerte zum Nachschlagen und Staunen. Wien/Bozen.
- Annemarie Julen und Peter Lehner (2012) Der Mann am Theodulpass, ein frühneuzeitlicher Gletscherfund am Oberen Theodulgletscher bei Zermatt aus den Jahren 1984–1989. Blätter aus der Walliser Geschichte 44, 95–140.
- Geschichtsmuseum Wallis (2015) (Hrsg.) Aktenzeichen «Theo» – der Theodulpass von der Urgeschichte bis heute. Sitten.
- Harald Meller (2005) (Hrsg.) Der geschmiedete Himmel. Die weite Welt im Herzen Europas vor 3600 Jahren. Stuttgart.
- José Diaz Tabernero (2011) Le «mercenaire» du Théodule. La trouvaille et les monnaies. Abstracts der Numismatischen Tage 2011. Sitten.
- Marc-R. Sauter (1960/61) Zermatt-Garten. Jahrbuch der Schweizerischen Gesellschaft für Urgeschichte 48, 124–125.
- Olivier Paccolat (2005) Zermatt-Furi, un haut lieu de production de pierre ollaire dans l'antiquité. Bulletin d'études préhistoriques alpines 16, 123–145.
- Philippe Curdy, Catherine Leuzinger-Piccand et Urs Leuzinger (2003) Zermatt Alp Hermettji et les cols secondaires du Valais. Constella Sion. Hommage à Alain Gallay. Cahiers d'archéologique romande 95. Lausanne, 73–88.
- Philippe Curdy, Catherine Leuzinger-Piccand und Urs Leuzinger (1998) Ein Felsabri auf 2600 m ü. M. am Fusse des Matterhorns – Jäger, Händler und Hirten im Hochgebirge. Archäologie Schweiz 21.2, 65–71.
- Pierre Corboud und Philippe Curdy (2009) (Hrsg.) Prähistorische Stelen. Die neolithische Nekropole Petit-Chasseur in Sitten. Sitten.
- Pierre Pétrequin, Serge Cassen, Michel Errera et al. (2012) (Hrsg.) Jade. Grandes haches alpines du Néolithique européen. Ve et IVe millénaires av. J.-C. Collection Les cahiers de la MSHE Ledoux 17. Besançon.
- Urs Schwegler (1992) Schalen- und Zeichensteine der Schweiz. Antiqua 22. Basel.
- Werner Meyer (1992) Der Söldner vom Theodulpass und andere Gletscherfunde aus der Schweiz. In: Frank Höpfel, Werner Platzer und Konrad Spindler (Hrsg.) Der Mann im Eis 1. Bericht über das Internationale Symposium 1992 in Innsbruck. Veröffentlichungen der Universität Innsbruck 187. Innsbruck, 321–333.

Klaus Julen

- Adrian Imboden. Pfingstberichte. St. Niklaus.
- Albert Julen (1951) Die Namen von Zermatt und seinen Bergen im Licht der Geschichte. BBG IX.
- Alfred Lüthi (1978) Zermatt und die Hochalpenpässe. BWG.
- Alois Grichting (2013) Emil Aufdenblatten. Walliser Jahrbuch 2013.
- Alois Grichting, Beat Perren, Jürg Weil (1996) Zermatt Bergparadies. Rotten Verlag. Visp.
- Alois Grichting (2005) 111 Jahre Elektrizitätswerk Zermatt. Rotten Verlag. Visp.
- Anton Gattlen. Zur Geschichte der ältesten Walliserkarte.
- Archiv, Burgergemeinde Zermatt.
- Archiv, Einwohnergemeinde Zermatt.
- Arthur Fibicher (1993), Walliser Geschichte Bd 3.1. Rotten Verlag. Visp.
- Beat Truffer (2008) Neues und Altes aus Zermatt. Aroleit Verlag. Zermatt.
- Ernesto Perren (2004) Hotels erzählen. Rotten Verlag. Visp.
- Georg Julen (1991) Burgergeschichte von Zermatt – Prato Borni. Zermatt.
- Alois Grichting (1992) Professor Dr. Albert Julen. Walliser Jahrbuch 1992.
- Hans-Robert Ammann (1992) L'émigration proche dans les Alpes Valaisannes au XV siècle à l'exemple de Zermatt. Reihe Vallesia. Sitten.
- Hanspeter Holzhauser (2010) Zur Geschichte des Gornergletschers. Geographisches Institut. Bern.
- Hermann Julen (2014) Die Zermatter Flurnamen und ihre Geschichte(n). Maturarbeit. Zermatt.
- Ivo Kronig (1982) Joseph Ruden. Pfarrblatt von Zermatt/Täsch/Randa.
- Ivo Kronig (1989) Prof. Dr. Albert Julen. Pfarrblatt von Zermatt/Täsch/Randa.
- Jean-Pierre Sandoz (1986) Die Bastion am Theodulpass. Stäfa.
- Josef Zurbriggen (1952) Täsch – Chronik und Kirche. Tscherrig und Tröndle. Brig.
- Joseph Ruden (1870) Familien-Statistik der löblichen Pfarrei Zermatt.
- Karl Burgener (1968) Gregor Brantschen – Laudatio zur Kulturpreisübergabe 1957. Neue Buchdruckerei. Visp.
- Karl Lehner (1982) Kleine Zermatter Chronik. Mengis Druck & Verlag. Visp.
- Karl Lehner (1990) Zermatter Sagen und Legenden. Wega Verlag. Zermatt.
- Klaus Julen (2015) Die alten Zermatter Geschlechter. unveröffentlichtes Manuskript. Zermatt.
- Klaus Julen, Oswald Perren (1998) Eine vergessene Welt – die Berglandwirtschaft in Zermatt. Rotten Verlag. Visp.
- Klaus Julen, C. Kuonen Ackermann (2009) Pfarrkirche St. Mauritius. Valmedia AG. Visp.
- Leo Meyer (1923) Zermatt in alten Zeiten. SAC-Jahrbuch. Band 57.
- Louiselle Gally-de Riedmatten (2004) Le soldat valaisan aus service de l'Empereur Napoléon. Reihe Vallesia. Staatsarchiv Sitten.
- Michel Salamin (1978) Schweizer Kantone. Avanti Verlag. Neuenburg.
- Othmar Julen (1960) Wasserkraftnutzung Naturschutz Tourismus. NBV. Visp.
- Othmar Julen (1989) Der Kampf um die Zermatter Wasserkräfte. BON Naters.
- Paul Lehner (1978) Karl Lehner – Nachruf. Walliser Bote.
- Paul Heldner. Informationen zu den Familienwappen.
- Peter Josef Kämpfen (1867) Freiheitskämpfe der Oberwalliser. Buchdruckerei von Matt. Stans.
- Peter Josef Ruppen, Gustav Imseng, Werner Imseng (1979) Saaser Chronik. Saas-Fee.
- Peter Wick (1988) Der Gletschergarten Dossen bei Zermatt. Zermatt.
- Rudolf Taugwalder (2002) Zermatt in Umfeld von Ur- und Frühgeschichte. Rotten Verlag. Visp.
- St. Petersburg: Literatur, Schlacht an der Beresina.
- Stanislaus Kronig (1927) Familienstatistik und Geschichtliches über Zermatt. Ingenbohl.
- Thomas Julen (1978) Das Burgerrecht im Oberwallis, Dissertation. Fribourg.
- Oberwallis. Naters.
- Überlieferung: Othmar Julen und Prof. Dr. Albert Julen, Geschichtsprofessor.
- Walliser Landratsabschiede 1500 bis 1595
- Werner Kämpfen (1941) Ein Burgerrechtsstreit im Wallis. Bern.
- Werner Meyer (1985) Hirsebrei und Hellebarde. Walter Verlag. Olten

Agathe Wirz-Julen

- Agathe Wirz-Julen: Die Geschichte der Bergbahnen von Zermatt, Basel 2005
- Alice Denoréaz: Les oppositions au project d'un chemin de fer touristique entre Zermatt et le sommet du cervin? Annales Valaisannes 2012, S 71ff
- Archiv der Zermatter Bergbahnen AG inkl. der Zermatter Rothorn-Bahn AG und der Matterhornbahnen AG
- Archiv und Protokollauszüge der Burgergemeinde Zermatt
- Archiv und Protokollauszüge der Einwohnergemeinde Zermatt
- Ernesto Caballo: Il Cervinao Vol.I e Vol.I e Vol.II Milano 1963
- Gazette du Valais vom 20. Oktober 1859 (Kantonsarchiv: MV-Sitten J26)
- Gornergrat Bahn und Berg, Brig 1948
- Klaus Julen und Pino Mazzone: Skiclub Zermatt 1908–2008
- La residenza e le politique urbanistiche in area alpina, Fondazione Courmayeur, quaderni 165. Aosta 2004
- Paul Lehner: 75 Jahre Ski Club Zermatt, Visp 1983
- Pier Luici Bertello / Guiseppe Garimoldi / Daria Jorioz: Les riches heures du Cervin, Aosta 2009

Hermann Biner

- Alpine Vereinigung Zermatt: Das goldene Buch der Bergführer, Eigenverlag
- Charles Gos: Le Cervin, Editions Victoer Attinger Paris
- Die Alpen: Monatszeitschrift des Schweizer Alpen-Club, Ausgabe Mai 1929
- Edward Whymper: Scrambles amongst the Alps, John Murray London
- Efisio Noussan: Jean-Joseph Maquignaz & Jean-Antoine Carrel, Comune di Valtournenche
- Hannes Taugwalder: Der Wahrheit näher, Glendyn Verlag Aarau
- Hans-Fritz Von Tscharner: Auf wolkigen Höhen, Berna Verlag Bern
- Hans-Fritz Von Tscharner: Gipfel und Grate, Alfred Scherz Verlag Bern
- Ronald Clark: Als das Seil riss, Orell Füssli Verlag Zürich
- Schweizer Bergführer

Köbi Julen

- Bergbibel.com
- Blick (Tageszeitung), 2. Oktober 1981.
- Hanspeter Holzhauser (2010) Zur Geschichte des Gornergletschers. Geographisches Institut. Bern.
- Maturaarbeit, Helena Stucky (Beny Perren).
- Maturaarbeit, Romaine Müller (August Julen).
- Walliser Bote (Tageszeitung), 20. Juli 1990.
- Walliser Bote (Tageszeitung), 25. März 1964.

Abbildungsnachweis

Viele Abbildungen und Fotos stammen von den Autoren der Artikel, sind aus deren Privatbesitz und werden nicht explizit aufgeführt. Zahlreiche Illustrationen stammen zudem aus Büchern und Werken, die im Literaturverzeichnis bereits aufgeführt sind.

Archäologie
- Staatsmuseum Sitten, © Walliser Kantonsmuseen, Sitten
- Musée cantonal d'archéologie et d'histoire, Lausanne
- Musée d'art et histoire, Genève
- Zeichnung André Houot, Farbe Evelyne Charrance
- Florian Kronig, Zermatt

Geschichte
- Werner Bellwald (Privatsammlung)
- Thomas Julen, Zermatt
- Walliser Wappenbuch

Alte Bilder
- Zermatlantis, Museum Zermatt
- Erinnern Sie sich – Zermatt/Täsch/Randa, Rotten Verlag, Visp
- SAC Sektion Monte Rosa – 100-Jahr-Jubiläum
- Perren-Barberini, Zermatt
- Burgergemeinde Zermatt
- Alois Grichting, 111 Jahre EWZ, Rotten Verlag, Visp
- Druckgraphische Ansichten Zermatt, Anton Gattlen, Rotten Verlag, Visp

Bahnen
- Perren-Barberini, Zermatt
- Leander Wenger, Zermatt www.zermattfoto.ch
- Zermatt Bergbahnen Archiv www.matterhornparadise.ch
- Agathe Wirz-Julen: Die Geschichte der Bergbahnen von Zermatt, Basel 2005
- Kilian Julen, Zermatt

Bergfotos
- Peter Althaus, Hünibach, Filmfotograf Focus Matterhorn, www.peteralthaus.ch
- Equipment Olympus Schweiz AG
- Beat Perren, Zermatt, Matterhornbuch (Neuauflage 2015)
- Hermann Biner, Zermatt (Das Matterhorn und seine Bergführer, Sommer 2015)
- Hans Fritz von Tscharner
- Monika Engler
- Ruedi Homberger, Arosa, www.fotohomberger.ch
- Bruno Jelk, Zermatt, Buch: Alarm am Matterhorn

Sport
- Keystone Foto-Archiv www.keystone.ch
- Klaus Julen und Pino Mazzone: Skiclub Zermatt 1908–2008

Naturkatastrophen
- Leander Taugwalder, Zermatt (Foto: Ärmiete)
- Fritz Perren, Zermatt (Foto: Ze Stäcke)
- Emil Biner, Zermatt (Foto: Gornera)
- Karl Lehner, Zermatt (Foto: Kirche Zermatt)

Anekdoten
- Audrey Marti-Pichard, www.tatform.ch

Hermann Biner, geboren 1952, wuchs in einer Zermatter Familie auf, deren Bergführertradition auf das Jahr 1832 zurückgeht. Bereits als Jugendlicher unternahm er mit seinem Vater viele Bergtouren rund um Zermatt. Nach dem Studium der Mathematik, welches er in Zürich absolvierte, erwarb er das Bergführerpatent und widmete einen Grossteil seiner Zeit dem Bergsteigen. Als Experte bei den Bergführerkursen, als Bergretter oder als Autor mehrerer Alpinführer machte er sich schweizweit einen Namen. Er war mehrere Jahre Präsident der Zermatter Bergführer, später Präsident des Schweizerischen Bergführerverbandes und bis vor Kurzem Präsident des Internationalen Bergführerverbandes. Er befasst sich intensiv mit der Geschichte der Zermatter Bergführer und der Erstbesteigung des Matterhorns.

Seine Artikel: Felix und Karl Biner – Drei Generationen Bergführer und Gast, Bergführerverein – Im Trubel, Jean-Antoine Carrel – In Breuil wurde gefeiert, Matterhorn-Erstbesteigung – Eine andere Sichtweise.

Pius Rieder, Jahrgang 1944, stammt aus Kippel im Lötschental. Nach einer kaufmännischen Ausbildung heuerte er 1966 beim «Walliser Boten» als Lokalreporter an. Als erster vollamtlicher Sportjournalist schrieb er in den 70er-Jahren Oberwalliser Sportgeschichte.

42 Jahre, davon ein Vierteljahrhundert als Chefredaktor, blieb er seinem Leibblatt treu. Mehrere Tausend Beiträge und Hunderte von Leitartikeln tragen seine Unterschrift. Durch seine journalistische Arbeit prägte er über Jahrzehnte das öffentliche Leben im Oberwallis mit. Scherzhaft unterstellt man ihm, dass er neben der Sängerin Sina und den «Tschäggättä» wahrscheinlich der bekannteste Export aus dem «Tal der Täler» sei.

Sportlich auf allen Viertausendern der Schweiz unterwegs, fand er den Weg zum Buch «Focus Matterhorn». Er hat dem nun vorliegenden Werk durch seine Artikel und sein Lektorat einen «roten Faden» verliehen.

Seine Artikel: Ulrich Inderbinen – Bereits zu Lebzeiten eine Legende, Köbi Julen – Eine schützende Hand, Skischule Zermatt – Die Rotjacken, Perren Beat – Ratrac in der Gletscherspalte. Dazu kommen zahlreiche Artikel, die Pius Rieder als Hauptlektor redigiert und «in Form» gebracht hat.

Dr. Urs Leuzinger, geboren 1966, ist Archäologe und leitet das Museum für Archäologie Thurgau. Seine Spezialgebiete sind die Pfahlbauten, die seit 2011 auf der Liste des UNESCO-Welterbes stehen, sowie die Suche nach prähistorischen Fundstellen im Alpenraum. Er unterrichtet zudem an der Universität Innsbruck. Zusammen mit seiner Frau war er im Team der bekannten Ausgrabung in der Fundstelle Zermatt (Alp Hermetji) am Fuss des Matterhorns. Seine Arbeiten und sein Wissen über die Archäologie rund um Zermatt waren für das Buch «Focus Matterhorn» ein Volltreffer.

Seine Artikel: Abri – Schwarze Tschugge – Prähistorische Fundstelle, Die Steinaxt in den «Garten» – Relikt aus der Steinzeit, Die Schalensteine in der Hubelweng – Kalender oder Opfertisch?, Giltsteinmanufaktur – Vom Steinbruch zum Trinkbecher, Der Söldner vom Theodulgletscher – Auf dem Heimweg verunglückt?

Unsere Autoren

Agathe Wirz-Julen, ist 1946 in Zermatt geboren und dort aufgewachsen. Nach der 1965 abgeschlossenen Handelsmatura studierte sie in Bern Rechtswissenschaften und ist seither als Rechtsanwältin und Notarin tätig. Seit ihrer Kindheit ist sie mit ihrem Heimatdorf Zermatt eng verbunden und interessiert sich für dessen Geschichte und zukünftige Entwicklung. In diesem Zusammenhang steht auch ihr Einsatz in einzelnen Verwaltungsräten wie der Bergbahnen seit 1981 und im Verwaltungsrat der fusionierten Zermatt Bergbahnen AG seit 2002.

Ihre Artikel: Das Reservat – Visionäres Matterhornprojekt, Riffelberg und Gornergrat – Zahnrad- und Sesselbahn, Breuil Cervinia – Innovation wird geadelt, Schwarzseebahnen – Innere Wälder, Chiebord – Sunnegga und Findelbahn, Rothornbahnen – Äussere Wälder, Klein Matterhorn Bahnen – Im ewigen Eis, Fusion der Bergbahnen – Ein Entscheid für kommende Generationen.

Köbi Julen, ist 1955 in Zermatt geboren und besuchte dort die Primar- und Sekundarschule. Nach der erfolgreich absolvierten Handelsschule in Brig erwarb er 1979 das Bergführer- und Skilehrerdiplom. Mit seinem Bruder Heiri führt er heute einen kleinen Schreinereibetrieb.

In der 1. Primarklasse wurde Köbi mit einem gebrochenen Bein in die damalige Klinik Julen gebracht und fiel in der Schule für rund vier Wochen aus. Zurück im Klassenzimmer, war er plötzlich der beste «Rechner», da er von Papas Skischülern ein Rechenspiel erhalten hatte. Im Schreiben dagegen belegte er den letzten Platz. Gute Voraussetzungen, um für dieses Buch Artikel zu verfassen. Klaus Julen und Mirja Kronig haben zum Glück ein prüfendes und korrigierendes Auge auf die Berichte geworfen.

Seine Artikel: Rudolf Taugwalder – Vom Traumberuf zum Invaliden, Findelbord – «Chez Vrony», Bruno Jelk – Der Rettungstüftler, Triangulaire – Bergrettungsformation im Alpenraum, Martin Julen – «Bin scho än bitz ä Wilda gsi», Othmar Kronig – Horu-Nordwand-Besteigung, André Georges – Vom Aspiranten-Kurs zur Bergheuet, Grande Dixence – Ein Mythos im Herzen der Alpen, Perren Gottlieb – Ein Leader, Bernhard Perren – Sieg oder Krankenhaus, Hermann Schaller – Rekord am Matterhorn, Otto Furrer – Ds Hore, Hugo Lehner – Auf den Skiern zum Traualtar.

Dr. Thomas Julen, geboren 1950, wuchs als drittes Kind der Ehegatten Othmar und Augusta Julen in Zermatt auf. Nach den Kollegiumsjahren studierte er an der Universität Fribourg Rechtswissenschaften, welche er mit der rechtshistorischen Doktorarbeit «Das Burgerrecht im Oberwallis – vom Mittelalter bis zur französischen Revolution» abschloss. Anschliessend erwarb er das Walliser Anwalts- und Notarspatent und eröffnete in Zermatt ein Advokatur- und Notariatsbüro. Er ist verheiratet mit Melitta Julen-Bumann und hat zwei Kinder, Dominique und Sibylle. Früh begann er seine politische Karriere, mit 31 Jahren gehörte er dem Grossen Rat des Kantons Wallis an. In Zermatt setzte er sich während vier Jahren für die Belange seiner Heimatgemeinde im Gemeinderat ein und hat sich über Jahre mit der Geschichte seines Heimatdorfes befasst. Die Besteigung des Castors mit dem unvergesslichen Alfons Lerjen bleibt ihm in bester Erinnerung.

Seine Artikel: Die Gletschermühle – Die Frühbesiedlung von Zermatt, Loskäufe – Das Volk kauft sich vom Adel frei, Zermatter Bauernzunft – Einmal Burger, ewig Burger, Burgerrecht – Neuburger mit Geld, Feier und Burgereid, Tässla und Tugenden – Das Wort galt als Eidschwur, Der Theodulpass – Verkehrs-, Handels- und Söldnerweg, Zermatt als Handelszentrum – Verbindungen in alle Himmelsrichtungen, Beresina-Haus – Haus und Hof mit dem Leben bezahlt, Nach dem Krieg – Aufbruch, Fortschritt, Sicherheit.

Unsere Autoren

Klaus Julen, geboren 1946 in Zermatt, ist verheiratet mit Bertha Bellwald aus Blatten/Lötschen, zwei erwachsene Kinder: Anne-Katrin und Hermann.

Nach der Primarschule in Zermatt Besuch des Kollegiums in Matran und Fribourg. Nach der Matura Ausbildung zum Sekundarlehrer an der Universität Fribourg.

Während 35 Jahren Tätigkeit als Sekundarlehrer in Visp und Zermatt. Heute verantwortlich für die regionale Schulbibliothek in Zermatt. Mitglied des Burgerrates und der Kulturkommission der Gemeinde.

Sein Interesse gilt der Lokalgeschichte und der Erhaltung der Zeugen der bäuerlichen Vergangenheit. Mitautor verschiedener Bücher über Zermatt. Durch die Sammlung und Publikation der «Orts- und Flurnamen der Gemeinde Zermatt» besitzt er einen grossen Bezug zum Zermatter Wandergebiet.

Seine Artikel: Stammburger – Entstehung der Zermatter Familiennamen, Die Auswanderung ins Eringertal – Erst willkommen, dann unerwünscht, In fremden Kriegsdiensten – Auf der Flucht vor Elend und Not, Die Franzoseneinfälle – Freiheitskämpfe der Walliser, Unter der Herrschaft Frankreichs – Eigenständig nur auf dem Papier, Pfarrei St. Mauritius – Zermatt und das Christentum, Zermatt unter Kirchenstrafe – Konflikt mit dem Fürstbischof, Prozessionen und Wallfahrten – Mit kirchlichen Segen über die Alpenpässe, Riffelhaus – Errichtet von Zermatter Geistlichen, Zermatterhof – Das Flaggschiff, Zermatter Stromversorgung – Kerzenlicht adieu, Lawinen, Überschwemmungen und Felsstürze – Eine ständige Bedrohung, Pfarrer Joseph Ruden – Kilchherr und Tourismuspionier, Gregor Brantschen – Pfarrer, Dichter und Komponist, Karl Lehner – Zermatter Postlegende, Emil Aufdenblatten – Künstler und Dorfunikum, Albert Julen – Priester, Professor, Soziologe und Historiker.

Mirja Kronig, 1957 in Zermatt geboren und aufgewachsen, entdeckte schon früh ihre Liebe zu den Bergen. Als Mitglied der Berg-JO erklomm sie am Seil ihres sich damals noch in Ausbildung befindenden Bergführers Köbi Julen manchen Berggipfel rund um Zermatt.

1977 schloss sie ihre Schulbildung in Brig mit der pädagogischen Matura ab und unterrichtete drei Jahre in Zermatt.

1980 erfolgte eine berufliche Neuausrichtung mit Erlangung des Fähigkeitsausweises zur Berechtigung der Führung eines Gastronomiebetriebes. Mit Ehemann Paul Kronig zusammen übernahm sie das Hotel Restaurant Continental in Zermatt, wo sie seitdem als passionierte Gastgeberin tätig ist. Als Kontrabassistin des Ländlerquartetts «Nid zem lose» frönt sie in der Freizeit ihrem Hobby.

Ihre Artikel: Anekdoten – Legendäre Esel und Vortrittsregeln, Alexander Taugwalder – In den Fussstapfen.

Im Weiteren schrieben folgende Autorinnen und Autoren an diesem Buch mit:

- Karl Lehner schrieb: Wir gehen – Dent d'Hérence
- Ursula Steiner schrieb: SAC Sektion Monte Rosa – Ein Stück Zermatter Berggeschichte
- Christine Kopp schrieb: Gerlinde Kaltenbrunner – Im Einklang mit den Höhen und Felicitas Feller – Rockin Girl
- Margrith Perren schrieb: Siegfried Julen – Hausarzt und Chirurg

Alle anderen Artikel sind entweder von der beschriebenen Person selbst verfasst oder von den aufgeführten Institutionen oder Betrieben geliefert worden.